INCREMENTAL CO-GOVERNANCE

A study on the practice of Hangzhou

清华明德研究丛书·社会共治

丛书主编／王 名　副主编／李 勇

增量共治的杭州实践

刘国翰 著

社会科学文献出版社

| 代　序 |

关于社会共治的几点思考

获悉清华大学召开"社会共治的实践与创新"研讨会并将陆续出版社会共治系列丛书,收到并阅读了关于杭州经验、温州经验等3份书面材料,欣喜过望,借笔谈谈我对社会共治的几点思考。

一

首先,我谈谈对清华大学公共管理学院撰写的社会共治研究系列报告和相关建议的看法。

党的十八届三中全会和今年全国两会以来,社会共治问题作为我国社会治理创新的一个重要理论和实践问题,越来越受到学术界和实际工作部门的重视。清华大学公共管理学院从今年3月起,围绕社会治理创新和社会共治问题,开展了多角度、多层次、多系统的密集研究,在不到半年的时间里,就形成了包括地方实践案例卷和行业经验案例卷在内的多卷系列研究报告。我认为,这充分体现了清华大学公共管理学院对推进国家治理现代化的高度重视,体现了课题组同志对于推动社会治理创新和社会共治的崇高使命感、责任感和可贵的担当意识、参与意识,也体现了清华大学公共管理学院在这方面的研究实力。

这些系列研究报告,涉及到我国社会治理的众多空间和领域,不但覆盖面相当广,而且针对性非常强,为推进我国社会治理创新和社会共治,提供了宝贵的第一手经验和众多很接地气的研究成果。课题组提出的推动社会共治制度入法、推动若干重大公共领域深化改革与公共政策建设、推动若干重大领域的社会共治制度建设等建议,敏锐地抓住了当前我国社会治理创新和社会共治中的关键性问题。我相信,这些研究成果通过进一步加工完善成为政策建议,将引起中央的高度重视,会对推动我国社会治理创新和社会共治产生重要影响。

二

其次，我想对搞好社会共治问题谈一些不成熟的看法。今年3月，在十二届全国政协第二次全体会议分组讨论中，我曾简要介绍过对推进国家治理体系和治理能力现代化科学内涵的看法。我认为，党的十八届三中全会提出的国家现代治理，其科学内涵大体包括四个方面：一是国家层面的法治国家；二是社会层面的共治社会；三是城乡社区层面的自治基层；四是广大公民层面的德治公民。这"四个治"，即法治、共治、自治、德治，是对推进我国现代治理的一种内涵细分。当然这种细分是相对的而不是绝对的，是互相联系的而不是完全割裂的。

我还认为，法治国家、共治社会、自治基层、德治公民这四个层面的治理，在实践中都同社会共治密不可分。这也就是说，法治国家、自治基层、德治公民，从本质上说，都贯穿了一种社会共治理念。离开了社会共治，无论是法治国家、自治基层、德治公民，都会成为无源之水、无本之木。

比如，在法治国家层面，我们党提出的法治国家建设的方针，即：全面推进科学立法、严格执法、公正司法、全民守法，坚持依法治国、依法执政、依法行政共同推进，坚持法治国家、法治政府、法治社会一体建设，就充分体现了加强法治国家建设过程中的社会共治，换言之，这就是一种基于法治的社会共治。

比如，在自治基层方面，其实也包含着相当程度的社会共治。从地方实践的经验来看，比如温州的社区自治中就体现了行政力量、市场力量、社会力量的多方面参与，是一种基于社会共治的基层自治。再比如上海市在2011年就提出了城市街道层面的"社区共治"概念，就是在社区党组织领导下，政府组织驻区企事业单位、社会组织、社区居民等围绕共同需求、共同利益、共同目标，通过协商合作的方式提出公共服务、解决公共问题、优化公共秩序、推动社区发展。经过3年来的探索实践，目前在上海的城市街道层面，已初步形成区域化党建平台、社区委员会平台、网格化管理平台这三大服务性的社会共治平台，构建了社区街道党工委领导、街道办事处主导、驻区单位和社会组织协同、居民参与的多元主体共治的社会治理格局。上海的社区建设，其广度、深度在全国都是领先的，希望课题组能够关注上海的案例,开展较为深入的调研并形成有价值的研究成果。

又比如,在德治公民层面,同样离不开社会共治。我国社会舆论争论已久的老年人当街摔倒后该扶不该扶的问题,其实就是一个基于社会共治的公民德治问题。也就是说,解决这个问题,并非仅仅是对摔倒的老人和旁观的路人的一种道德教化、道德提升的德治问题,而是一个需要伴随有效管用的社会共治才能解决的公共治理课题。此外,解决公交车上自觉让座的问题,也是一个基于德治的社会共治课题。但是在广西南宁市,2013年9月当地政府发布的《南宁市城市公共汽车客运管理办法(征求意见稿)》,却试图用法治手段去解决这一基于德治和共治的公共治理课题。这同当年修订后的《老年人权益保障法》把家庭年轻成员"常回家看看"纳入法律范畴一样,都是混淆了德治、法治和社会共治的不同适用范畴。

同时,我还认为,社会共治作为国家现代治理的一个重要概念,虽然在我们国家出现的时间比较晚,但社会共治的理念和观念,则早就作为一种体现于我们党和国家治国理政实践中的群众观点、群众路线,在我国社会管理中出现了。因此,我同意课题组的看法,社会共治的概念虽然是李克强总理在今年3月《政府工作报告》中首次正式提出来的。但是,社会共治的理念和实践则是早已有之的。

比如,早在20世纪50年代末,我国就在公安工作中提出,破除苏联的格伯乌神秘主义路线,实行人民公安特别是社会治安的群防群治;1963年,毛泽东主席又批示肯定了浙江枫桥干部群众创造的"依靠群众就地化解矛盾"这一社会综合治理的"枫桥经验",这都可以说是出现于我国的比较早的社会共治理念和观念。2003年和2013年,习近平同志先后两次就"枫桥经验"发表讲话和做出批示。他把"相信和依靠群众,充分发挥群众自我教育、自我管理、自我约束的力量,让社会和谐稳定,让群众安居乐业",概括为"枫桥经验"的重要内涵;强调要充分认识"枫桥经验"的重大意义,适应时代要求,创新群众工作方法,善于运用法治思维和法治方式解决涉及群众切身利益的矛盾和问题。

改革开放以后,特别是进入21世纪以来,我们党的十六届四中全会、十六届六中全会《决定》,以及党的十七大、十八大报告,在谈到党的执政能力建设、和谐社会建设以及社会体制改革问题时,都一再强调要建立健全党委领导、政府负责、社会协同、公众参与的社会管理格局。这种聚合广泛社会力量的社会管理格局实质上就是一种社会共治格局。

2005年2月19日，胡锦涛同志在省部级主要领导干部提高构建社会主义和谐社会能力专题研讨班上的讲话中提出，构建社会主义和谐社会，必须尊重人民群众的创造精神，提高依法管理社会的能力和水平，推动建立政府调控机制同社会协调机制互联、政府行政功能同社会自治功能互补、政府管理力量同社会调节力量互动的社会管理网络，形成对全社会进行有效覆盖和全面管理的体系。这个"互联""互补""互动"的社会管理网络，实质上就是一种体现社会共治理念和观念的社会管理体系和社会共治体系。

2011年5月30日，胡锦涛同志在中央政治局研究加强和创新社会管理问题会议上的主持讲话中明确提出，"加强和创新社会管理，要坚持以人为本、服务为先，多方参与、共同治理"。这里提出的加强和创新社会管理的"共同治理"概念，表明我们党早在3年前已接近于提出社会共治理念。

党的十八大报告明确提出，要更加注重发挥法治在国家治理和社会管理中的重要作用；加快形成源头治理、动态管理、应急处置相结合的社会管理机制；完善城乡社区治理等重要思想观点。党的十八届三中全会《决定》还明确提出，改进社会治理方式，坚持系统治理、依法治理、综合治理、源头治理。这些重要思想观点，都是在强调要建立和完善同我国市场化、民主化、现代化相适应的国家治理现代化。

总之，我认为，推进包括社会共治在内的国家现代治理，既是实现我国社会主义现代化的题中应有之义，也是加快我国社会向现代化转型的制度保证。提出推进国家现代治理的战略任务，表明我们党已经从理论和实践的结合上深刻认识到，天下大乱不能达到天下大治，天下常斗不能达到天下大治，只有天下大定，也就是国家政治稳定、社会稳定、制度稳定、治理稳定，才能真正达到天下大治。

三

最后，我想对完善和充实社会共治系列研究报告提出几点意见和建议。

清华大学公共管理学院社会共治研究课题组的《社会共治研究系列报告》，从大量地方实践中，选择了若干最具典型性和代表性的模式，包括杭州市的"增量共治"、温州市的"推位让治"、成都市锦江区的"借力协治"和北京市中关村的"士绅熵治"等，做了深入调查和系统研究。

我在深入研读了社会共治的杭州经验和温州经验后，有一个感觉，这两篇实证研究报告都很接地气、又各具特色，反映了我国一些地方和基层在摸着石头过河的社会共治实践中各具地方特色的创新和创造。这是清华大学公共管理学院的学者们真正沉到社会实践中去，做了大量现场观察、亲身体验之后，经过去粗取精、去伪存真、由此及彼、由表及里的改造制作以后写出来的。相信陆续完成的后续研究报告也会体现这样的特色和优势。为做好进一步完善充实的工作，我提出四个方面的意见和建议。

第一，希望课题组在既有研究基础上能够拓宽视野，关注我国广大农村的社会共治问题并开展较为深入的研究，尽快形成研究报告。在快速城镇化进程中越来越走向空心化、人户分离化的我国广大农村，在社会治理特别是社会共治方面面临许多新的挑战和问题。比如，中国青年政治学院梁鸿教授在报告文学《中国在梁庄》中对此有所反映。建议课题组考虑，可不可以再做一把努力，补上农村社会公共治理的实践案例。这样，覆盖面会更广，指导性会更强。

第二，希望课题组关注目前我国不少一线城市和二线城市中普遍存在的"城中村"和"村改居"社区的案例，对其中社会共治的创新实践有所挖掘和提炼，将其纳入系列研究报告中。这方面，近年一些影视作品已经有一些零星反映。这两类区域是当前我国社会治理的难点和盲点，希望能够加大力度开展深入的实证研究并形成研究报告。

第三，在我国经济和社会持续转型过程中，产生了许多新的公共领域，出现了不少新的公共事件，也由此出现了许多新的公共治理需求。比如在2014年围绕广西玉林狗肉节出现的"吃狗派"与"爱狗派"的舆论大战。再比如围绕广场舞大妈在国内外广场上的劲歌劲舞，在网络媒体和新媒体上出现了许多意见对立的文章和观点。还有，在我国多地出现了盲目反对PX项目落户本地的邻避效应，等等。针对这些新的公共领域、公共事件，目前的治理方式存在哪些问题？如何实施有效的社会共治？国内哪些地方对此已经有了可供参考的案例？建议也能做些实证研究。比如，

PX项目在我国厦门、大连、宁波、昆明、彭州等多个地方遭遇当地群众抵制反对，酿成不同规模的群体性事件，而福建漳州古雷却成功地接纳了从福建厦门遭遇反对后迁出的PX项目。这就是一个很值得深入调研的案例。

第四，要注意防止把国家现代治理和社会共治同党的领导核心作用割裂开来。在地方案例的实证研究中，比如温州的社会共治研究报告，在讲到政府与社会、政府与社区、政府与社会组织、政府与社工自愿者组织如何在社会共治中通力合作时，没有讲党的领导在社会共治中的作用。这是一个必须加以弥补的缺陷。杭州的实证研究报告强调了社会共治的核心是党政领导。中央在前些年提出的"建立健全党委领导、政府负责、社会协同、公众参与的社会管理格局"，以及十八大报告、十八届三中全会强调的"推进国家治理体系和治理能力现代化"和"改进社会治理方式"的一系列论述中，都强调要发挥党的领导在国家现代治理和改进社会治理中的核心作用和团结、组织、激励、鼓舞、推动作用。这是中国特色现代治理的一个重要特色，是现代社会共治的一个不可或缺的重大要素。建议在系列研究报告中都要注意这个问题。

以上意见和建议，供课题组的同志们参考。

施芝鸿

2014年10月20日

（现任中共中央政策研究室副主任，现任全国政协社会与法制委员会副主任。）

序　言

　　国翰将完成的书稿寄来已多日，出版社一再催促，原拟邀征宇同志对话的这个序言只好作罢，改为由我代笔。其实在我案头，有年初访杭期间在湖畔居我们对话的录音整理，当时整整一下午，谈的都是这个主题，一直以为能够用在书中，却因缺少调研和成书后的情境，只好忍痛割爱。也罢，借书稿付梓之际，我确有许多话想说，也整理一下多年来在征宇同志支持下赴杭调研的体会，特别是我们多次对话的心得，算我这多年来调研对朋友们的汇报，也权做给国翰的序言。

一

　　说起来，国翰做我的学生已 16 年。他和建宇两人，是我招收的第一批硕士研究生，算得上是"名门之后"的开门弟子了。1998 年初夏，我从日本回国到清华任教，不久他们来到我的门下，一起组织了国内第一个 NGO 学术研讨会并成立了 NGO 研究中心。我们师生成为清华 NGO 筚路蓝缕的创业者。在那难忘的日子里，我们一起调研，一起读书，一起在我位于清华园宿舍的客厅里激烈论争，一起拨通一个又一个从北京黄页簿上查到的社团电话探寻问卷下落，也一起去北戴河统稿、去长城春游，这个来自湖北农村的年轻人勤勉、包容、率真而略显腼腆，每遇陌生人或在公开场合讲话都会脸红害羞，但一讨论问题则不顾一切坚持己见，往往争论得面红耳赤，他会为了一个观点遍查文献、引经据典，直到搞清楚为止。1999 年夏天，我们在友谊宾馆举办首届 NGO 国际研讨会，他和建宇是会务骨干，天天通宵达旦，忙里忙外，从头至尾，当送走了所有外宾，他们靠着沙发睡着了，我才知道他们已多日未眠。3 年的硕士生涯很快结束，建宇赴港中文读博，他暂时留在 NGO 研究所担任我的助理。没多久，我推荐他去东京工业大学桥爪研究室攻读博士学位。桥爪教授是我的知交，社会理工学科的奠基人和日本著名社会学家，国翰在桥爪研究室读博期间我几乎每年都有机会去东工大,一聚会,一聊天,聚的是学业事业,会的是师生亲情,走近的则是心灵关切。

转眼,他博士毕业回国到杭州任教。我借调研的余暇邀他在西湖边小聚,谈到研究方向,他依旧的 NGO 情结令我倍感欣慰,邀他参加清华 NGO 研究团队。这个曾经以他为骨干的团队如今已枝繁叶茂、今非昔比,他以一个新人姿态加入进来很快就和大家融为一体。他的勤勉、包容、率真不减当年,多年在日留学训练养成的严谨细致、一丝不苟的学风令大家耳目一新。没多久,他已然又成为清华 NGO 研究团队的骨干之一。

国翰出身理科,有缜密的逻辑思维训练并熟练运用数学等分析工具,在清华读硕期间做了大量实证调研,补充了管理科学工程的学科视角和知识结构,赴日留学期间受到严格的社会理工学熏陶和训练,阅读了大量社会学经典文献并选择日本明治维新时期的乡村治理作为毕业论文,完成了高水平的博士学位论文研究并取得了优秀成绩。这些为他回国后重新投身于 NGO 研究特别是致力于社会共治的实证研究打下了坚实的学科和理论基础。本书是他回国后参与清华 NGO 团队开展实证研究取得的初步成果,体现了他的学术功底和实证训练,也反映了他敏锐的思辨能力和学术创新能力,以及勤勉治学的踏实肯干精神。我为他在较短的时间内完成这一学术专著并取得较好的成果而倍感欣慰,并聊表祝贺。同时也想借机表达对他进一步深入研究的希望和期待。希望他在本书研究的基础上能够再接再厉,以更高的标准要求自己,在理论思考和实证调研方面取得更大的成绩,期待他有新的著作出版。

二

这本书所讨论的是杭州的社会共治话题。我之所以将杭州定义为社会共治的实践基地,与我对杭州的理解乃至心缘有关。

多年前,我受杭州市委政策研究室之邀来杭调研。在那之前,我的足迹已踏遍大江南北,也多次来杭调研社会组织,比起杭州,我更钟情于温州。但那一次在杭州,我见到了一位博学、健谈且深刻的官员,时任杭州市委副秘书长的征宇同志。他向我介绍了杭州的做法,话题很快切入到对问题的认识乃至思想层面。他对权力、资本、利益集团的剖析令我饶有兴致,他关于社会矛盾、社会资本、社会交往、公共领域等的认知准确清晰、富有见地，他提出的动员社会精英和多元主体探索社会共治的思路清晰独到、观点犀利，他对传统文化中儒家思想的灵活运用，对马克思主义和社会主义思想的深入理解，对当下现实问题的透彻分析，给我留下了深刻印象。从那以后，我们成了推心置腹的知友，于调研之余总要寻机畅谈，话题从调研见闻，到天南地北，到所感所悟，到思想乃至精神。身体欠佳的他，诸事繁忙，却几乎每次都有约必至，我们常常相约几位友人畅谈至深夜，任思想的火花迸发，从思想之流中体会当下的实践创新。

我于这样的交流中，渐渐感悟到实践背后思想的力量。我相信杭州实践的背后存在一个丰富的思想过程，在征宇和他的许多同志们之间，在更加广泛的社会交往中存在诸多如哈贝马斯所描述的"公共领域"那样的话语空间和思想场域，存在大量关于当下杭州实践创新的观点交锋、思想论争以及在各个层面所达成的共识，我于是要求我们的团队尽量深入开展访谈，努力从现象的观察进入实践背后的思想过程，理解和把握杭州实践的思想脉络。在这本书中，国翰尝试把握我的意图，无论在概念上、结构上，还是具体的案例选择及分析上，都试图体现这种倾向。其实归根到底，不仅是在杭州的调研，乃至在我们关于社会共治的整个研究中，都深深感悟到实践背后睿智的思想过程。我深信这是中国改革进入全面深化期不可缺少的过程，这也是实践研究如此吸引我的精彩之处。

为此，我由衷地感谢征宇同志，感谢于杭州调研中给我们大量思想启迪的各位智者们。本书希望能够成为新的话题之一，更期待引起关注、讨论和批评。

三

社会共治是本书的主题，也是今年清华 NGO 研究团队关注的重心。

这个初现于克强总理《政府工作报告》中的新概念之所以引起我的强烈共鸣，首先是因为我们在社会治理创新调研中遇到了大量需求和相应的创新实践，如本书所展现的杭州增量共治的实践，也如我们即将出版的一些研究报告中所要展现的其他地方的实践创新。我相信社会共治是中国改革进入全面深化期，地方实践中所遇到的具有很大普遍性的共性问题，也深信在这方面已经和正在形成大量富有地方特色的实践创新，我们的研究尽管挂一漏万，但力求以个案的形式展现地方政府在社会共治方面的实践探索和创新。

其次，我更强烈的理论关怀在于：我深信社会共治源于中国传统文化和经典社会主义，是中国特色社会主义的重要实现形式。从上古大禹治水的传说，到西周的分封诸侯，春秋战国的合纵连横，直到清承明制下的满汉共治，社会共治在中华大地源远流长，也渗透在儒家、墨家、法家、道家等治国思想的里里外外，可以毫不夸张地说，社会共治是数千年中国治理实践的经验结晶和思想共识。同时，社会共治也是马克思主义经典作家孜孜以求并清晰描述的社会理想，包含在马克思、恩格斯关于经典社会主义的大量论述中，尽管后来在苏联和中国等无产阶级专政国家的革命实践中阶级专政取代了社会共治，使这一思想被长期湮没，但在战后欧洲的社会主义实践中，包括转型后的俄罗斯近20多年的拨乱反正中，马恩的社会共治思想重新引起关注。

我们关于社会共治的理论探索和研究，努力尝试连接中国传统文化和经典社会主义的两个思想脉络，并在当下地方政府实践创新的基础上总结提高，试图构建中国特色社会主义的社会共治理论。本书也是这种理论关怀的初步探索和尝试，不揣粗糙，以就教于学界。我们相关的研究成果将陆续发表出来。

本书和后续出版的关于社会共治的研究成果，得到社会科学文献出版社的大力支持。总社谢寿光社长和分社王菲社长、骁军主编一如既往鼎力相助，使得我们的成果能够精彩呈现，在此深致谢忱。

以上约略表达我对国翰书稿、杭州调研及社会共治研究的情结，也请读者更多关注清华NGO研究团队系列成果的后续出版。是为序。

王名

2014年10月22日

目 录
contents

绪章　社会共治话语中的增量共治 …………………………………… 001
 0.1　对于善治的追求 ……………………………………………… 001
 0.2　增量创新的路径 ……………………………………………… 004
 0.3　杭州的日常生活 ……………………………………………… 006
 0.4　杭州的社会管理 ……………………………………………… 008
 0.5　研究方法和思路 ……………………………………………… 009

实践篇

第一章　民主民生：追求"仁"的城市德行 ……………………………… 013
 1.1　善治的评价标准 ……………………………………………… 013
 1.2　杭州社会治理的发展历程 …………………………………… 016
 1.3　杭州的社会治理项目 ………………………………………… 019
 1.4　杭州社会治理创新的突破点 ………………………………… 022

第二章　共建共享：富于"义"的城市胸怀 ……………………………… 026
 2.1　让谁来治理？ ………………………………………………… 026
 2.2　传统的社会治理主体与新型社会治理主体 ………………… 028
 2.3　新型社会组织的特征 ………………………………………… 032
 2.4　杭州的社会复合主体 ………………………………………… 034
 2.5　社会复合主体的控制机制 …………………………………… 038
 2.6　社会复合主体的作用机制 …………………………………… 040
 2.7　企业参与社会治理 …………………………………………… 045

2.8　新型社会组织发展的内在逻辑⋯⋯⋯⋯⋯⋯⋯⋯⋯⋯⋯⋯050
　　2.9　现代社会组织体制的发展方向⋯⋯⋯⋯⋯⋯⋯⋯⋯⋯⋯052

第三章　同心同意：倡导"理"的城市精神⋯⋯⋯⋯⋯⋯⋯⋯⋯056
　　3.1　城市治理的精神特质⋯⋯⋯⋯⋯⋯⋯⋯⋯⋯⋯⋯⋯⋯⋯056
　　3.2　城市治理理念的来源⋯⋯⋯⋯⋯⋯⋯⋯⋯⋯⋯⋯⋯⋯⋯057
　　3.3　价值观的现代性追求⋯⋯⋯⋯⋯⋯⋯⋯⋯⋯⋯⋯⋯⋯⋯059
　　3.4　政府的社会治理理念⋯⋯⋯⋯⋯⋯⋯⋯⋯⋯⋯⋯⋯⋯⋯062

第四章　协商协行，践行"智"的治理之道⋯⋯⋯⋯⋯⋯⋯⋯⋯066
　　4.1　有智慧的治理⋯⋯⋯⋯⋯⋯⋯⋯⋯⋯⋯⋯⋯⋯⋯⋯⋯⋯066
　　4.2　新型治理平台⋯⋯⋯⋯⋯⋯⋯⋯⋯⋯⋯⋯⋯⋯⋯⋯⋯⋯069
　　4.3　新型治理关系⋯⋯⋯⋯⋯⋯⋯⋯⋯⋯⋯⋯⋯⋯⋯⋯⋯⋯071
　　4.4　新型治理结构⋯⋯⋯⋯⋯⋯⋯⋯⋯⋯⋯⋯⋯⋯⋯⋯⋯⋯072
　　4.5　社会复合主体的内部结构⋯⋯⋯⋯⋯⋯⋯⋯⋯⋯⋯⋯⋯074
　　4.6　新型治理工具⋯⋯⋯⋯⋯⋯⋯⋯⋯⋯⋯⋯⋯⋯⋯⋯⋯⋯078

第五章　高质高效，提升"能"的治理之本⋯⋯⋯⋯⋯⋯⋯⋯⋯086
　　5.1　社会治理能力的提出⋯⋯⋯⋯⋯⋯⋯⋯⋯⋯⋯⋯⋯⋯⋯086
　　5.2　政府的社会治理能力⋯⋯⋯⋯⋯⋯⋯⋯⋯⋯⋯⋯⋯⋯⋯088
　　5.3　社会组织的社会治理能力⋯⋯⋯⋯⋯⋯⋯⋯⋯⋯⋯⋯⋯093
　　5.4　杭商参与社会治理⋯⋯⋯⋯⋯⋯⋯⋯⋯⋯⋯⋯⋯⋯⋯⋯102

第六章　互联互动，构建"信"的治理之脉⋯⋯⋯⋯⋯⋯⋯⋯⋯111
　　6.1　信任社会⋯⋯⋯⋯⋯⋯⋯⋯⋯⋯⋯⋯⋯⋯⋯⋯⋯⋯⋯⋯111
　　6.2　历史传统与地域文化⋯⋯⋯⋯⋯⋯⋯⋯⋯⋯⋯⋯⋯⋯⋯114
　　6.3　杭州的社会组织⋯⋯⋯⋯⋯⋯⋯⋯⋯⋯⋯⋯⋯⋯⋯⋯⋯116
　　6.4　杭州的志愿活动⋯⋯⋯⋯⋯⋯⋯⋯⋯⋯⋯⋯⋯⋯⋯⋯⋯119

理论篇

第七章　从治理到共治⋯⋯⋯⋯⋯⋯⋯⋯⋯⋯⋯⋯⋯⋯⋯⋯⋯129
　　7.1　治理和善治出现的时代背景⋯⋯⋯⋯⋯⋯⋯⋯⋯⋯⋯⋯129

7.2　共治范式的变革 …………………………………………… 132
　　7.3　分类视角下的社会共治 …………………………………… 136
　　7.4　社会共治的理论源流 ……………………………………… 140

第八章　多元主体社会共治 ………………………………………… 147
　　8.1　治理主体——多中心治理 ………………………………… 148
　　8.2　治理结构——网络化治理 ………………………………… 151
　　8.3　治理机制——协同治理 …………………………………… 155
　　8.4　治理关系——新公共管理、新统合主义 ………………… 156
　　8.5　治理过程——协商治理、动态治理 ……………………… 159
　　8.6　发达国家社会共治的案例 ………………………………… 160

第九章　增量共治的实践和理论思考 ……………………………… 165
　　9.1　社会共治是一场社会变革 ………………………………… 165
　　9.2　增量变革 …………………………………………………… 168
　　9.3　柔性变革 …………………………………………………… 171
　　9.4　杭州社会共治的成功因素 ………………………………… 174
　　9.5　变革社会管理体制，促进社会多元共治 ………………… 176

案例篇

案例一　西泠印社 …………………………………………………… 181
　　一　百年名社——西泠印社 …………………………………… 181
　　二　困境与危机 ………………………………………………… 182
　　三　治理与改革 ………………………………………………… 182
　　四　机制与运作 ………………………………………………… 183
　　五　名社重生的启示 …………………………………………… 183

案例二　运河综合保护 ……………………………………………… 185
　　一　"京杭大运河"的成功申遗 ……………………………… 185
　　二　曾经哭泣的杭州"母亲河"何去何从 …………………… 185
　　三　政府主导、市场运作、社会合力的运河综保治理新机制 …… 186

四　运河综保申遗治理的借鉴意义 …………………………………… 187

案例三　杭州城市品牌网群 …………………………………………… 189
　　一　杭州的城市品牌——生活品质之城 ……………………………… 189
　　二　城市品牌网群的发展历程 ………………………………………… 189
　　三　四界联动、"点线面块"结合的组织架构运作 ………………… 190
　　四　网群特色与存在问题 ……………………………………………… 192

案例四　"湖滨晴雨"工作室 …………………………………………… 193
　　一　"湖滨晴雨"工作室的概况 ……………………………………… 193
　　二　"湖滨晴雨"工作室的运行架构 ………………………………… 193
　　三　"湖滨晴雨"成效斐然 …………………………………………… 194
　　四　独具特色的基层社区协商治理机制创新 ………………………… 195
　　五　湖滨晴雨的治理创新思考 ………………………………………… 195

案例五　我们圆桌会 ……………………………………………………… 197
　　一　《我们圆桌会》的出现 …………………………………………… 197
　　二　《我们圆桌会》的内容 …………………………………………… 197
　　三　《我们圆桌会》的特点 …………………………………………… 198
　　四　《我们圆桌会》带给社会的启示 ………………………………… 199

案例六　杭州的市民体验日 ……………………………………………… 200
　　一　在体验中创造更美好的生活——杭州市民体验日 ……………… 200
　　二　杭州市民体验日的活动机制 ……………………………………… 200
　　三　杭州市民体验日的活动特色 ……………………………………… 201
　　四　杭州市民体验日存在的问题 ……………………………………… 202

案例七　杭州丝绸女装产业联盟 ………………………………………… 204
　　一　丝绸女装产业联盟助力"丝绸之府、女装之都" ……………… 204
　　二　多元互动，助推行业联盟增活力 ………………………………… 205
　　三　多力融合帮助行业联盟提效力 …………………………………… 205

案例八　绿色浙江 ………………………………………………………… 207
　　一　绿色浙江的概况 …………………………………………………… 207

  二 专注环境治理，构建多界协作互动的环境监督模式 ………… 207

  三 健全完善制度，加强治理能力建设 ……………………………… 208

  四 关注民生，多元互动推广建立生态社区 …………………………… 209

案例九 西湖国际博览会 ……………………………………………… 211

  一 西博会的重生 …………………………………………………… 211

  二 西博会复合主体的组织模式和运作机制特色 ………………… 211

  三 以"西博效应"带动城市发展的大舞台 …………………………… 213

附录1 杭州市志愿组织基本情况调查问卷 ………………………… 215

附录2 杭州市志愿者志愿行为特征调查问卷 ……………………… 218

附录3 杭州市志愿服务认知与需求调查问卷 ……………………… 222

参考文献 ……………………………………………………………………… 226

绪 章
社会共治话语中的增量共治

【本章提要】

社会共治就是指由政府、市场、社会等不同领域的各种主体，在相互尊重各自意愿和利益的基础之上，通过某种可持续的机制来解决公共问题或者提供公共服务。社会共治并不等于简单地把相关的机构和组织聚合在一起，更重要的是能够形成各主体之间可持续的互动机制。社会共治既是一种社会治理创新，又是一场社会治理变革。通过增量变革的方式实现社会共治是一条阻力较小、可行性较高的路径，这样的社会共治称为增量共治。杭州在社会共治方面的创新持续时间长、作用范围大、体系性强、效果明显，为增量共治在城市区域的实现提供了众多生动的案例。

0.1 对于善治的追求

有人群的地方就有社会，有社会的地方就存在如何治理的问题。因此，对于善治的追求几乎和人类的文明史一样古老。《诗经·国风》中的《硕鼠》篇就有"逝将去女，适彼乐土，乐土乐土，爰得我所"的诗句，表达了古人对于美好社会的向往和追求。同样，柏拉图在《理想国》中则开始探讨一个美好社会所应该具备的特征和遵守的原则，他借用苏格拉底的口吻说："我们建立这个国家的目标并不是为了某一阶级的单独突出的利益，而是为了全体公民的最大幸福，因为，我们认为在一个这样的城邦里最有可能找到正义，而在一个建立得最糟的城邦里最有可能找到不正义。"

什么样的治理才是善治？如何实现善治？由谁来治理？治理的理念和方式因时代的不同而变化。古代的治理多为帝王之术，像中国的《贞观政要》《资治通鉴》，波斯的《治国策》，还有马基雅维利的《君王论》，莫不如此。为了实现善治，人们曾经求助于具有超自然能力的偶像，也追随过号称英明神武的帝王领袖，但是人们心目中的"乐土"依然遥远。无论是发达国家还是发展中国家，经济发展、环境保护、公共安全、医疗保障、文化教育、扶贫助弱等问题都是公众关注和争论的焦点。在一个已经解决温饱并基本进入小康生活水平的社会，善治的程度在人们的幸福指数中所占的比重越来越大。

从体制的角度而言，所谓治理是指建立并维持一系列社会角色之间的行为规范，借以实现某种共同的目标（Rosenau James, N., 1995）。寻找最合适的治理方式是所有现代国家政治发展和改革的中心目标。不同的机构和研究人员对治理的理解不尽相同。全球治理委员会对治理的定义是：治理是个人、公共或私人机构用来管理他们共同事务的诸多方式的总称。它是一个连续不断的过程，它使相互矛盾和各不相同的利益群体彼此容纳并且可以实现合作。它包括常规的指示和强制服从的国家政体，同样也包括由民众和机构支持或认同的非常规安排。罗德斯（Rhodes, 1997）认为，治理就是指某种进行自我组织（self - organizing）的组织间网络，其特征是相互依赖、资源交换、遵守博弈规则，并且相对于政府而言具有显著的自治性。海顿·戈兰（Hyden Goran, 1999）则认为，所谓治理就是对于正式的和非正式的博弈规则的管理，包括为权力的运行设定规则和解决这些规则之间的相互冲突。

另外，各种关于治理的理论也有其共通之处。例如，各国的社会治理都强调经济性（Economic）、有效性（Effective）和高效性（Efficient），同时也追求公平性（Equity）和正义性（Fairly）。联合国开发计划署（UNDP）认为，治理是社会用以分配权力并管理公共资源和处理公共问题的方式，这种方式有好有坏。好的治理就称为"善治"。在"善治"的基本要素中，法治、公信力、透明性、参与是四个最为共通的标准。

2013年，党的十八届三中全会做出了《中共中央关于全面深化改革若干重大问题的决定》，提出："全面深化改革的总目标是完善和发展中国特色社会主义制度，推进国家治理体系和治理能力现代化。必须更加注重改革的系统性、整体性、协同性，加快发展社会主义市场经济、民主政治、先进文化、和谐社会、生态文明，让一切劳动、知识、技术、管理、资本的活力竞相迸发，让一切创造社会财富的源泉充分涌流，让发展成果更多更公平惠及全体人民。"国家治理体系和治理能力现代化（简称国家治理现代化）是在"四个现代化"的目标已经基本实现的条件下提出的第五个现代化的目标。国家治理现代化的提出针对的是当前社会发展的主要矛盾，即国家治理体系和能力与经济发展、人民生活、生态环境保护之间的矛盾。和前面四个现代化（即农业现代化、工业现代化、国防现代化、科学技术现代化）不同，国家治理现代化不是生产力层面的现代化，而是生产关系和上层建筑层面的现代化。因此，国家治理现代化的提出具有跨时代的意义，也迅速成为一种全社会的共识。治理现代化是对"善治"的本土化描述，其标准是从我国当前的经济社会发展阶段出发对"善治"进行的重新诠释。

判断一个国家的治理是不是"现代的"国家治理，存在两套标准。第一套标准是学理上的标准，即通过比较、归纳、演绎等方法整理出的一套标准。这套标准已经有了。党的十八大就提出了24字的社会主义核心价值观，即富强、民主、文明、和谐，自由、平等、公正、法治，爱国、敬业、诚信、友善。价值观是用来指导人们判断事物好坏的标准，既然是核心价值观，必定可以用来判断很多事物是好是坏。在24字的社会主义核心价值观中，"富强、民主、文明、和谐"可以用来判断国家治理的状态是否达到了现代，"自由、平等、公正、法治"可以用来判断国家治理使用的体制机制是否达到了现代；"爱国、敬业、诚信、友善"可以用来判断国家治理所依靠的主体自身是否达到了现代。学理上的标准解决的是作为状态的现代（modern）的问题，也就是告诉人们这样一种状态的治理才是现代的国家治理。

判断一个国家的治理是不是"现代的"国家治理的第二套标准是民意的标准。所谓民意的标准就是让老百姓自己来判断我们的国家治理体系和治理能力是否达到了现代化。我国的"四个现代化"（即农业现代化、工业现代化、国防现代化、科学技术现代化）已经基本实现的重要标志就是老百姓现在几乎很少谈起这个"四个现代化"了，似乎它已经成为一个历史名词。所以说，如果哪一天我们中国人都不屑于谈论"国家治理现代化"的话题了，那个时候我们的"国家治理现代化"也就基本实现了。我们只有不停地按照民众的需求和愿望来改进国家治理，直到有一天，老百姓都认为："哦，已经很好了，不要再改了。"这个时候国家治理现代化就基本实现了。老百姓就是我们这个社会的全体公民，因此，从民意的衡量标准来看，所谓国家治理现代化就是按照公民的需求和愿望不断改进国家治理方式、提高国家治理能力，直到公民对之表示满意的过程。民意的标准解决的是治理的现代性（modernity）的问题，也就是告诉人们如何在当前的治理中一点点地增加具有现代性的因素，通过现代性的量的积累，最终实现治理现代化的质的突破。在这个从量变到质变的过程中，抓住公民对于国家治理的需求和愿望，满足公民对于国家治理的需求和愿望是关键。

0.2 增量创新的路径

要实现国家治理现代化，必须进行社会治理范式的创新。治理是治理主体通过动员一定的社会资源，采取特定的治理工具及其组合，实现某种社会目标的政策过程。从这个角度而言，社会治理的范式可以按照治理主体的多样性、治理手段的协商性、治理结果的共享性三个维度进行分类。治理主体的多样性是指是否有足够多的利益相关方参与到治理过程中来，治理手段的协商性是指治理过程中协商、交流、谈判、契约等协商性治理工具的使用频率，治理结果的共享性是指治理所带来的社会效益是否在利益相关方之间进行了公平的分配。按照这样的维度划分，共治是指在治理主体上具有多样性，在治理手段上具有协商性，在治理结果上具有共享性的治理。

从定义来看，治理的概念已经具有共治的含义，共治是一种适应现代社会公共问题的新范式。在现代社会中，公共产品和公共服务对人们的生活和幸福程度的影响越来越大，人们对政府等公共部门的期望和要求也越来越高。政府一方面在经济事务上放松管制，减少开支，但是在教育、医疗、文化、社会保障等领域的功能正在空前扩大。公共事务的复杂性、多样性、动态性较以往大为增强。公共事务的复杂性是指其涉及的利益主体非常之多，难以用"一刀切"的方式统一解决；公共事务的多样性是指不同的事务具有完全不同的专业性，每个领域都有自己特定的专业知识、专业技能和专业规范，一个领域的知识和经验很难用于其他领域；公共事务的动态性是指其发展和结果受外部环境因素的影响很大，需要连续的调控和不断调整才能获得最好的治理效果。由于公共事务的复杂性、多样性和动态性的增强，采取共治的范式成为社会治理创新的必然方向。正如 Bode

和 Firbank（2009）所言，共治不仅能够有效医治政府在提供公共服务的过程中产生的碎片化问题，而且是解决公共服务供给中复杂的动态局面的首选方案。

所谓社会共治，就是指来自政府、市场、社会等不同领域的各种主体，在相互尊重各自意愿和利益的基础之上，通过某种可持续的机制来解决公共问题或者提供公共服务。社会共治并不等于简单地把相关的机构和组织聚合在一起，更重要的是能够形成各主体之间可持续的互动机制。

实现善治必然意味着对现有治理方式、治理过程、治理结果的变革，而任何社会管理方面的变革都必然会涉及不同社会群体之间的利益调整，因此，社会变革总会遇到各式各样的阻力，很多社会变革正是因为这些阻力而难以持续推进，因此，选择什么样的变革路径非常关键。一般而言，社会变革的路径分为增量变革和存量变革两种路径。我国的经济改革就是一种典型的增量改革。陈广胜（2007）认为，任何一项制度创新都会损及原制度的部分受益者，却有利于新制度的潜在受益者，为了避免改革出现巨大风险，降低实施成本和摩擦成本，浙江省地方政府采取了渐进性的增量改革方式，即并非一味破除旧体制中的所有政策，而是先积极推动新体制成分的扩散，待条件成熟后再予以调整甚至完全替代。增量变革是浙江省在改革开放过程中积累的重要经验。

增量变革的路径不仅能够适用于经济领域的改革，而且适用于社会领域的改革。俞可平（2000）很早就提出了增量政治改革和增量民主的概念，他认为，包括政治改革在内的所有中国社会改革，实际上都是，或者说应当是增量改革。俞可平（2012）把增量民主看作一种通向民主政治的发展模式，而不是具体的政治制度的框架。增量民主包括四个方面的内涵：（1）强调以最小的政治成本取得最大的政治效益；（2）强调政治发展是要突破而不是突变；（3）强调改革具有"路径依赖"的特征，其发展过程表现为不时地有所突破，但不是政治过程的突变；（4）强调深化党内民主和基层民主应当是目前我国政治体制改革的重点突破口。

政治改革和社会改革是实现"善治"的必由之路，俞可平（2004）认为，增量民主是在我国目前现实环境下唯一一条通向善政和善治的道路。"增量"是一个相对于"存量"的概念。所谓"存量"，是指正在或者将要进行的政治改革和民主建设，必须有足够的"存量"，即具备充分的经济和政治基础。所谓"增量",是指在原有的基础上有新的突破,是在"存量"基础上的增加。不积跬步,无以至千里。"增量"的路径是一种渐进的缓慢的变革过程,其实质是在不损害人民群众和原有的政治利益的前提下,最大限度地增加政治利益(俞可平,2004)。

治理是一种时效性和地域性很强的活动,不同的国家不同的地区具有迥然不同的治理方式。从现阶段的研究来看,建立宏大且放之四海而皆准的治理理论恐怕为时尚早。比较可行的方案是选择一个有限的区域,考察其治理的历史、现状及内在的发展逻辑,进而从中获得某些具有一般性的经验和规律。杭州就是一个比较合适的选择。

0.3 杭州的日常生活

杭州位于浙江省北部,是浙江省的省会,同时也是华东地区重要的经济、文化和交通中心。杭州历史悠久,风景秀丽,名胜荟萃,是全国著名的旅游城市。如果你是一个来自像北京、上海或者广州这样特大级城市的游客,你对杭州的第一印象可能是杭州的市区范围比较小。的确,无论是从管辖的面积还是人口来看,现在的杭州都还不能算是一个大都市。南北方向上,杭州的主城区从环城北路到钱塘江边,如果不堵车的话,自己开车走高架桥也就是 15 分钟到 20 分钟的路程;东西方向上,从西边的黄龙乘坐快速公交到东边的艮新天桥也不过 30 分钟的距离。但是杭州市的面积要比她的主城区大很多。现在的杭州市包括上城区、下城区、拱墅区、西湖区、江干区、滨江区、余杭区、萧山区 8 个市辖区,富阳市、临安市、建德市 3 个县级市和桐庐县、淳安县,总面积 16596 平方公里。2012 年末,杭州市的常住人口为 880.2 万,户籍人口为 700.5 万。杭州市的总人口比温州和青岛这样的非省会城市的人口还略少。可以说,杭州是由一个人口密集的狭小的中心城区和人口较疏但是经济较为发达的郊区和郊县组成的城市。

杭州的商业中心相对分散,没有现代都市那种由摩天大楼作为标志的中心商业区,但各式各样的商店、饭店等服务设施遍及城区的各个角落;和一线的大都市相比,杭州的立体交通和轨道交通的设施也比较少,但是杭州街道的干净整洁度以及交通的秩序性都非常好,在这一点上和 150 公里外的国际化大都市上海的差距并不大。但和上海不一样的地方是,在杭州你可以很安心地向一个本地人问路，绝大多数情况下都会得到非常热情的回应。杭州的街边小店，商品的价格也比较公允，不需要复杂地讨价还价。如果碰到不公平、不合理的现象，你也可以放心大胆地和对方理论一番，不用担心对方事后报复或者暴力恐吓。即使在没有红绿灯的斑马线上，杭州的汽车也必须礼让行人。礼让行人最初从公交车开始，现在几乎所有的本地司机都能遵守这样的规则，很多路口都有"车让人，人快走，快快通过，莫停留"的标牌，很好地体现了司机和行人之间的相互礼让和理解。

杭州人的生活节奏也比一线的大都市要慢，杭州的夜市和早市都不发达，晚上9点之后大街上的人已经比较少了。小区周边也会有一些棋牌室、足浴店、休闲会所，但是顾客不是很多。其他二线城市常见的打麻将、玩扑克等娱乐活动在杭州不是很普遍。杭州的年轻人喜欢体育类和旅游等休闲活动，中老年人喜欢跳舞。不过，杭州人的"广场舞"比较小众，一般就在小区或者公园的空地举行，每个团体的人数也不是特别多，大多数也就十几人到二十多人的规模。杭州人跳舞的类型很多，有简单的健身舞（类似体操），也有扇子舞，还有比较复杂的交谊舞甚至现代舞，舞风轻柔，很少有粗犷而且噪音大的集体舞。也许是因为这些原因，杭州的"广场舞"常常引来很多路人围观，但并不显得噪音扰民。

西湖是杭州的眼睛，不了解西湖就不能说了解杭州。宋代大文豪苏东坡就写过："天下西湖三十六，就中最好是杭州。"古人依水而居，很多城市周边都有湖泊水网，但是杭州的西湖在其中独树一帜。西湖最大的特点就是具有自然景观和人文传统的高度和谐之美。断桥、苏堤、雷峰塔、岳王庙、苏小小墓、孤山遗址，等等，每一处自然景观后面都有撼动人心的传说和故事。西湖的第二大特点就是人、自然、社会三者的高度和谐之美。西湖是世界文化遗产、国家5A级旅游景区，但是西湖的绝大部分景区都可以免费游览，景区中的餐饮、卫生、咨询设施非常全面。西湖能够满足不同群体的需要，清晨，这里是晨练者的天下，跳舞、唱越剧、拉二胡、在人行道上写水书，不一而足。各个晨练群体占用一块地方，互不干扰。也有比较危险和高难度的项目，比如杂技和老年人的舞蹈轮滑会引来大量的围观者，这种情况下景区的管理人员并不会驱散游客和晨练者，而是主动增加人手维持秩序，保护晨练者和游客的安全。太阳升起，晨练者陆续散去，西湖才成为游客的世界。虽然景区总是异常拥挤，但杭州本地人对西湖的利用率也非常高，有的人是节假日去西湖休息放松，有的人是约朋友去西湖共赏美景，有的人是去西湖招待远方来客。

0.4 杭州的社会管理

短期的旅行者和长期的居住者对一个城市的体会和了解可能大相径庭。如果你能够在杭州居住一段时间，你会发现自己能够很快建立新的朋友圈子。同一个小区的居民朝夕相处，又有共同的利益和讨论的话题，很容易变成熟人和朋友，单位里的同事和工作场合的各种合作者都是潜在的交往对象。杭州人待人热情真诚，但是不会强求别人认同自己的规则。杭州人有很强的地域归属感，很多人以在杭州而自豪。杭州也多年被评为内地最具幸福感的城市之一。

杭州的社会管理始于社区。社区的工作人员大多来自杭州本地，有些工作人员就是本村本社区的居民，他们负责社区居民的社会保障、就业培训、助残扶残，以及社区内的环境卫生、商业秩序、文化活动等事项。社区只是一个居民自治的单位，在很多社会管理的事项上只有协助服务的责任而没有决定权，所以办理很多手续需要到所属街道办事处下设的社会服务中心或者市县区一级的市民中心。这些地方都是窗口化办理，规范化操作，服务态度也都比较好。

如果要办理更加复杂的手续，则需要到市一级的政府部门。杭州市的政府职能部门分散在主城区的各个地方，大部分职能部门和普通的事业单位和企业一样在写字楼内办公，有的部门还要为自己的办公室支付租金。这种分散式的政府部门格局对市民来说有利有弊。它的好处是政府部门相对比较低调，不会给前来办事的居民造成那种高高在上的压迫感。另外，如果办理的事项比较复杂，涉及不同的部门，那就可能需要在不同的地点之间来回奔波，有时候甚至颇费周折。

任何一个城市的社会管理都是在动态发展中实施的，尤其对于一个处于迅速发展中的城市而言，居民的不满和抗议不可避免。杭州在这方面也不例外。问题的关键是这些不满和抗议为何发生以及政府部门如何应对。杭州人其实很喜欢为自己的利益而进行抗争。环境污染、城市规划、学区划分、拆迁、商铺扰民等都有可能引起居民的集体抗争。居民通过网络、

QQ 群、微信群等现代通信手段能够很快形成合力，促成集体抗争事件的发生。但是，杭州的集体抗争事件大多数属于温和型的，仅限于在小区内部挂标语，集体到政府部门去提意见，或者在听证会会场外示威等形式。可能对于杭州人而言，集体抗争就和在广场上跳舞一样是生活的一部分，是表达心情和意见的一种方式，至于抗争的结果如何则很难预测。

0.5 研究方法和思路

了解一个社会的政治制度和法律相对而言比较容易，因为这些知识都有明确的书面记载和正式的表述。但是理解一个社会的治理过程就没有那么简单，因为关于治理的知识大部分都存在于具体的事例中，研究者必须先理解治理过程中的多种角色才能较为全面地分析一个城市的治理特征。社会治理对象是人们日常生活中的事件，就是人们身边的问题，但往往被忽视。社会治理表现为针对特定问题的应对和解决，往往特定的发展契机、人际关系或者技术革新会发挥关键的作用，而一般的治理准则和模式却深藏其后。更重要的是，治理是一个动态的过程，对治理过程的理解需要长时间的连续跟踪和观察。

在杭州出生、长大并且一直在杭州生活的人应该对杭州社会治理的细节最为了解，他们具有丰富的本地知识。但是土生土长的杭州人可能正因为浸润其中，反而会把特色误认为理所当然，对杭州社会治理的特点失去应有的敏感性。另外，短期到杭州来旅游、出差或者工作的人可能最能体会到杭州和其他地方的区别，但是这种短期的观察和体验只是短暂和局部性的，由于他们不是长期居民，因此很难体会到社会管理中的细节和冲突。既能够比较深入了解和体会杭州的社会治理，又对杭州社会治理的特色具有敏感性的人群恐怕就是那些从外地到杭州来，并且在杭州生活了较长一段时间的"新杭州人"。一方面，他们在文化心理上仍然还不认为自己就是杭州人，所以对杭州的特点具有较强的敏感性；另一方面，他们需要在杭州生活，需要不停地吸收和积累关于杭州的本地知识，所以他们对杭州的了解具有一定的全面性。

托克维尔在《美国的民主》一书中的研究方法就是这种外部介入法。托克维尔在法国大革命之后造访美国，他在美国生活了大约一年半的时间。在这期间，他既接触普通的美国人的生活，又有计划地拜访美国的政治家、企业家、牧师等精英人物。他根据自己的观察和体验，把美国社会和欧洲社会进行对比，第一次向美国以外地区的人们详尽地介绍了美国社会。正因为托克维尔是法国人而不是美国人，所以他对美国社会不同于欧洲传统社会的特征非常敏感。罗伯特·帕特南在《使民主运转起来》一书中使用的是一种长期跟踪研究法。他用了大约20年时间观察了意大利南部地区和北部地区在行政改革中居民的政治态度、政治家的政策实施以及地方政府的行政绩效，提出社会资本是影响民主制度有效运行的关键因素。

本书对于杭州社会治理的考察也同时采取了外部介入法和跟踪研究法。笔者就是"新杭州人"，于2009年开始定居杭州，到现在已有5年的时间。另外，本书的研究基于清华大学NGO研究所研究组关于杭州公共治理的系列研究课题，该课题从2009年开始对杭州市社会治理的项目、组织、制度、理念等方面进行跟踪调查，至今没有中断。课题组每年都会组织调查人员来杭州对其社会治理的状况进行实地调查。在调查过程中，笔者主要通过对治理项目的组织者、受益方、资助方、政府部门工作人员等相关人员的访谈，获得关于社会治理的第一手材料。另外，实地体验和参与式观察也是社会治理研究中非常有效的方法。笔者的很多材料就来源于直接参与杭州社会治理项目的体会和经历。

本书的目的在于剖析杭州市的社会治理项目，探讨社会治理的本质及其发展的一般规律。当前我国的社会治理处于改革、发展和快速变迁的阶段，还难以在一个共同的尺度之下对其进行定量化的分析，因此本书的研究大体属于定性研究的范畴。本书的研究思路就是一个不断追问的过程。为了认识杭州的社会治理，首先我们要问杭州有哪些有特色的社会治理项目，第二步我们要问是谁在组织和实施这些治理项目，第三步我们会问他们是基于什么样的理念而实施这些项目的，第四步我们希望考察这些社会治理项目是如何运作的，第五步我们想知道成功实施这些社会治理项目需要什么样的能力构成，最后我们要回答到底哪些因素使得这些社会治理项目得以成功。在这一连串的追问得到相对满意的答案之后，我们尝试对杭州的社会治理的特点进行初步的概括，对社会共治的理论源流进行探讨和梳理，并在此基础上讨论我国社会体制改革的基本方向和可行路径。

实践篇

| 第一章 |

民主民生：追求"仁"的城市德行

【本章提要】

传统的社会管理侧重于处理一个社会中基础的、物质的、秩序的部分，而新型社会治理更注重社会活动中特殊的、精神的、动态的部分。从治理领域来看，杭州社会共治的特点就是其针对的问题绝大部分不属于传统社会管理领域，而是在新的社会管理问题领域中寻求突破点。杭州市社会共治项目的总体特征就是"民主民生"，即以与市民日常生活密切相关的领域作为突破口，在治理过程中大胆引入民主化的治理手段，以民主促民生，以民生倡民主。经过20多年的发展，社会共治的实践已经延伸到杭州城市治理的诸多方面，主要集中在文化遗产保护、环境治理、社区建设、行业促进、社会和谐、道德建设、公益慈善、政务革新、城市推进、战略发展等十一个领域。

1.1 善治的评价标准

什么样的治理是"善治"？什么样的治理是正义的治理？Kjær（2004）用14世纪中期意大利画家洛伦泽蒂（Ambrogio Lorenzetti，1290~1348）的壁画《好政府与坏政府》来喻示"善治"与"恶治"的对比。在洛伦泽蒂的这幅壁画中，其一部分描述了一个由"正义"来统治的美丽城市，在这个城市中，年轻的女性在翩翩起舞，儿童在快乐玩耍，男人们在辛勤工作，有的在犁地，有的在种植葡萄；而壁画的另一部分描述了一个由"撒旦"来统治的世界，在这个世界里，庄稼地没有被开垦，也没有人在工作，只有对男人的杀戮和对女人的强奸。在这个"恶治"的世界里，"撒旦"带着王冠，而"正义"则疲惫不堪，躺倒在地。洛伦泽蒂的作品虽然具有浓厚的宗教背景，却非常清晰地说明人们区分"善治"和"恶治"的朴素标准。

近代资产阶级革命以来，民主逐渐成为判断政权合法性的最重要标准。按照民主原则组织起来的政府被认为是好政府，而没有充分按照民主原则运行的政府被认为是不好的政府。但是在政治实践中，一部分民主国家的治理效果并不佳，甚至非常糟糕，与之相反，一部分不那么民主的国家却蒸蒸日上。于是出现了评判"善治"与"恶治"不同标准之间的冲突。

为了解决这种评判标准的冲突，Scharpf（1997年）区分了两种不同的合法性，第一种合法性称为"输入导向的合法性"，这种合法性来自政府制定政策的过程中所遵守的规则与程序的合理性，第二种合法性称为"输出导向的合法性"，这种合法性来自政策实施的效果。根据"输入导向的合法性"，能够严格遵循少数服从多数等民主议事和决策规则的政府就是好政府，而根据"输出导向的合法性"，能够有效促进公共福利的政府就是好政府。这两种合法性的原则在有些场合下是相互吻合的，但是在很多场合下会出现明显的矛盾。在现代社会中，几乎所有的政府都是在这两种原则的张力之下寻找平衡，寻求两全其美的效果。事实上，人们对治理进行评价的时候，往往会持多元标准。塞夫里娜·贝利娜（2011）在上面二元标准的基础上给出了一个更复杂的四元标准。塞夫里娜·贝利娜（2011）的四元标准包括程序的合理性、结果的合理性、国际合理性和象征的合理性。（见表1-1）

表1-1 评价治理的四元标准

标　准	含　义
程序的合理性	输入的合理性，政府运作的规则和程序是否合理，参与，问责，透明。
结果的合理性	输出的合理性，政府针对人们的期待（例如安全和社会服务）所提供的服务的效率和品质。
国际合理性	外界对国家、制度和政府的承认，基于一些被认为是普世标准的国际规范，例如人权和人道主义。
象征的合理性	建立在公民的共同信仰的基础上。

注：根据塞夫里娜·贝利娜（2011年）在《多种形式的合理性：现实、多元化权以及政权的根基》一文中的表述整理。

这种关于"善治"的评价标准多元化的张力在儒家思想中一直存在。儒家主张"为政以德"，具体而言就是要施行"仁政"。"仁"的基本含义是指当政者对老百姓的爱。孟子对何为"仁政"进行了多方面的界定，从《孟子》中的表述来看，仁政至少包含五个方面的含义。第一，保民，保护老百姓的安全。《孟子·卷一（梁惠王句章上）》第七节中说："保民而王，莫之能御也。"第二，富民，修养生息，减轻刑罚，降低赋税。《孟子·卷一（梁惠王句章上）》第三节中说："不违农时，谷不可胜食也；数罟不入洿池，鱼鳖不可胜食也；斧斤以时入山林，材木不可胜用也。谷与鱼鳖不可胜食，材木不可胜用，是使民养生丧死无憾也。养生丧死无憾，王道之始也。"第三，律民，给老百姓制定基本的行为规则，保证公平。《孟子·卷五（滕文公句章上）》第三节中说："夫仁政，必自经界始。经界不正，井地不钧，谷禄不平。是故暴君污吏必慢其经界。经界既正，分田制禄可坐而定也。"第四，顺民意，按照老百姓的要求制定政策。《孟子·卷七（离娄句章上）》第九节中说："得其心有道，所欲与之聚之，所恶勿施尔也。"第五，与民同乐，和老百姓在精神文化上有共同的喜好。《孟子·卷二（梁惠王句章下）》中就说："今王与百姓同乐，则王矣。"仁政的概念是指古代君王和老百姓之间的关系，虽然具有其时代局限性，但是从治理的层面来看，"仁"同样也可以用来表示现代社会中政府和社会之间的关系。对比"仁政"的五层含义和塞夫里娜·贝利娜的四元标准，我们可以看到"保民"和"富民"讲的就是治理的结果合理性，"律民"和"顺民意"讲的就是治理的程序合理性，而"与民同乐"则可以看作象征的合理性。

所谓程序的合理性标准是指政府的决策是否能够通过民主的程序顺应民意，所谓结果的合理性标准则是指政府的政策能否提高老百姓的生活水平，改善民生。在城市治理的过程中，程序的合理性和结果的合理性之间的张力经常表现为民主和民生究竟哪一个更重要的问题。"民"是社会治理的核心，他是治理的客体，也是治理的重要主体，还是治理过程的最佳监督者和治理效果的最终评价者。让居民参与到与他们的生活和利益密切相关的社会治理项目中来，通过协商对话的方式达成各方都能够接受的意见和行动方案已经成为当前社会治理创新的必然趋势。但是，民主只是治理的方式，而民生才是治理的目标。采取什么样的民主手段，以及在多大范围和程度上采取民主的手段仍然取决于其对民生的改善效果。但是另一方面，在一个物质财富相对丰裕的社会，民主是提高民生的最重要手段，也是最具有持续性的治理手段。更重要的是，从提高生活品质的角度来看，民主本身就是一种生活方式，健康的民主本身就是生活品质的体现。如果没有参与公共事务所带来的自豪感、责任感、认同感和主人翁的精神，更多的物质财富并不能给人带来更幸福的生活，也就不能够改善民生。

杭州社会治理项目的总体特征就是"民主民生"，即以与市民日常生活密切相关的领域作为突破点，在治理过程中大胆引入民主化的治理手段，以民主促民生，以民生倡民主。从 2003 年开始，杭州就开始系统性地解决民生问题，称为"破七难"，具体而言，就是解决老百姓的看病难、上学难、住房难、行路停车难、办事难、清洁问题以及困难群众的生活问题。但是，仅仅依靠行政命令，"破七难"的政策很可能停留于口号和文件，实施起来也会大打折扣。为了保证让政策落到实处，杭州市从 2000 年开始每年都组织来自各个社会层面的单位和个人参加投票，开展市级机关"满意不满意单位"评选活动。"满意不满意单位"评选活动的评价人员是直接来自社区的居民代表和联络员、企业代表和外来务工人员代表。从 2005 年开始，"满意不满意单位"的评价结果作为对市级单位考核体系中社会评价指标的得分，直接对市级单位的年终考核结果产生影响，所占的权重为 50%，另外两项指标是目标考核和领导考评，所占的权重分别为 45% 和 5%。如果一家单位连续 2 年被评为"不满意单位"，其领导班子就要进行调整。在这里，"破七难"是一个典型的结果导向型的政策，而"满意不满意单位"评价活动是一个典型的程序导向型的政策。只有这两者有机地结合起来才能产生"善治"的结果。

1.2 杭州社会治理的发展历程

现代社会治理是一个不断试错、探索、调整、创新的过程。杭州的社会治理也经历了一个从局部到整体，从自发到自觉、从实践到理论然后又从理论到实践的过程。20 世纪 90 年代，随着市场经济的快速发展，社会财富急剧增加，城市在地理和人口上的规模迅速扩大，环境问题和文化遗产的保护问题非常突出。尤其作为一个以人文地理为重点的著名旅游城市，杭州的发展是以 GDP 为重，牺牲自然环境和文化遗产，还是以自然环境和文化遗产为重，牺牲经济发展？杭州在这个问题上选择了一条比较平衡的道路。以西湖综合治理为例，由于20世纪80年代人们的环保意识还非常薄弱，本地经济普遍采取粗放的发展方式，西湖周边的工厂、饭店乱排污水，导致西湖水质严重恶化，优美的自然景观遭到破坏。因此，西湖综合治理的第一步就是对西湖环境的治理。1993年底，杭州市环保局、杭州日报社发起了"保护西湖绿色行动"，制作了统一的"绿天使"旗帜、标识，制定了活动章程，建立了由市委宣传部、团市委、市妇联和发起单位等组成的行动指挥部，正式报名参加的共1200多个小组5万多人，活动持续近1年。主要开展监督西湖周边饭店、宾馆排污状况，协助管理景区环境卫生，开展环保宣传教育活动和养护绿化活动等。[①]"保护西湖绿色行动"在杭州城市治理的发展过程中具有里程碑式的意义。"保护西湖绿色行动"是杭州市的民间力量在社会治理上的第一次集中展现，"保护西湖绿色行动"创造了杭州市乃至浙江省有组织的志愿服务事业的开端，"保护西湖绿色行动"也是公民、社会组织、政府部门第一次成功的合作。该活动由民间的环保积极分子和专家发起，学生和市民广泛参加，政府部门在其中发挥领导协调作用，媒体人士不仅积极报道活动内容，还深度参与活动的组织策划和实施过程，使得本来具有潜在社会冲突可能的西湖环境治理问题变成了一个政府和社会力量多方参与，具有良好的社会效益和舆论影响的治理项目。

世纪之交，杭州社会治理中发生的另外一个有代表性的事件是西泠印社的改制。成立于1904年的西泠印社是一个以"研究印学、保存金石、兼及书画"为宗旨的全国性社会团体，西泠印社有非常高的入社标准，其会员都是在篆刻、金石和书画方面具有极高造诣的专家学者。西泠印社的经营活动也非常成功，新中国成立之前已经是一个蜚声海内外的文化学术组织。其社址所在地在杭州市孤山路31号，是西湖的重要风景名胜之一。新中国成立之后，西泠印社的资产和管理体制几经变迁，在国内外的影响力大不如以前。尤其是在20世纪90年代，由于市场经济的发展和事业单位体制的束缚，这个百年老社也曾经难以为继，会员减少，社址失修，经营不善，一度很少开展活动。为了保护西泠印社这个杭州本土的文化品

---

① 钱永祥、谷云峰：《志愿服务：有品质的生活——改革开放与杭州志愿服务的发展》，http://www.cycs.org/Article.asp?ID=12335；访问日期：2014年5月15日。

牌，从 2002 年开始，西泠印社进行了系统性的改制和重构。首先，2002 年 7 月成立了西泠印社社务委员会。2004 年，西泠印社在国家民政部完成社团登记，成为我国第一家经民政部核准登记并委托地方政府管理的社团法人。2004 年底，由西泠印社参股组建的西泠印社拍卖公司成立。改制后的西泠印社不再是一个单一的组织，而是一个由多种机构、组织和实体构成的系列，是一个组织的生态群。具体而言，这个生态群包括三大类组织。首先是代表党政界的西泠印社社务委员会，它是事业单位，并且拥有"西泠印社"的品牌所有权；其次是作为社会团体的西泠印社，其主要职能是联系会员，定期举办印社活动；第三类主体是作为经营主体的西泠印社集团发展有限公司，下辖从事拍卖、出版、展览、鉴定等业务的多家分公司。西泠印社复合主体中的三大类组织共同使用和维护"西泠印社"的品牌，共同参与印社的重大活动，共享印社的发展成果。"事业单位 + 社团 + 企业"三位一体、分工关联的格局不仅让西泠印社走出了改制的困境，而且使其能够充分利用市场经济和体制改革的双重机遇，从 2005 年开始，西泠印社已多次成功举办西泠印社国际艺术节，扩大了国际影响，同时，西泠印社集团发展有限公司还被文化部命名为第三批"国家文化产业示范基地"，被中宣部、文化部、广电总局、新闻出版总署联合授予"全国文化体制改革先进单位"的称号。

这两个社会治理的事件具有非常不同的背景和性质，但都非常深刻地影响了杭州社会治理的发展方向。"保护西湖绿色行动"起源于民间力量的志愿行动，涉及众多居民、企业以及部门的利益，具有一种自下而上的压力；而西泠印社的改制针对的只是一个特定的社会团体的生存和发展问题，是一个自上而下的有计划的改革过程。这个阶段的改革可以说是在特定的文化传统和社会惯例影响之下主政者无意识的选择。

2003 年，杭州市正式提出社会创业的概念，鼓励政府部门和其他社会主体紧密联系，以创新的思路解决社会管理中的难点问题。在这个过程中出现了西博会、动漫节、丝绸与女装产业联盟等大量成功的案例，这个阶段的改革主要由政府部门根据杭州城市发展的需要和当时面临的主要社会问题而主动设计和实施完成的。在这个阶段，政府的主要作用就是将前期获得的初步经验尝试性地运用到其他问题领域。

2008 年，杭州市把这类通过"四界联动"的方式来解决社会问题，实现社会治理的组织机构称为社会复合主体，并把"四界联动"作为社会治理的基本原则。所谓"四界联动"，是指在解决任何社会问题的过程中都要主动吸收党政界、知识界、行业界和媒体界的组织和力量，通过交叉兼职、相互关联、分工合作，形成可持续的治理机制。2008年12月20日，杭州市委和市政府发布了《关于培育和发展社会复合主体的若干意见》的文件，正式确定了杭州市培育和发展社会复合主体必须坚持的六大基本原则，即复合共建与专业分工相结合的原则，党政引导与职能转变相结合的原则，社会事业与经营创业相结合的原则，价值认同与创业发展相结合的原则，项目带动与事业发展相结合的原则，以人为本与组织效能相结合的原则。在这个阶段，政府的重要作用就是对不同行业和领域的社会治理实践进行总结提炼，并在新的领域和新的公共治理问题中进行运用。

2008年之后，社会复合主体的治理思路开始向传统的经济管理和社会管理领域推进，在稳定农产品价格、促进大学生就业、培育社区社会组织等方面出现了一些成功的治理案例，已有的社会复合主体则在进一步深化发展。2013年之后，民间社会组织的数量迅速增加，社会组织的治理能力也有了较大提高，开始出现了以社会组织为核心的社会复合主体。在此之前，杭州市的绝大部分社会复合主体都是由政府机构主导，也有少数社会复合主体由企业或者行业协会来主导，由社会组织主导的社会复合主体几乎没有。民间社会组织通过参与政府或者企业主导的社会复合主体，逐渐接受社会复合主体的治理思路，并且在参与的过程中逐渐和相关的政府部门以及企业建立了良好的合作关系。近年来，民间社会组织的社会地位和社会认知程度都有了较大提高，人才和运作思路都出现了更新换代的景象，民间社会组织的能力也有了一定的提高，因此，运用社会复合主体的思路开展公益活动、在更大的范围内动员各方力量参与并促进公共事业成为一种新的可能。

1.3 杭州的社会治理项目

社会治理是一个创新的过程，经过20多年的发展，治理创新的实践已经延伸到杭州城市治理的诸多方面，直接影响着每一位杭州居民的生活。表1-2是对杭州市当前比较典型的社会治理项目一个比较粗浅的概括。在文化遗产保护、环境治理、社区建设、行业促进、社会和谐、道德建设、公益慈善、政务革新、城市推进、战略发展等 11 个领域内，共有 46 项颇具特色的社会治理项目。当然，这 46 个仅仅是杭州社会治理中具有代表性的项目，远远不是杭州社会治理的全景。事实上，要把杭州市的社会治理项目全部罗列出来也非常困难，因为现代社会治理是一个非常复杂的体系，它包括了太多的领域和环节，加之最近十多年来杭州的社会管理创新几乎发生在这个体系的每一个部分，相应的社会治理项目不仅数量庞大，而且每年都会增加许多新的项目，这给所有想全面理解杭州社会治理的研究人员带来极大的挑战。表 1-2 中列举的 46 个治理项目是杭州众多社会治理项目中具有典型代表意义，同时也是知名度比较高的一部分，通过对这部分具有代表性的项目进行详细考察，才有可能在比较有限的时间内获得关于杭州社会治理的较为全面的认识。

表 1-2 杭州的社会治理项目

治理领域	典型项目
文化遗产保护	西泠印社，运河综合治理，西湖综合治理，西溪湿地综合治理，大良渚遗址综合保护（5 个）
环境治理	绿色浙江，五水共治（2 个）
社区建设	湖滨晴雨工作室，江干区凯旋街道"凯益荟"，望江街道民情议事厅（3 个）
行业促进	杭州丝绸与女装行业联盟，西湖国际博览会，杭州美食文化品牌促进会，杭州婴童产业联盟，中国国际动漫节，杭州世界休闲博览会，杭州成长型企业品牌促进会，杭州文娱品牌促进会，杭州茶行业联盟，杭州动漫产业联盟，杭州婴童行业联盟（11 个）
社会和谐	我们圆桌会，社区"和事佬"协会，上城区养老服务外包，网上律师团，律师进社区，邻居节，的士节，杭网议事厅（8 个）
道德建设	"寻找最美"系列活动，公交车礼让行人，"我们"的价值观系列活动（3 个）
公益慈善	杭州公益伙伴圈，"一杯水"公益（2 个）
政务革新	两家两中心，"满意不满意单位"评选，红楼问计（3 个）
城市推进	杭州城市品牌网群，杭州市民体验日（4 个）
战略发展	杭州市—浙江大学战略联盟，杭州市—中国美术学院战略联盟（2 个）
其他	公共自行车，上城区"民间食安办"，大学生创业联盟（3 个）

文化遗产保护是杭州城市发展中的一个重要目标。文化遗产的保护不仅涉及大量专业知识，而且需要公众的配合，不仅要考虑经济效益和社会效益的平衡，还要考虑文化遗产所在地居民的局部利益和全市居民的整体

利益之间的协调，因此许多历史文化名城都会在这个问题上处于发展和保护的困境之中。杭州市在文化遗产保护方面的治理项目除了上文提到的西泠印社的改制之外，还有运河综合治理，西湖综合治理，西溪湿地综合治理，大良渚遗址综合保护等项目。

环境治理是公众最为关注的社会问题之一，环境治理除了需要政府在技术和环境保护设施上加大投入之外，最重要的是需要处理公众和污染企业之间的关系。环境问题如果处理不恰当往往会造成较大的社会冲突。杭州在这方面比较典型的事例就是绿色浙江和五水共治，前者是一家致力于环境保护和生态建设的民间组织，又名杭州市生态文化协会，后者是一个由浙江省政府发起、社会各界参与其中的环境治理项目，其主要目标是治污水、防洪水、排涝水、保供水、抓节水。

从数量上来看，行业促进类的社会治理项目最多。这是因为地方产业升级和区域经济品牌的打造不是少数企业就能够完成的任务，而是需要企业、政府和社会的合力。这方面的典型例子有杭州丝绸与女装行业联盟，西湖国际博览会，杭州美食文化品牌促进会，杭州婴童产业联盟等。

在社区建设方面，有湖滨晴雨工作室，江干区凯旋街道"凯益荟"，望江街道民情议事庭等项目；在促进社会和谐方面，有杭网议事厅、我们圆桌会、社区"和事佬"协会等项目；在市民道德建设方面，有"寻找最美"系列活动，公交车礼让行人，"我们"的价值观系列活动等；在公益慈善方面，有杭州公益伙伴圈，"一杯水"公益等；在政务革新方面，有两家两中心，"满意不满意单位"评选，红楼问计等；在城市推进方面，有杭州城市品牌网群，杭州市民体验日等；在城市战略发展方面，有杭州市—浙江大学战略联盟和杭州市—中国美术学院战略联盟；另外，还有公共自行车，上城区"民间食安办"，大学生创业联盟等其他项目。

与在经济领域注重企业的品牌建设一样，杭州市也非常重视社会治理的品牌建设。所谓社会治理品牌是在社会治理过程中形成的具有典型意义、较高的美誉度、广泛的知名度的项目，它能够吸引更多的力量参与到社会治理中来，是社会管理创新的结晶。相对于传统的"英雄""榜样""典型"，现代社会治理更侧重品牌项目的示范和带动作用。2013年，在出现"最美妈妈"吴菊萍和"最美司机"吴斌的事迹之后，杭州市发起了"发现最美杭州人""争做最美杭州人"的主题宣传活动，通过基层推荐、网民投票和专家评审的过程，产生了10位"2013年度最美杭州人"和20位"2013年度最美杭州人提名人物"。从具体的最美人物事迹的出现，到开展"发现最美杭州人"，再到各行各业开展的"寻找美丽"系列活动，诠释了从传统的社会管理到现代社会治理范式的转变。

西湖国际博览会、公共自行车服务系统、社区"和事佬"协会、市民体验日、公交礼让行人、"一杯水公益"等是杭州众多社会治理品牌中知名度较高的项目。这些品牌项目都体现了社会各界广泛参与的共治特征，同时又实现了普惠民生的治理效果，因此才获得了较高的评价。以"一杯水公益"项目为例，这是一个在高温天气中为市民和户外工作人员提供免费饮水服务的项目。该项目的发起方是杭州市委办公厅、市政研室、杭州市品牌办公室以及浙江之声。"一杯水公益"呼吁城市沿街商铺、超市、商场、企事业单位、政府机关开放免费供水点，为在高温下户外清扫的环卫工人、交警、协警以及其他户外高温劳动者免费提供饮用水和短暂户外休息场所。农业银行浙江省分行、建设银行浙江省分行、交通银行浙江省分行等20多家银行网点的营业大厅，开辟了专门爱心供水点，免费提供饮用水和休息区以及防暑药品；各街道、社区凉茶铺、便民点、社区服务中心自发加入到公益行动中。随着活动的深入开展，"一杯水"公益行动的服务对象从户外劳动者扩大到市民、游客，社会影响进一步扩大，赢得普遍好评。

1.4 杭州社会治理创新的突破点

从问题领域来看，杭州市的社会治理创新主要集中在传统的社会管理领域（例如扶贫救助、慈善、教育、人口、医疗卫生等）的边缘地带，文化遗产保护、生态环境、产业升级改造、社区公民参与、城市品牌提升等都是传统的社会管理不太重视或者不太愿意涉足的领域。传统的社会管理侧重于处理一个社会中基础的、物质的、秩序的部分，但是随着人们需求层次的提高，社会活动中特殊的、精神的、动态的部分也需要纳入管理的范围。杭州市的社会治理创新的一个重要特点就是其处理的问题领域绝大部分不属于传统社会管理领域，而是在新的社会问题管理领域中寻求突破点。

（1）传统社会管理体制没有涉及的领域

最典型的情况是选择传统的社会管理体制基本没有涉及的领域作为社会共治的突破点。首先，由于传统的社会管理体制是一种纵向支配的层级体制，处于不同支配序列的部门很难形成长期的、稳定的合作关系，因此留下许多亟待填补的空间。大学是一个城市品质象征，也是推进城市发展的智力源泉。杭州市分别与浙江大学和中国美术学院结成战略联盟，构建城市与大学之间的全方位互动互信机制，实现了双方合作共赢的目的。另外，由于分割的部门利益的限制，传统的社会管理部门有许多不愿意管理的领域。最后，由于一个部门掌握的资源往往有限，传统的社会管理部门有许多应该管理而缺乏能力有效管理的领域。以杭州市"律师进社区（村）"项目为例。2009年开始实施的杭州市"律师进社区（村）"项目是一个以政府服务购买的形式，向群众提供基本法律服务的公益项目，社区（村）驻点律师主要通过法制讲座和现场咨询的方式帮助困难居民依法获得法律援助。按照行政事务的划分原则来看，这项工作属于市司法局诸多事项中优先级别较低的事项。但是，为了推进"律师进社区（村）"的工作，杭州市成立由市委副书记任组长的"律师进社区"工作指导协调小组，协调小组的办公室设在杭州市律师协会。各级政府的司法部门是这项工作的业务指导部门，广大律师以及在列高校的法学院为这项工作提供人力资源的支持，社区（村）则是服务场所。这样一种共治结构使得单个部门难以胜任的工作能够通过不同机构和组织的参与成为一个有活力、有绩效、可持续发展的项目。到2012年为止，杭州市已经实现了主城区、萧山区、余杭区、富阳市、临安市全部社区（村）都有驻点律师。驻点律师的工作补贴由市、区两级财政以政府购买服务的方式统一支付给杭州市律师协会，市律师协会负责组织各律师事务所按照辖区对应、统一推荐和双向选择相结合的原则，与社区挂钩结对，签订统一的服务协议。

（2）传统管理部门职能交叉的领域

传统的管理部门由于职能交叉，也有可能形成"谁都能管，谁都管不好"的局面，这就需要社会治理的创新。食品安全就是一个多头管理却效果不佳、深受老百姓诟病的社会问题。2009年，杭州市质监局、杭州市品牌办、中国计量大学、杭州网、杭州电视台等多家单位联合发布"杭州市食品安全指数"，为食品安全的监督工作找到了新的思路。在指标体系的设计上,"杭州市食品安全指数"以居民的实际消费习惯为基础,引入了居民关注度的概念。在样本获取上,"杭州市食品安全指数"采取"1+X"的样品采集方法,即在质监部门的抽样和购样之外,随机抽取60名市民代表作为义务质量调查员代表,直接参与样品的取样、监测和指数计算的全过程。在发布方式上,"杭州市食品安全指数"采取政府主导、行业主体、专家指导、媒体引导、市民参与的"五位一体"发布机制,不仅在杭州电视台、杭州网等重要媒体上报道,而且通过专家讲座、指数解读、社区宣传等方式让食品安全指数能够真正影响居民的生活,并对不法企业产生威慑作用。

(3) 和传统社会管理处于不同层面的领域

传统的社会管理侧重于为社会提供基础性的服务,新型的社会治理则可以从比较综合的、抽象的、间接的层面着手。杭州是著名的旅游城市,餐饮行业的发达对本地经济具有重要意义。2008年,在原杭州饮食旅店业同业公会、杭州市烹饪餐饮业协会的基础上,杭州市成立了餐饮旅店行业协会。杭州市餐饮旅店行业协会是一个带有部分行业管理职能的协会,其主要会员是杭州市的餐饮企业和旅店。2012年,由浙江工商大学饮食文化研究所、知味观·味庄、外婆家餐饮有限公司、杭州市城市品牌促进会、杭州发展研究会等多家单位发起成立杭州市美食文化品牌促进会。杭州市美食文化品牌促进会的主要工作是推进美食行业文化价值的构建、文化品位的提升、品牌形象的塑铸、发展生态的和谐,与杭州市餐饮旅店行业协会具有非常不同的问题定位。促进会的会长是浙江工商大学饮食文化研究所的所长,而不是餐饮巨头的董事长。促进会每年举办的"大众餐桌美食国际论坛"在提升杭帮菜的品质和扩大杭帮菜的国际知名度方面取得了较好的社会效果。

(4) 传统社会管理部门正在探索的领域

最后,传统的社会管理体系中也有一些处于尝试和探索阶段的领域,在这些领域内也可以进行适当的社会治理创新。如何发展社区社会组织,实现有效的社区治理是传统的社会管理部门正在探索的问题。但是,社区社会组织的发展以及有效的社区治理并不是一个局限在社区内部就能够解决的问题。社区是一个和社会其他部门具有广泛联系的基层单位,唯有把社区的力量和其他部门的需求进行有机的整合,才能够实现有效的社区治理。2009年，杭州市上城区湖滨街道在整合原有的"社情民意信息直播点""社会舆情信息直播点""草根质监站""和事佬"等多个单项民情信息平台的基础上，建立了国内第一个街道（社区）民主民生互动平台——"湖滨晴雨"工作室。"湖滨晴雨"工作室在街道层面设立"民情气象台"，由街道党工委书记兼任台长，在下辖6个社区分别设立"民情气象站"，由社区党委书记或副书记兼任站长。民情观察员由社区中愿意积极参与公共事务的人员组成，包括社区内的党代表、人大代表、政协委员、退休单位职工、新杭州人等，"民情预报员"是市、区有关部门的负责人以及专家学者。另外，工作室和杭州日报、杭州网、杭州电视台等多家媒体建立了联动机制，和居民生活密切相关的公交、水务、电力、市政等单位和企业也积极参加工作室举办的各种恳谈会，主动承担社会责任。

| 第二章 |

共建共享：富于"义"的城市胸怀

【本章提要】

社会治理主体是指在治理过程中具有一定的自主决策能力和行动能力，并且能够承担相应责任的机构、组织和个人。新型社会治理主体主要包括枢纽型社会组织、支持性社会组织、城乡社区基层自治组织、社会组织联盟、综合性社会组织（社会复合主体）、草根民间组织、社会企业、企业、媒体、个人、血缘/地缘共同体等11大类。杭州的社会共治主要通过培育新型社会治理主体获得社会变革的动力，依靠新型社会治理主体来实施具体的治理任务。其中最典型的例子就是杭州的社会复合主体。社会复合主体是一种新型社会组织，其所具有的组织结构多样性、参加主体多元性、运行模式复杂性、法人性质模糊性四大特征在社会复合主体中都有不同程度的表现。

2.1 让谁来治理？

城市的共同特征就是包容。欧洲现代意义上的城市大多起源于中世纪的手工业中心和商业中心。封建庄园中的农奴逃到城市里面寻求保护，对他们而言，城市就是自由和包容的象征。我国的城市发展虽然没有类似的历史过程，但是改革开放之后，大量人口从农村地区通过上大学、参军、经商、务工等方式来到城市中寻找新的生活方式。随着21世纪以来城镇化的快速推进，我国现在已有一半以上的人口居住在城市。城市的居民可能来自不同的地区，从事不同的行业，具有不同的信仰，甚至使用不同的语言，每一个在城市居住的人都必须经常和不同背景的人打交道，而一个善治的城市则必须包容生活在其中的各类人群。作为国际化大都市的上海经过多年的讨论，在2007年提出了"海纳百川、追求卓越、开明睿智、大气谦和"的城市精神，并在2011年确立了"公正、包容、责任、诚信"的价值观。两者都强调"包容"在城市建设和发展中重要性。杭州在2002年就提出了"精致和谐、大气开放"的城市精神,虽然没有直接使用"包容"一词,但是"和谐"和"大气"的表述中也有"包容"的含义。

城市的社会治理一样也应该以"包容"作为其基本精神。"包容"意味着城市的社会治理应该协调不同群体的利益诉求,扶助弱势群体,允许不同的社会主体参与到城市的治理活动中来。客观上看,现代社会是一个存在不同类型治理主体的社会,这些治理主体在法律形态和组织结构上大不相同,他们之间既相互竞争又相互合作。正如朱迪·弗里曼(2010年)指出的那样,除了传统的政府机构之外,"大量的非政府主体,包括公司、公共利益组织、私人标准设定组织、行业协会与非营利组织都会以各种方式参与'公共'决策,在很多管制的情况下,非政府主体都会发挥'立法'与'裁决'等方面的作用"。

社会治理的这种包容性可以用传统文化中的"义"来概括。"仁"和"义"是儒家最为重视的两个价值观。《孟子·卷一(梁惠王句章上)》第一节就有"王亦曰仁义而已矣,何必曰利"这样的论述。《吕氏春秋》尤其强调"义"的重要性,在《论威》中写道:"义也者,万事之纪也。""义"有四层不同的含义,每一种都对现代社会治理具有启发意义。"义"的第一层含义是指扶困助弱,帮助贫困潦倒之人获得生活的依靠。例如,《吕氏春秋·爱士》中说:"饥寒,人之大害也,救之,大义也。""义"的第二层含义是指君王和民众之间的关系。例如《吕氏春秋·用民》中说:"凡用民,太上以义,其次以赏罚,其义则不足死,赏罚则不足去就。""义"的第三层含义是指君王和大臣之间的关系,教导君王应该尊敬贤能之才。例如,《中庸》第二十章中说:"仁者,人也,亲亲为大;义者,宜也,尊贤为大。""义"的第四层含义是指正义,例如《孟子·卷七(离娄章句上)》第十节中说:"仁,人之安宅也;义,人之正路也。"《孟子·卷六(滕文公章句下)》第十节中说:"仲子,齐之世家也,兄戴,盖禄万钟,以兄之禄为不义之禄而不食,以兄之室为不义之室而不居也。"

《吕氏春秋·察贤》中还讲了一个宓子贱治理单父的故事。宓子贱治理单父,静坐弹琴,不出门就把单父治理得很好。巫马期则披星戴月,日夜不休息，事必躬亲，他把单父治理得也很好。巫马期问宓子贱其中的缘由。宓子贱说："我是任用人才去做事情，你是完全凭自己的力量去做事情，因为你完全凭自己的力量做事，所以比较辛苦，而我任用人才去做事情，所以比较安逸。"宓子贱才是真正的君子，他这样做不仅使自己四肢安逸，耳聪目明，平心静气，而且能够让所有官员把自己负责的事情治理好，老百姓认为这就是"义"，其实只不过是使用了正确的方法而已。但是巫马期则不一样，他损害了自己的生命，耗费了自己的精力，使自己手足劳顿，使政府的教令烦琐不堪，尽管也治理得不错，但不是最好的。放在现代社会治理的框架中来看，这个故事非常形象地表达了两种治理模式的区别，第一种是政府选择并委托适当的社会治理主体来治理，第二种模式是政府承担所有的社会治理任务。这两种治理模式治理的效果可能差不多，但是第二种模式耗费资源更多，而第一种模式是一种间接治理，它效率更高，更有可能被老百姓认为是具有正义性的治理。

2.2 传统的社会治理主体与新型社会治理主体

社会治理主体是指在治理过程中具有一定的自主决策能力和行动能力，并且能够承担相应责任的机构、组织和个人。传统的社会治理主体是指在单位体制之下发挥治理作用的主体，包括政党、政府、事业单位、人民团体、企业（国营/集体）、社会团体、基层组织。（见表2-1）单位体制是指新中国成立之后，随着计划经济体制的建立而形成的一种社会管理方式。在单位体制之下，所有的人都隶属于某一个生产、服务或者管理单位，例如企业（国营/集体）、事业单位或者政府部门等，个人和其所属的单位之间具有多重关系：（1）经济上的雇佣与被雇佣关系；（2）政治上的支配与被支配的关系；（3）社会保障和福利上的管理与被管理的关系；（4）单位是个人形成身份认同的最重要标志；（5）单位是人们最重要的生活共同体。不仅如此，在国家的整个管理结构中，所有的单位都处于执政党和政府的双重直接支配之下，单位和单位之间有级别上的差异和隶属关系上的不同，国家的管理建立在这些具有不同性质、功能、规模和归属部门的单位体系之上。

表 2-1 社会治理主体

传统的社会治理主体	新型社会治理主体
政党	枢纽型社会组织
政府	支持性社会组织
事业单位	城乡社区基层自治组织
人民团体	社会组织联盟
企业（国营/集体）	综合性社会组织（社会复合主体）
社会团体	草根民间组织
基层组织	社会企业
	企业
	媒体
	个人
	血缘/地缘共同体

改革开放之后，单位所具有的多重功能逐渐被分解，于是出现了更多的社会治理主体。首先，农村的"人民公社—生产大队"体制被"村—村民小组"替代，行政村这样一种基层组织成为农村地区最重要的治理主体。其次，由于经济领域的改革，外资企业、合资企业、民营企业成为重要的市场主体，民营企业的发展和国有企业的改制，以及社会福利（保障）的社会化等因素使得城市的单位体制开始松动。最后，由于社区自治组织和民间社会组织的兴起，再加上单位体制内事业单位和社会团体的改革，新的社会治理主体在各地的社会管理创新中陆续出现。从社会管理体制的发展和变革的角度来看，我们现在正处于一个后单位体制向现代社会治理体系转变的过程，在这个过程中，传统的社会治理主体仍然发挥着非常重要的作用，但是新兴的社会治理主体的数量和力量都在快速增加，其从事的社会治理的问题领域也在同步扩大之中。从现有的社会治理创新的实践来看，新型社会治理主体主要包括枢纽型社会组织、支持性社会组织，城乡社区基层自治组织、社会组织联盟、综合性社会组织（社会复合主体）、草根民间组织、社会企业、企业、媒体、个人、血缘/地缘共同体等 11 大类。

（1）枢纽型社会组织。枢纽型社会组织是指对同类别、同性质、同领域社会组织进行联系、服务和管理的大型联合组织（杨丽，2012）。以北京市为例，枢纽型社会组织主要由具有政治功能的人民团体和具有一定行政管理功能的社会团体组成,包括市总工会、团市委、市妇联等10家人民团体,以及市工商联、市贸促会、市志愿者联合会等12家社会团体。枢纽型社会组织体现了"以社管社""管理权限下移"等新的社会管理理念,但是枢纽型社会组织自身的性质却发生了微妙的变化。枢纽型社会组织显然不是一种单纯的社会组织,它与接受其管理的社会组织之间显然不是平等法人之间的关系。

(2)支持性社会组织。支持性社会组织是以社会组织作为服务对象的社会组织。支持性社会组织不直接向公众提供服务,而是通过向社会组织提供资金、知识、人员和场地等方面的支持间接地服务社会。支持性社会组织又包括社会组织服务中心、社会组织孵化器(园)、社会组织创投中心等组织形式。

(3)城乡社区基层社会组织。基层社区组织是一种按照"自我管理、自我教育、自我服务"原则运行的自治组织。但是,社区是进行社会管理的神经末梢,承担着大量的行政管理和社会管理的职能和事务。鉴于社区是社会管理体制的重要一环,社区组织自身的发展也向"党委领导、政府负责、社会协同、公众参与、法制保障"的方向进行。城乡社区基层社会组织事实上同时承担了行政管理、社会服务和社区自治三项功能。而且,社区还是社区内部备案组织的直接管理者,是一个社会组织的管理机构。

(4)社会组织联盟。社会组织联盟是一种由同一个地区或者同一个领域的社会组织结合而成的松散型组织。社会组织联盟有实体性的联盟,也有非实体性的联盟。例如,河北省成立的"网络志愿者联盟"就是一个实体性的联盟,联盟的成员可以通过民主选举的方式产生联盟的理事长、副理事长和理事人选。杭州公益伙伴圈、中国河网则属于非实体性联盟,联盟自身没有组织架构,联盟的活动由处于核心地位的一家或者几家成员组织策划并运营。

(5)综合性社会组织(社会复合主体)。社会复合主体是杭州市在城市发展和社会建设过程中提出的一种非常独特的组织形式。社会复合主体是指以推进社会性项目建设、知识创业、事业发展为目的,社会效益与经营运作相统一,由党政界、知识界、行业界、媒体界等不同身份的人员共同参与、主动关联而形成的多层架构、网状连接、功能融合、优势互补的社会新型创业主体。社会复合主体在解决复杂的社会问题、打造城市品牌等方面具有独特的优势。杭州市在城市发展过程中所遇到的历史文化传承和保护、传统产业发展、新兴产业培育、社会效益和经济效益相协调等诸多难题的解决都有赖于社会复合主体的成功运作。

（6）草根民间组织。草根民间组织一般指由民间人士自发成立、在经济来源和日常运作上都独立于政府和企业之外的社会组织。草根民间组织通过会员的会费、捐赠或者提供有偿服务来获得其有限的资金来源，其大部分工作人员是志愿者和兼职员工。杭州的草根民间组织非常发达，有滴水公益、第九世界、新杭州人之家等比较著名的草根民间组织。

（7）社会企业。社会企业，是指按照企业的方式进行运作，但是其主要的目的不是追求利润最大，而是致力于解决某些特定的社会问题（例如环保、减贫、助残、教育、卫生、社会福利、保护弱势群体等）的一种新型组织。社会企业没有统一的法律形式，有的是公司，有的是非营利组织，还有的是社区企业、信托行、协会、合作社、基金会等。

（8）企业。企业是现代市场经济社会中数量最多、力量最大、学习能力和创新能力最强的法人主体。作为一个社会治理主体，首先，企业可以为其员工及家属提供良好的社会福利。其次，企业可以通过捐赠或者组织员工开展志愿活动为社会提供服务。最后，企业也可以把公益或者社会服务作为自身业务的一部分。例如，淘宝网就设有专门的公益区块，成为淘宝公益平台，公益组织可以通过淘宝网出售自己的"商品"，里面的商品有义卖商品，有公益组织自己生产的商品，也有的就是某个具体的捐赠项目。

（9）媒体。无论是传统媒体还是新媒体，都是改变社会的重要力量。媒体主要通过信息传播、事件设定、意见表达等方式形成舆论压力，迫使政府、企业或者公众改变自己的态度和行为。媒体不仅是传声筒，而且是曝光机，同时还是社会协商和公众思考的工具。像杭州日报集团、我们圆桌会、杭网议事厅等媒体都非常积极参与了杭州本地的公共事务治理。

（10）个人。在一个自媒体的时代，每一个人都是记者，每一个人都是播音员，每一个人都能够成为社会治理的主体。个人对社会治理产生有效的影响，首先是政府官员、专家学者、企业家、慈善家、社会活动家的事情。另外，普通市民也可以通过自己的志愿活动、捐赠、参与民间草根组织等方式来参与和影响社会治理。

（11）血缘/地缘共同体。在部分地区，以血缘关系或者地缘关系结合起来的共同体也经常发挥社会治理的作用。很多地方都有以地域作为界限划分的商会组织。在农村或者农改居的社区，像宗族这样的血缘共同体仍然能够发挥一定的作用。

2.3 新型社会组织的特征

现代社会的治理必须依赖于特定的组织，在 11 种新型社会治理主体中，除"个人"以外全部是各种类型的组织，相对于传统单位体制和层级体系下的组织而言，这些新型社会治理主体可以称为新型社会组织，它们有的是正式组织，也有一些属于非正式组织。新型社会组织的出现是时代发展的必然趋势，它们具有很多传统社会治理主体所不具备的特征。

（1）组织结构的多样性。结构是功能和环境的反映，新型社会组织需要在复杂多变的环境中执行传统组织难以承担的功能，因此需要采取灵活多样的结构形式。新型社会组织从企业组织的最新发展获得启示，大多采取事业部制（M 型结构）、网络式结构、任务组结构等。社会组织的结构大致可以分为传统结构、功能结构、部门结构、矩阵结构、其他结构。其中传统结构包括线性结构、"线性＋职员"结构、官僚结构、前官僚结构。功能结构根据人们在组织中执行的不同功能对人们进行分类。部门结构把组织分为不同的部门，可以以产品划分部门，也可以以市场或者地理来进行划分。矩阵结构是功能结构和产品结构的综合体。其他组织结构包括网络式结构、任务组结构、创业型结构、有机结构、后官僚制结构等。

（2）参加主体的多元性。传统社会组织往往是同类社会主体的聚合体，而新型社会组织则需要聚合不同类别的社会主体，因此，其参加人员和组织往往来自不同的领域。多元主体参加新型社会组织的程度和方式也不太一样。有的以会员的形式参与，有的以项目的形式参与，有的以商业交换的形式参与，还有的以行政管理的形式参与。参加主体的多元性使得新型社会组织能够灵活运用各种社会资源，在组织与组织之间的竞争中获得更大的优势，但是，参与主体的多元性也使得组织内部的沟通、协调、决策成本上升，新型社会组织的优点在于它的开放性，缺点可能是执行力不够。

（3）运行模式的复杂性。从内部运行模式来看，新型社会组织大多同时具备社团、政府和企业三方面的要素。新型社会组织在其项目设计过程中往往需要同时兼顾多方面的需要，平衡经济效益和社会效益，因此会采用非常复杂的运行模式。其中最典型的就是社会企业，这一类社会组织试图通过创造新的商业模式，使得公益项目和公益事业能够在获利的基础上可持续地经营下去。其他类别的新型社会组织则可能既运作公益性项目，同时又运作营利性项目，用后者的盈利来弥补前者的成本。这个思路不仅在新型社会组织中已经成为共识，在传统的社会组织中也是一个重要的发展方向。例如，2008年2月成立的杭州市下城区文晖街道打铁关社区的"和事佬"协会由最初的5名会员发展到现在已有30多名会员，其功能也由当初单纯的民间纠纷化解扩展到邻里互助、弱势相助、公共服务协助、法律事务援助和归正人员帮助五大领域，"和事佬"协会的会员为社区居民的服务是无偿的，但是，"和事佬"协会可以通过政府购买的途径、社区+企业合作的途径等获得一定的收入来源，以此来实现协会的可持续发展。

（4）法人性质的模糊性。由于新型社会组织在结构、功能和运作方式上都兼有传统社团、政府和企业的要素，因此它们在法人性质上往往处于非常模糊的地位。从法人注册的角度而言，新型社会组织采取民办非企业单位和社团注册的情况居多，也有许多以企业或者事业单位的法人形态存在。社会组织要健康发展，必须在明确其法人性质的情况下规定其权利和义务的范围。在一个现代社会组织体制中，所有的社会组织都应该拥有恰当的法人地位。

新型社会组织是新形势下社会组织发展内在逻辑演变的结果。以社会团体、基金会、民办非企业单位为代表的传统社会组织是一种具备实体性，而结构和功能都比较单一的组织形式。如图2-1所示，如果按照"复杂性—单一性"和"实体性—虚拟性"两个维度进行划分，传统社会组织都位于第一象限之内，在传统社会组织中，民办非企业单位的实体性最高，基金会次之，社团的实体性最低。

新型社会组织都位于第二、第三、第四象限。社会企业、支持型社会组织、社区组织、一部分社会复合主体位于第二象限。第二象限的社会组织既有较高的实体性，又具有相当的复杂性，其中社会企业的实体性最强，支持性社会组织、社区组织、社会复合主体的实体性较弱。第三象限

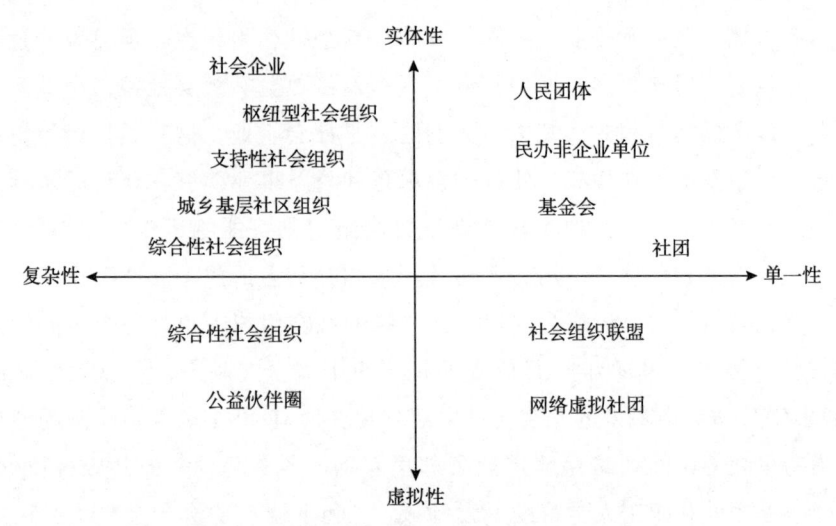

```
                    实体性
                     ↑
    社会企业          │       人民团体
      枢纽型社会组织  │       民办非企业单位
    支持性社会组织    │
      城乡基层社区组织│       基金会
    综合性社会组织    │         社团
复杂性 ←─────────────┼─────────────→ 单一性
                     │
    综合性社会组织    │       社会组织联盟
      公益伙伴圈      │       网络虚拟社团
                     │
                     ↓
                    虚拟性
```

图 2-1 新型社会组织与传统社会组织的比较

是复杂性和虚拟性都较强的组织，包括一部分社会复合主体和公益伙伴圈这样较为松散的组织。第四象限是具备单一性和虚拟性的组织，包括社会组织联盟等新型组织。

2.4 杭州的社会复合主体

社会复合主体是以推进社会性项目建设、知识创业、事业发展为目的，社会效益与经营运作相统一，由党政界、知识界、行业界、媒体界等不同身份的人员共同参与、主动关联而形成的多层架构、网状联结、功能融合、优势互补的新型创业主体。[①] 社会复合主体的特点在于构建一个能够相互交流、相互监督、互动合作的平台，使来自社会各方面的利益相关主体充分发挥各自的主动性和长处，促进各类具有公共性或者半公共性事业的良性发展。

社会复合主体是在建设和谐社会的过程中出现的新现象，是具有中国特色社会主义的政治发展的新思路，同时也是政府"治理方式和治理结构的重大创新"（俞可平，2008）。社会复合主体的出现对于我国公共治理方式的变革甚至社会结构的变化将产生深刻的影响。因此，探讨社会复合主

---

① 王国平：《培育社会复合主体共建共享生活品质之城——在第三届生活品质全国论坛上的讲话》，参见王国平主编《培育社会复合主体研究与实践》，杭州出版社，2008，第 2 页。

体在公共治理中的作用及其面临的问题不仅具有非常现实的意义，而且具有非常重大的理论意义。

社会复合主体是因应新的经济社会发展阶段而出现的新的治理方式。从20世纪80年代开始，为建立社会主义市场经济体制，"权力下放""政企分离"成为改革的主要方向。"政企分离"使得企业成为真正自负盈亏，自主经营的社会主体，为建立现代意义上的市场经济体系奠定了坚实的基础，但同时也留下一个非常深刻的问题，那就是在政企分离的原则之下，政府如何有效指导企业的发展？尤其是进入21世纪之后，民营企业在国民经济中的比重显著提高，企业自身的经济行为带来的社会外部性越来越明显。政府如何在新的经济社会条件之下和各种企业主体（国有控股企业、民营企业、外资企业、合资企业等）建立有效的互动、监管、指导机制是各级政府部门遇到的新问题。

另一方面，20世纪90年代后期，我国的社团管理体制也发生了很大的变化。1998年颁布的《社会团体登记管理条例》和《民办非企业单位登记管理条例》比较明确地界定了社会团体和民办非企业单位和其他社会主体之间的界限，在此基础上，"政社分离"成为我国社会组织发展的主要方向，政府工作人员在原则上不再兼任社会团体的领导职务。在传统的政治体制中，行业协会发挥着政府和企业之间的桥梁作用，社会团体也是联结政府和各界群众的正式组织形式。但是，在"政社分离"的条件之下，社会团体如何发挥这种桥梁和纽带作用成为一个非常现实的问题。此外，聘用制和绩效管理的推行在促进事业单位管理科学化的同时也造成知识界和政府的联系日益弱化，知识分子对学术研究和个人福利的关心越来越多，对社会问题的关注越来越淡薄。

面对这种情况，杭州市政府很早就开始有意识地探索建立新的社会机制，保证在政企分离、政社分离的情况下，仍然能够发挥政府部门的指导作用。2000年以来，杭州市先后成立了杭州市与浙江大学战略合作组织、丝绸与女装行业联盟、茶行业联盟、西泠印社、数字电视行业联盟、西博会、休博会、动漫节等社会复合主体，在推进西湖综合保护、运河综合保护、西溪湿地综合保护、钱江新城建设、大良渚遗址综合保护等公益项目的工程中也设立了相应的社会复合主体。到2008年末，杭州市的社会复合主体达到40多家，同时，杭州市也正在尝试在更广泛的领域内应用社会复合主体的工作思路，例如解决当前面临的大学生就业难等问题。杭州是社会复合主体的发源地，但是作为一种新的公共治理方式和结构，社会复合主体的原理同样也适合于其他地区。

一方面，社会复合主体是一种新型社会组织，新型社会组织所具有的组织结构多样性、参加主体多元性、运行模式复杂性、法人性质模糊性四大特征在社会复合主体中都有不同程度的表现。另一方面，社会复合主体是一种解决城市发展难题的理念和进行有效治理的模式，所以社会复合主体并没有统一的组织形态，而是根据不同的问题和领域选择不同的组织形式。

表2-2对杭州市现有的社会复合主体的组织形态进行了梳理，大致存在9种不同的组织形式。第一种是较早出现的社会复合主体，称为市校联盟，包括杭州市—浙江大学战略联盟和杭州市—中国美院战略联盟，市校联盟是一种比较分散的联盟型组织，一般只有常设的办公室而没有有力的决策和执行机构，主要依靠联盟双方共同开展的项目进行合作。第二种称为文化遗产保护与运营，包括西泠印社，西湖综合保护，运河综合保护，西溪湿地综合保护，大良渚遗址综合保护。这一类型的社会复合主体一般以行政事业单位为核心形成一个包括企业、社团、媒体、专家的群体。这种组织架构非常有利于实现文化保护和开发的平衡，有利于实现社会效益和经济效益的双赢。第三种称为城市建设类，典型的案例包括钱江新城建设委员会，这类社会复合主体一般以行政单位为核心形成包括企业、社团、媒体、专家的群体。这类社会复合主体有利于促进政府在城市建设过程中和市民之间的双向沟通，协调城市建设和居民生活之间的矛盾。第四类是博览会，典型的包括西博会、休博会、动漫节等，这类社会复合主体一般也有行政部门的参与，但是行政部门在其中并不占据指导地位，而是由行政单位、事业单位、行业组织、会展企业等相互合作，共同构建的一种产业发展平台。第五类是行业联盟，包括杭州市丝绸与女装联盟、茶行业联盟、数字电视行业联盟、美食行业联盟、婴童行业联盟、工业美术行业联盟等，这类社会复合主体中行政部门也不占据核心的角色，而是形成一个行政单位、事业单位、行业组织、会展企业等相互合作的联盟，促进行业规范发展。第六类是基层民主，主要包括清波街道庭院改造工程、湖滨街道"湖滨晴雨"、上羊市街社区、凤凰社区等案例，这类社会复合主体主要以社区组织为依托，形成一套联系政府、企业、民间团体和社区居

民的工作体制，达到改善民生、促进民主的作用。第七类是支持性组织，主要包括杭州公益社会组织服务中心、凯益荟等案例，这类社会复合主体以社区、事业单位或者枢纽型社会组织为核心，整合社会组织的资源，促进社会组织的发展。

表2-2 杭州的社会复合主体

类别	案例	组织形态	性质
市校联盟	杭州市—浙江大学战略联盟；杭州市—中国美院战略联盟	松散联盟型组织，没有实体	项目推进型
文化遗产保护与运营	西泠印社，西湖综合保护，运河综合保护，西溪湿地综合保护，大良渚遗址综合保护	以行政事业单位为核心形成包括企业、社团、媒体、专家的群体	文化保护与开发
城市建设	钱江新城建设	以行政单位为核心形成包括企业、社团、媒体、专家的群体	城市建设与开发
博览会	西博会、休博会、动漫节	行政单位、事业单位、行业组织、会展企业等相互合作，共建平台	平台构建与运营
行业联盟	杭州市丝绸与女装联盟、茶行业联盟、数字电视行业联盟、美食行业联盟、婴童行业联盟、工业美术行业联盟	行政单位、事业单位、行业组织、会展企业等相互合作，促进行业规范发展	行业规范与促进
基层民主	清波街道庭院改造工程、湖滨街道"湖滨晴雨"、上羊市街社区、凤凰社区	以社区组织为依托，联系政府、企业、民间团体，改善民生，促进民主	基层民主自治
支持性组织	杭州公益社会组织服务中心、凯益荟	以社区、事业单位、枢纽型社会组织为核心，整合社会组织的资源	支持和规范社会组织发展
网络与媒体	网络律师团、杭网议事厅、我们圆桌会	以网络或媒体为核心，联系社区、市民、专家、社会团体	网络问政、依托新媒体提供社会服务
网群	杭州城市品牌网群	行政单位、社会团体、媒体、专家等组成网络式的内部结构	项目运营、理念推广

第八类是网络和媒体,主要包括网络律师团、杭网议事厅、我们圆桌会等案例,这类社会复合主体以网络或媒体为核心,联系社区、市民、专家、社会团体,向社会提供专业性的公共服务或者进行民意表达,以实现社会监督。第九类是网群,典型的案例有杭州城市品牌网群,城市品牌网群的特点是它不仅实现了行政单位、社会团体、媒体、专家等结合,而且通过网络式的内部结构实现了各组织内部工作人员之间的整合。

社会复合主体所倡导的"四界联动"的工作思路在其他新型社会组织中都有一定程度的体现,社会复合主体的特别之处在于在同一个社会复合主体内部,行政单位、事业单位、行业组织、社会团体、企业之间会形成非常紧密的联系。这个特点在枢纽型社会组织和社区组织中也有不同程度的体现,不过,枢纽型社会组织一般而言只是同一个领域的行政单位、事业单位、行业组织、社会团体之间的紧密结合,社区组织只是在社区内部实现党政机构、事业单位、自治组织、社会团体之间的紧密联系,但是社会复合主体既没有领域的限制,也没有地域的限制,可以根据事业发展的需要进行相对自由的结合。

2.5 社会复合主体的控制机制

作为一种治理手段,社会复合主体能够根据具体情况,灵活使用多种控制方式,以达到预期的效果。根据对杭州市社会复合主体的调查并参考社会治理的相关案例,我们总结出6种主要的控制方式。

(1) 交叉兼职

交叉兼职就是一个部门的领导或者工作人员到另一个部门或者组织担任一定的职务,这样,两个部门或组织就会形成一种特别的联系。社会复合主体中,交叉兼职是一种非常普遍的现象,为了工作的方便,一个部门的领导和工作人员往往同时具有好几个身份。在社会复合主体的创建初期,交叉兼职是一种非常有效的控制网络的方式。但是交叉兼职的效果取决于兼职者的个人能力和地位。随着社会复合主体的规范化发展,交叉兼职也应该变得程式化,这样有利于社会复合主体的持续发展。

(2) 信任关系

信任是合作的基础。社会复合主体的参与方只有建立起一定的信任关系才能完成共同的目标。信任关系可以是个人之间的信任,也可以是组织与组织之间的信任。社会复合主体中的信任关系介于普遍主义和特殊主义之间。通过多次交往，社会复合主体的参与方可以建立一定的信任关系。另外，社会复合主体作为一个范围有限的信息交流平台，声誉机制也会起到一定的作用。有良好声誉的参与方更容易获得别人的信任。

（3）权威

正确地运用权威可以减少一些不必要的争论，节约社会交换的成本。在社会复合主体的实践中，最常用的是政府部门的权威，此外还有知识界的权威和专门人士在其专门领域的权威。在社会交往中，人们更愿意和有权威背景的部门和个人进行接触，因此权威自身是一种很重要的社会资源。具有权威背景的部门和个人更有号召力。

（4）契约

社会复合主体的各个参与方可以通过正式或者非正式的契约来规范彼此的关系。由于社会复合主体在具体的运作过程中引进了很多商业的因素，并且绝大多数社会复合主体自身也涉及经济领域的利益，因此，契约关系成为社会复合主体内部非常重要的控制手段。例如，很多社会复合主体为了运作的方便都会成立专门的会展公司，这种会展公司可以由社会复合主体中的相关参与方共同出资成立，按照商业运作的惯例，各方根据出资额的多少持有会展公司的一定股份。此外，在社会复合主体内部，政府购买服务也一般以契约的形式来实现。

（5）氛围

氛围是指通过宣传、仪式、暗示、典型事迹等手段在组织内部形成某种特定的思想倾向性，达到统一内部思想和参与者行为的目的。在公益性和利他性比较强的项目中，纯粹以经济利益来激励各参与主体变得不太现实。另外，社会复合主体中工作人员相互兼职的情况较多，外部不确定因素也很多，因此如何评价每一个员工的工作绩效是一个非常复杂的问题。在这种情况下，形成一种组织内部的氛围可以克服这种经济激励不足和工作绩效评价不准的问题。

（6）集体协商

集体协商就是在社会复合主体内部形成一种多方参与、共同协商、统一行动的决策机制。早期的社会复合主体一般没有明确的内部决策机制，往往是由核心参与方（一般是相关政府部门）单方面决策。但是随着社会复合主体运作的规范化和常态化，如何协调内部各参与方的利益是一个关系到社会复合主体持续发展的问题。

2.6 社会复合主体的作用机制

相对于传统的"政府·企业·社会组织"三部门分离的治理模式，社会复合主体有助于促进各主体相互依赖、主动关联、互补协作，激发各主体的主动性，显著提高项目的运作绩效。社会复合主体能够发挥以上作用，是因为在不同程度上采用了"关联博弈"和"社会嵌入"等新型治理机制。

2.6.1 关联博弈（Related Game）

在现代社会治理过程中，政府部门的一项重要职能就是提供各种公共物品和准公共物品。但是，公共物品，尤其是准公共物品的提供仅仅依靠政府不仅成本高，而且存在"政府失灵"的问题，因此，大部分的公共物品或者准公共物品由相应的受益者来提供。不过，仅仅由相应的受益者来提供公共物品的场合，"公共物品的囚徒困境"将无法避免。

如图2-2所示，假设有两家业务领域比较相关的行业协会A和B，他们都可以选择主动为本行业的振兴而积极活动，也可以选择消极应对，用博弈论的术语来讲就是他们都有两个策略，一个策略是为本行业的振兴提供公共物品，另一个策略是不提供公共物品。如果两家行业协会都选择提供公共物品，两家行业协会的会员都会因为行业的整体发展而受益，假设两家行业协会因此获得的效用均为5。如果两家行业协会都选择不提供公共物品，那么该行业的企业都不会因此而获得受益，因此两家行业协会的获益为0。如果一家行业协会选择提供公共物品，而另一家行业协会选择不提供，那么提供公共物品的行业协会因为付出了较大的成本，其获益为-1，而没有提供公共物品的行业协会因为没有付出任何成本却能够享受公共物品带来的收益，其获益为7。

在这个公共物品提供博弈中，（不提供，不提供）是唯一的纳什均衡。也就是说，无论其他行业的策略如何，选择不提供公共物品是每个行业协会的占优策略。因此最后的结果是两家行业协会都不提供公共物品，大家

	行业协会B 提供	行业协会B 不提供
行业协会A 提供	5, 5	-1, 7
行业协会A 不提供	7, -1	0, 0

公共物品提供博弈

＋

	行业协会B 提供	行业协会B 不提供
行业协会A 提供	1, 1	2, -2
行业协会A 不提供	-2, 2	0, 0

关联博弈

＝

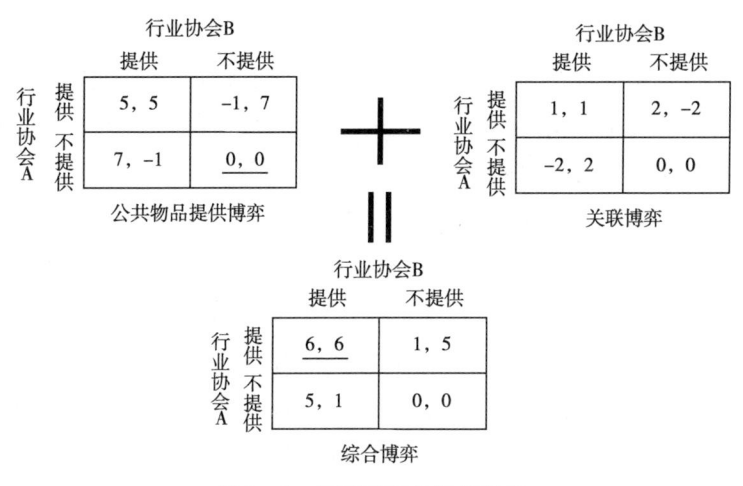

	行业协会B 提供	行业协会B 不提供
行业协会A 提供	6, 6	1, 5
行业协会A 不提供	5, 1	0, 0

综合博弈

图 2-2　关联博弈的作用机制

的获益为0。但是，很显然，如果两家行业协会都选择提供公共物品，两者的获益会得到非常大的改善。这就是"公共物品的囚徒困境"。

在当前的社团管理体制之下，行业协会是一种会员性社会组织，其内部的最高权力机构是会员大会，行业协会在本质上是一个为其会员服务的组织。在"政社分离"的背景之下，行业协会的"内部人控制"现象越来越普遍，地方行业协会由于自身的能力较差，容易成为某个大企业的附庸，从而丧失行业协会应有的公益性和公正性。另外，随着经济结构的复杂化，产业链条越来越长，行业协会也越来越专业化，一个行业协会很难真正代表一个行业的整体利益。例如，在杭州市和女装相关的行业协会就有杭州市服装设计师协会、杭州市服装协会、杭派女装商会、杭州市丝绸行业协会。由于存在"公共物品的囚徒困境"，这些行业协会有振兴杭州女装行业的愿望，但是没有积极性为整个女装行业的发展投入自身的资源。

社会复合主体的作用就是构造一个关联博弈，改变各个社会主体面临的激励条件，使他们走出"公共物品的囚徒困境"。社会复合主体是一个由政界、知识界、行业界、媒体界组成的相互关联的平台。在这个平台上，行业协会为整个行业做出的贡献能够迅速得到其他社会主体的认可和赞许，可以为本协会将来的发展积累更多的社会资本。因此，社会复合主体的作用可以用图2-2中的关联博弈来描述。仍然以行业协会为例，如果两家行业协会均为本行业的发展提供公共物品，它们均得到效用1；如果两家行业协会都不为本行业的发展提供公共物品，它们得到的效用为0。如果一家行业协会提供公共物品，而另一家没有提供，则提供公共物品者得到2个单位的正效用，没有提供公共物品的行业协会得到2个单位的负效用。在丝绸女装行业战略联盟这个社会复合主体中，政府部门和行业协会的关系就有类似的效果。行业协会以项目的形式从政府部门获得资金，开展的活动卓有成效，为整个行业的振兴贡献巨大的行业协会将会建立良好的声誉，将来更容易获得政府的资助，而表现不好内部问题重重的行业协会将会受到谴责，将来就难以获得政府的资源。

把图2-2中的"公共物品提供博弈"和"关联博弈"相叠加，我们可以得到一个"综合博弈"。在这个"综合博弈"中，两家行业协会如果都选择提供公共物品，它们的获益均为6，如果它们都选择不提供公共物品，那么它们的获益为0，如果一家选择提供公共物品，而另一家选择不提供，那么提供者的获益为1，不提供者的获益为5。这个"综合博弈"存在唯一的纳什均衡（提供，提供），也就是两家行业协会都会选择提供公共物品。对比这三个博弈的结构，我们可以发现，政府部门用了2个单位的资金，而全社会因此增加了12个单位的福利。

关联博弈在增加社会整体福利的同时，也提供了政府部门对行业协会进行有效监督的机会。近年来，由于行业协会的失职而造成的社会公共事件有增加的趋势，"三鹿奶粉事件"就是一个典型的例子。在"三鹿奶粉事件"之后，"人们看到的多是政府和企业忙碌的身影，而理应处于行业发展领头人的行业协会的声音却相当微弱甚至处于失语境地。"（陈洪涛，2009）。因此，建立政府监督和行业自律相结合的行业协会管理体制成为一个非常迫切的要求。幸运的是，杭州市的社会复合主体实践实际上已经找到了一个既体现政府监督，又发挥行业自律的有效治理方式。

2.6.2 社会嵌入（Embeddedness）

社会嵌入是由美国社会学家Granovetter提出的一种解释人类经济社会关系的新范式。Granovetter（1985）认为，在现实的社会活动中，行为主体既不可能脱离社会背景而孤立行事，也不可能完全受社会限制、按社会外在规范行事，而是在具体、动态的社会关系制度中追求自身多重目标体系的实现。社会嵌入范式比传统的把个人看作理性的、追求个人利益最大化的古典和新古典经济学的假设（社会化不足）以及把个人看作完全遵守社会规范的主体的社会学假设（过度社会化）更为接近现实。

作为一种新的社会学范式，社会嵌入不仅为我们认识人们的行为提供了一个有力的理论工具，而且在企业管理（李怀斌，2008）、金融业（侯龙龙，2004）、社会问题（冯兴元，2003）等领域有着非常广泛的应用。社会复合主体则是在公共治理领域社会嵌入范式得以运用的生动事例。

社会嵌入范式的本质也是解决社会交换中的"囚徒困境"问题，但是其方法和"关联博弈"有所不同。比如，在一个失火的剧院里面，人们都非常惊慌，不顾一切地逃向大门，导致令人绝望的后果；但是，这种现象在住宅失火的时候很难出现，我们从没有听说过争相逃窜的家庭成员互相践踏的事情，因为家庭成员之间的信任程度非常高，他们不存在"囚徒困境"。在政府部门、企业和社会团体的交往过程中，领导层的非正式关系往往要比组织与组织之间的正式关系更有效。用 Granovetter（1985）的话来说："比起一个人一般的声誉来说，他们更关心某个特定的他人是否会诚实地与他们进行交易，而这主要取决于他们或他们自己的熟人是否以前曾经满意地和他们打过交道。"

杭州市的社会复合主体西泠印社就是一个典型的社会嵌入的例子。创立于1904年的西泠印社是我国金石篆刻界历史最悠久、影响最为广泛的学术团体。但是在20世纪90年代市场经济的浪潮中，传统的学术团体如何重新定位，如何生存和发展等问题困扰着社团，社团的发展一度陷入困境。从2002年开始，杭州市先后成立了西泠印社社务委员会（国有事业单位），注册了国家级的社团组织（西泠印社），组建了西泠印社集团有限公司（企业法人），建立了西泠印社"三位一体"的社会复合主体构架。（见图2-3）这三个主体分别属于不同的领域，其中西泠印社社务委员会属于政治领域，作为社团的西泠印社属于社会交换领域，而西泠印社集团有限公司则属于经济交换领域。不同领域的社会主体受到的法律和社会规则的约束大不相同，但是三个主体都共享"西泠印社"这个品牌，它们能够在各自的领域内充分利用"西泠印社"的无形资产，使自身的目标和

"西泠印社"的目标都实现最大化。同时,在"西泠印社"的发展壮大过程中,这三个社会主体由于它们之间的特殊关系,能够在各种场合实现资源共享,相互协作,促进彼此的发展。

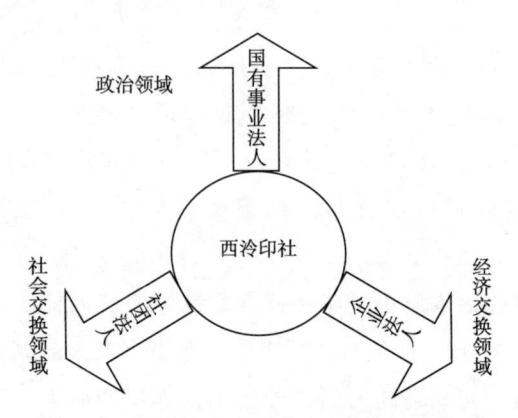

图 2-3 社会复合主体西泠印社的社会嵌入

日本的制度经济学家青木昌彦把社会制度的博弈域分为6种类型:共用资源域,经济交换域,组织域,政治域和社会交换域。[①] 各个领域的博弈规则互不相同,在单一的领域里面,经常会出现"囚徒困境"和"社会两难"的博弈结果,但是通过社会嵌入,把多个领域的博弈相互关联,则可以有效消除"囚徒困境"和"社会两难",实现社会整体利益和博弈主体自身利益的双赢。在2008年社会复合主体的概念提出之前,杭州市的社会复合主体称为"四界联动",即构建一个党政界、知识界、行业界和媒体界相互关联的结构,促进公共事业项目的良性发展。"四界联动"的本质就是把需要重点发展的公共事业项目嵌入到党政界、知识界、行业界和媒体界之中,化解单个领域的发展困境。

社会嵌入范式是构建社会复合主体中最常见的方法。杭州市在"运河综合保护""西溪综合保护""西湖综合保护""良渚大遗址公园综合保护""休博会""西博会"和"动漫节"等重大项目的推进过程中,都特别注意利用政府主导力、企业主体力和市场配置力相结合,实现"四界联动","五域联合",甚至"六界互动"。

---

① 参见〔日〕青木昌彦《比较制度分析》,周黎安译,上海远东出版社,2001,第23~29页。

2.7 企业参与社会治理

企业参与社会治理的主要方式有直接捐赠、企业社会责任（CSR）、举办社会企业等方式。根据社会企业联盟（Social Enterprise Alliance）的定义，社会企业是指那些以提供公共福利为基本目标的商业主体，社会企业运用商业方法、商业规则以及市场的力量去推进它们关于社会的、环境的以及人类正义的行动计划。社会企业在不同的国家有不同的分类和存在形式。以社会企业发展程度较高的英国为例，社会企业可能采取的经营形式包括有限公司、慈善合作组织、合作社、工业和储蓄团体、社区利益公司（CIC）、商业伙伴关系等多种形式。我国的社会企业存在的形式可以分为民办非企业单位、社会福利企业和社区就业实体、农村新型合作组织、公益创投、社区服务中心五种（何辉，2013）。

社会企业的出现并不仅仅是非营利组织和企业在运作方式上的综合，从社会发展的角度来看，社会企业的出现有更加深刻的原因。正如卡尔·波兰尼（2013）所指出的，等价交换只是人类经济活动的方式之一，互惠和再分配同样也是重要的经济活动方式。从领域的划分来看，市场经济的主要原则是等价交换，政府的主要功能是进行再分配，以非营利组织和志愿组织为代表的第三部门运行的主要原则就是互惠。在社会企业出现之前，第三部门主要依靠第一部门（政府）和第二部门（企业）的剩余物作为资源来提供社会服务，第三部门的活动不具有严格意义上的独立性和可持续性。通过社会企业的运作，人与人之间的互惠、同情、合作能够得到理性的衡量，同时又能够实现持续的进步。根据 Max Weber（1992）的观点，理性和可持续的进步是一个领域得以现代化的标志，从这个意义上来讲，社会企业意味着第三部门进入现代化进程的开端。（见表2-3）

表2-3 比较视角下的社会企业

部门区别	社会问题类型	手段与工具	前现代形态	现代形态
政府	一般性社会问题	暴力、权力、法律	专制政府	民主政府
企业	个体需求问题	技术、生产、交换	家族企业	股份制企业
社会组织	群体性需求问题	同情心、互惠、身份、声誉	慈善组织	社会企业

社会企业可以看作是一种主要建立在其社会资本的积累和灵活运用之

上，依靠同情心、互惠原则、身份、声誉等社会化的手段，以理性化和可持续的方式解决群体性需求问题的一种社会组织。社会企业在运行过程中也可能运用商业性资本、特定的技术和设备、人力资本，但是对于社会资本的依赖是社会企业区别于市场导向型企业的本质特征。较高的社会资本使得社会企业能够获得较高的资金回报，提高其竞争能力和生存机会。同时，一个成功的社会企业必须不断培育属于自己的社会资本，社会资本的培育能力是判断社会企业能否持续创新和成功的重要标志。

杭州携职是一家以较低价格为求职大学毕业生提供住宿，同时免费为在住大学毕业生提供求职帮助的旅社。杭州携职成立于2008年，现在已在杭州开设了第三家连锁店。成立5年来，携职已为30000多名大学生提供各类人力资源服务。

杭州携职在成立之初并不是一家社会企业，而是在其后的经营和发展过程中逐渐演变成为典型的社会企业。创业伊始，面临旅社行业的激烈竞争，杭州携职试图运用社会营销手段来扩大市场份额。2008年12月，杭州携职推出了"为求职大学生免费一万个床位"大型活动，采取第一天免费入住的方式，把旅社的商业目的和全社会为解决大学生就业难问题的诉求巧妙结合，获得了良好的社会效果。2009年，杭州携职成立了人才开发有限公司，开设中介人才平台，为大学生提供培训服务和企业岗位信息。人才开发是求职旅社的关联产业，二者资源互补，能够有效降低各自的交易成本。2010年，杭州携职的创始人到上海参加由英国大使馆举办的社会企业家技能培训项目，此后，杭州携职明确地把社会企业作为自己的发展目标。2011年，携职荣获由英国大使馆颁发的"帝亚吉欧梦想计划助力奖"，2012年携职获得"新湖社会企业创新奖"，2013年携职又荣获增爱基金会的"增爱社会企业创投奖"。

从经营模式来看，杭州携职和其他的大学生旅社以及青年旅馆并没有本质上的区别，但是从其成功要素来看，杭州携职在其社会资本的培育上和其他大学生旅馆有非常大的差异。可以说，依靠在经营过程中积累的社会资本以及创始人自身的社会资本，杭州携职才能够产生足够的利润以支持其实现帮助大学生顺利就业的社会目标。从现有的文献来看，关于社会企业的社会资本的分类研究还非常少，关于企业的社会资本的研究比较多。一般而言，企业的社会资本大致可以分为企业内部的社会资本和企业外部的社会资本,企业内部的社会资本主要指企业精神、企业文化、内部工作规范、冲突解决方法等,企业外部的社会资本又分为和生产相关的社会资本、和环境相关的社会资本、和市场相关的社会资本三大类别。

社会企业和一般的生产类企业所处的社会关系有所不同。从杭州携职的运作状况可以看出,企业内部的文化资本、捐赠人资本、受益人资本、社会团体资本、企业关系资本和政府关系资本是社会企业主要的培育点(如图2-4所示)。

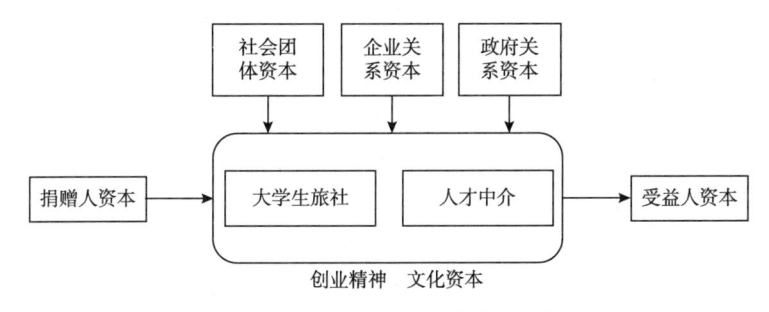

图2-4　杭州携职的社会资本结构

（1）杭州携职的文化资本

和非营利组织一样,社会企业要解决特定的社会问题,因此需要有明确的使命和价值观。社会企业的宗旨既要体现自身的发展目标,又要和公众普遍接受的价值观相联系。使命和价值观是社会企业文化资本的核心内容。杭州携职的使命是"帮助大学生找到好工作",组织的价值观是"人才事业、利国利民、功德无量",组织的愿景是"减轻大学生求职负担"。"人才事业"的价值观能够唤起内部工作人员的职业自豪感,"利国利民"的价值观则是对政府管理部门和其他社会组织的诉求,"功德无量"的价值观糅合传统社会积善行德的观念,主要是对公众以及捐赠方的诉求。

文化要形成资本必须有合适的表现形式和载体。杭州携职借助宣传画、标语、创业偶像、寝室共同生活公约等手段,形成了非常独特的大学生求职文化。杭州携职所选择的"在携职,你不是一个人在战斗""吃苦耐劳,器大活好""包揣2块钱,心怀500万""我们一定要搞定HR"等富有特色的宣传标语和图画真实表达了求职大学生们应当具备的心理素质。相对严格的寝室公约,让求职大学生养成有规律的生活习惯,形成相互合作和帮助的氛围。另外,杭州携职还发明了"帮忙打扫卫生,免费一天；帮忙发帖子，免费一天；天天叠被子，免费一天"的奖励制度，有意识地培养大学生良好的生活习惯和吃苦耐劳的精神。

（2）杭州携职的捐赠人资本

社会企业力图通过创造适当的商业模式来实现资金上的自给，理论上不需要捐赠人的支持也能够正常运营。但是，由于社会企业在市场竞争中往往处于弱势，需要借助捐赠人群体获得更多的资源，大部分的社会企业都注重建立稳定的捐赠人群体，通过正式的或者非正式的社会纽带，让支持自己事业的捐赠者形成高效的支持网络，成为社会企业特有的捐赠人资本。杭州携职通过"捐赠28元，资助求职大学生免费住宿一天"的活动，迅速扩大了自己的捐赠者群体。捐赠者大多是杭州本地的企业家、公务员、企事业单位工作人员、记者、律师和高校老师等。28元的金额不会对捐赠者带来明显的经济负担，而且捐赠金额在组织的收入中所占比重非常小，几乎可以忽略不计，但是通过募捐和捐赠的过程，杭州携职宣传了自己的组织使命和价值观，让更多人来支持自己的事业。大部分的捐赠人都关注大学生就业问题，很多捐赠人同时还拥有宝贵的就业资源。

非营利组织通过设立理事会或者顾问委员会的方式向大力支持自身发展的外部人员提供头衔，而社会企业因为涉及较多的商业决策，无法在捐赠者之间成立正式的、常规性的组织。携职的方法是在商业性的企业外部成立了较为松散的组织——杭州市社会企业家联盟。杭州市社会企业家联盟成立于2013年1月，主要的组成人员包括杭州市社会企业的经营管理者，希望从事社会企业的企业家，以及关注社会企业发展的媒体人和学者。杭州市社会企业家联盟定期开展社会企业知识学习会、社会企业项目对接会、社会企业项目引进和风险投资等活动。"携职"是杭州市社会企业家联盟的常任主办方，同时，杭州市社会企业家联盟的发展也为"携职"提供了有力的社会资源支撑。

（3）杭州携职的受益人资本

社会企业和传统慈善组织的重要区别是社会企业不再把受益人视为被动的资源接收方，而是充分挖掘受益人自身的价值，让受益人能够通过自己的主动行动而获取收益。但是由于受益人一般处于弱势或者低收入的状态，受益人群体的商业价值难以获得展现的机会。大学刚毕业正处于求职阶段的年轻人似乎没有特别的商业价值，但是携职认为这群年轻人自身就具有价值，年轻就是财富，年轻就是力量，只是需要时间和社会资本的牵线搭桥。携职旅社常年有待就业的大学毕业生入住，可以较好地满足像大型会展、宣传活动等临时性、大规模的用人需求。大学毕业生中有一部分需要经过一定的专业培训才能够顺利进入劳动市场。因此，携职在住宿服务和人才中介的基础上开发了求职培训、人事代理、档案户口代管的服务项目。这部分业务的开发使得在携职住宿的大学毕业生确实能够得到求职一条龙的服务，免去办理各种手续的奔波之苦，另一方面也为携职带来了新的收入来源。

处于求职阶段的大学毕业生既是携职的受益人群，也是携职的人才宝库。接受过携职的住宿和就业服务的毕业生现在有的已经是企业的中层管理人员，有的自己创业也取得了一定的成绩，他们为将来在携职入住的大学毕业生提供了更多的机会。携职的工作人员很多就是曾经在携职入住过的年轻人，新开设的文三店和下沙店的店长和主要工作人员都是携职曾经的房客。另外，携职还有自己的风投基金，对于有特殊才能、有创业激情的毕业生，携职还会进行风险投资，鼓励他们勇于创业。

（4）商业环境类社会资本

和本地其他求职旅社相比较，携职旅社可能并没有价格上的竞争优势，但是作为一家较有名气的社会企业，携职在改善自己的商业环境，积累相关的社会资本方面却具有独特的优势。社会企业的商业环境类资本主要可以分为社会团体资本、政府关系资本和企业关系资本等。每一类社会资本都可以为社会企业带来可观的收益。

在社会团体资本方面，携职和增爱基金会、南都基金会、新湖基金会等机构建立了良好的合作关系，携职是杭州市社会企业家联盟的主要发起单位之一，同时也是上海长三角社会组织发展中心的理事成员。社会团体资源为携职带来了新的发展理念和经营模式，还带来了行业荣誉和资金奖励。

在政府关系资本方面，携职在2009年就获得了时任杭州市市长做出的"要求各职能部门支持"的指示，以携职为基础的人力资源产业服务园得到了杭州市人事局的认可和支持。携职和杭州市团市委、江西省教育厅、团中央中国青少年社会服务中心等部门都有较好的合作关系，是杭州市团市委青年就业创业见习基地。

在企业关系资本方面，携职主要通过和人力资源关联企业进行合作，创造更多的业务增长点。2009年，携职和相关用人单位合作推出的杭州市求职地图取得了非常好的社会效益和经济效益。2013年，携职和中国联通杭州分公司推出的"求职电话套餐"也非常具有创意，展示了社会企业在解决相关社会问题上的巨大潜力。

2.8　新型社会组织发展的内在逻辑

社会组织是一个理性的、开放的、演化的系统，其发展方向既受外部环境的影响，又受其内在逻辑的决定（见图2-5）。社会组织是一个理性的系统，因为所有的社会组织都把社会贡献、社会声望、社会成本等难以衡量的事情进行一定的衡量。一个理性的系统意味着社会组织不是人们一时冲动的结合体，而是经过深思熟虑，长远规划之后的结合体。社会组织是一个开放的系统，是因为所有的社会组织都必须和外界进行社会资源的交换，它有资金、人力和社会资源的输入，同时也有资金、人力和社会资源的输出。一个开放的系统必须根据其所处的环境来及时改变自身的结构和功能，在环境中寻找最有利于自身发展的位置和资源。社会组织是一个不断演化的系统，是因为所有的社会组织都处于相互竞争、相互合作、相互关联之中，社会组织的结构和功能也要接受"优胜劣汰、适者生存"的考验。在演化过程中，社会组织通过不停地分化组合，出现了各种专业性组织，组织的结构和运作模式越来越复杂并且多样化。

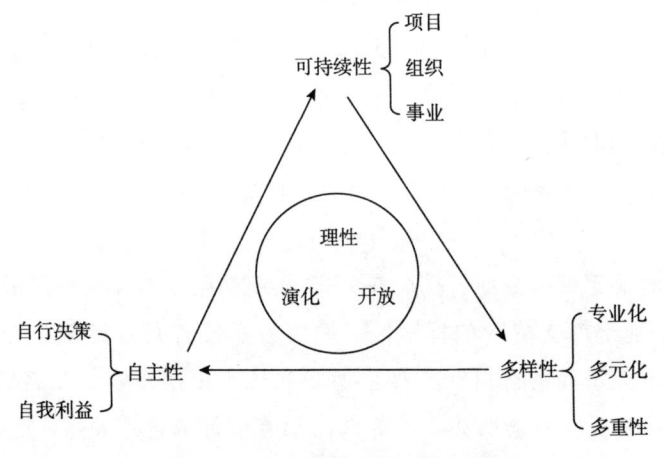

图2-5　社会组织发展的内在逻辑

（1）自主性。社会组织是一种为社会提供公共产品和服务的机构。但是，社会组织一旦成立，就会产生独立于环境和支配者的自主性。这种自主性首先表现为在一定事务范围内的自行决策，社会组织必定在其内部事务和具体运作的某些方面能够自行决策，否则就没有单独成立社会组织的必要性。社会组织的自主性还表现在社会组织一旦成立就会有其自身的利益，社会组织都会选择在合理合法的范围内维护组织自身的利益。社会组织的工作人员和资助方也会有自身的利益。如果对社会组织的产权结构和分配方式进行过于苛刻的限制，必然会影响社会组织发展的动力。从企业的发展历史过程来看，只有在承认企业的自主性，承认企业以及企业主和企业员工自身利益的正当性之后，符合现代市场经济体制的企业才可能迅速发展壮大。因此，建立现代社会组织体制同样也需要承认社会组织的自主性，承认社会组织、社会组织的管理层、参与社会组织活动的人都有其正当的利益诉求，才能够从根本上促进社会组织的发展。

（2）可持续性。除了一些非常特殊的场合，几乎所有的社会组织都有利用一切机会和资源增强其可持续性的内在冲动。社会组织所追求的可持续性有三个层次的含义。第一个层次的含义是社会组织服务项目的可持续性。人们建立社会组织的基本目标就是能够经常性地、可持续地提供某种社会服务。社会组织的服务项目只有能够得到持续的资金和人力投入才能够维护其服务项目的可持续性。可持续性的第二个层次的含义是社会组织自身存在和发展的可持续性。为了实现组织自身的可持续性，社会组织必须扩大自己的资金来源，与潜在的支持者建立更加密切的关系。可持续性的第三个层次的含义是指社会组织所从事的服务事业的可持续性。社会组织可以改变自身经营方式甚至法人性质，为的是更好地实施本组织所主张的事业。

（3）多样性。社会组织为了增强自身的可持续性，必然采取多样化的发展路径。社会组织的多样性首先表现为服务领域和服务方式专业化，于是出现了专业的募捐组织、志愿者组织、孵化器和风投中心。社会组织的多样性还表现为其资金来源的多元化，由于社会组织缺乏独立获取资金的能力，于是很多社会组织选择结成相互支持的联盟，参与政府的项目，或者与企业形成某种程度的伴生关系，最大限度地发掘资金来源。最后，社会组织的多样性还表现在其运作方式的多重性。企业之间存在市场竞争，社会组织之间也通过多种方式进行着竞争，成功的社会组织有机会获得更多的资助和资源，为了充分利用自己的资源、发挥自身潜力，很多社会组织自然会形成一种多重的运作方式，形成一种既有社团、基金会、民办非企业单位，又有企业、政府等多种运作方式相互缠绕的局面。

2.9 现代社会组织体制的发展方向

2.9.1 现代社会组织体制的逻辑前提

新型社会组织不仅已经大量存在，而且其存在具有相当的必然性。现代社会组织体制的构建首先要回应新型社会组织所带来的挑战。因此，从发展的角度而言，现代社组织体制的建立需要遵从三个逻辑前提。

第一个前提是包容、承认新型社会组织，并且能够充分发挥新型社会组织的作用。社会组织是进行社会管理的主要载体，近几年来，随着地方政府在社会管理创新方面进行越来越深入的探索和尝试，出现了像枢纽型社会组织、自组织、社区组织、社会企业、社会复合主体等新型社会组织，如果无视这些新型社会组织的存在，仍然沿用传统的社会组织三大法人主体去规范，显然难以满足新时期社会组织发展的需要。

第二个前提是按照社会组织自身发展和运行的规律来建立现代社会组织体制。社会组织在党委和政府的指导和领导之下发挥管理社会的功能，但是作为一种相对独立的主体，社会组织也有自身的利益诉求和发展规律，只有在充分尊重社会组织自身的利益诉求和发展规律的基础上才能够更好地发挥社会组织的社会管理功能。

第三个前提是以我国社会、经济、政治发展的具体阶段和特征为基础来建立现代社会组织体制。"强政府、强社会"是政府与社会的理想关系模式，也是加强社会建设的目标所在，但是在相当长的时期内，我国的社会组织所处的仍然是"强政府、弱社会"的环境，建立现代社会组织体制必须考虑我们当前所处的时代特点，发挥政府部门和人民团体在社会组织体制中的主导作用。

2.9.2 扩大并健全社会组织体制的法人结构

严格而言，按照现行的登记注册管理规定，只有社团、基金会和民办非企业单位三种社会组织能够名正言顺地注册登记，享受独立法人地位。在社会管理创新背景之下出现的新型社会组织大都不符合传统社会组织登记管理的要求，而且它们在组织形态、性质和运行模式上确实具有很大差异。1998年出台的《社会团体登记管理条例》和《民办非企业登记管理暂行条例》以及2004年出台的《基金会管理条例》对我国社会组织的发展起到了里程碑式的作用。事实证明，承认社会组织的多样性，从正面引导和规范社会组织的发展，对于政府、社会和企业能够实现三赢的效果。

社会组织既可能以法人形态存在，也可能以非法人的形态存在。非法人形态的社会组织包括大量的草根组织，处于创业阶段的社会企业，综合性社会组织中的"市校联盟"，网群，松散的"公益伙伴圈"，松散的"行业联盟"等。这一类组织不符合进行法人登记注册的条件，而且从它们的功能来看，也没有进行法人登记注册的必要性。对于以非法人形态存在的新型社会组织，民政部门可以采取备案登记与年报制度相结合的方式进行统一管理。备案登记意味着社会组织存在即可备案，年报制度则要求社会组织每年需要向备案登记管理部门提交其活动、人事和财务等方面的报告。对于社会组织而言，备案登记既是一种管理手段，也是一种政府对其合法性的承认，类似于企业中的个体工商户登记和合伙企业的登记。

社会组织还有可能是半法人形态。半法人组织具有法人组织的形式，但是在实际运营中处于主管部门的严格管辖之下。我国事业单位中的大部分都属于半法人组织。杭州市的西泠印社、运河综合保护等综合性社会组织基本上都选择以某个事业单位作为核心。随着我国事业单位分类改制政策的推进，这类综合性社会组织的发展方向可能向半法人的方向发展。即社会组织在形式上具备法人组织的所有特征，但是其法人代表（或者领导层）由主管部门任命或者批准。

社会组织可以通过政府部门的特许而产生。政府是社会组织合法性的最主要来源之一。为了推进社会发展、解决社会转型过程中的难题，政府可以通过行政许可或者颁发特许状的方式成立相关的社会组织。社会组织可以采取独立事业（行政）法人的形态。独立行政（事业）法人是指按照特定法律条款成立、并不直接隶属于具体行政部门的法人组织，独立行政法人具有一定的行政管理和执法功能，例如香港特别行政区廉政公署就是典型的独立行政法人。独立行政事业法人没有行政管理和执法功能，但是在法律规定的事业范围内具有独立决策和运营的权力。

2.9.3 承认并重视社会组织及其从业人员正当的利益诉求

虽然大部分社会组织的存在都是为了促进公共利益，是一种利他取向的组织，但是要促进社会组织健康发展，相关的法规和制度必须承认并重视社会组织及其从业人员正当的利益诉求。

首先，应该允许并且鼓励社会组织通过在市场上出售商品和服务获得资金来源。据统计，美国非营利组织的收入中，有50%来自其产品和服务的销售，30%来自政府部门的资助和政府购买合同，只有20%来自企业和个人的捐赠。社会组织通过出售商品和服务获得的资金来源有助于提高独立性，增强其发展的可持续性。

其次，应当允许并且鼓励社会组织和企业进行合作，共同设计和实施公益项目。在市场经济时代，企业是一个社会最活跃、最具创新能力的组织，和企业进行有效合作不仅能够为社会组织带来稳定的收入来源，而且对于提高社会组织自身的经营和管理能力也有很大帮助。社会组织不能够自绝于市场经济，相关的制度和规章也不能在社会组织和市场经济之间设置人为的藩篱。

再次，社会组织向社会提供服务也需要花费相当的成本，尤其是在一些需要专业知识和技能的领域，社会组织维持自身的运作需要花费较高的成本。政府购买和大部分企业捐赠几乎都只针对社会组织举办的具体项目，而不会资助社会组织运营，因此会造成项目越多、能力越强的社会组织反而财政上越困难的现象。对于社会组织的生态而言，这样的机制会带来逆淘汰的不利局面。因此，在政府购买合同中，应该划出专门用于社会组织自身维持的费用，或者从总的项目经费中允许提取一部分的资金用于社会组织的自身维持与发展。

最后，阻碍社会组织发展的最大因素可能是社会组织对其工作人员和资助者缺乏有效的激励手段。包括社会复合主体在内的很多新型社会组织都试图通过内部制度对工作人员和资助者进行激励。社会组织工作人员的收入没有能够很好地和其工作绩效挂钩，缺乏事业归属感，职业发展的前景不够明确，升迁的空间比较狭窄，这些因素都不利于新型社会组织招募高素质的工作人员。

2.9.4 疏通并规范人、财、物在政府、社会组织、企业之间的合理流动

一个健全的社会必定是一个高效的社会，一个高效的社会必定是一个人、财、物等社会资源能够在不同的社会主体之间自由流动、合理配置的社会。新型社会组织的价值就是通过制度化、组织化的方式在一定范围内实现了社会资源在不同社会主体之间的合理配置。

从人才的流动制度来看，各类社会主体应当制定相应的制度吸收本系统之外的人力资源，就如高等院校可以聘请企业经理人员和政府官员作为兼职教授一样，政府机构也可以尝试建立外聘雇员制度。社团在聘用制度方面相对灵活，但是缺乏相应的职称序列，在社会组织中表现出色的工作人员应该有机会竞聘政府部门或者企业的相关职务。

从资金的流动来看，政府部门应该扩大政府服务外包的规模，及时向社会发布服务外包的需求信息，在同等条件下优先考虑让社会组织承接政府的服务合同，尤其在社会保障、服务特殊群体、开展公益活动等领域，社会组织具有独特的优势。

新型社会组织是社会管理创新的重要角色，是国家治理体系中不可或缺的组成部分，正如何显明（2013）所言，任何社会的整合和治理都需要相应的组织载体。一个有能力的政府，一个活跃的市场经济，一个秩序良好的社会是善治的重要标志，而这一切都离不开社会组织的积极活动与健康发展。同时，另外，社会组织也有"失灵"的场合和"寻租"的可能，白则平（2011）认为，从拉丁美洲现代化过程中公民社会的力量与国家权力关系变化的情况可知，在现代化建设过程中，国家与公民社会良性互动更多是一种美好的愿望，双赢的局面十分罕见。我国社会组织的发展中也有类似的隐忧。因此，现代社会组织体制首先要把新型社会组织纳入管理范围之内，然后针对不同类别的新型社会组织，一方面要"疏导"，加大培育和扶持的力度，使社会组织在数量、规模和种类上均有较大的增长；另一方面要"引导"，加强对新型社会组织的评估、规范和管理，使新型社会组织成为我国社会管理中的制度化力量。

第三章

同心同意：倡导"理"的城市精神

【本章提要】

社会共治需要有新的治理理念。合适的城市治理理念既要立足本土，又要放眼世界，既要富于传统文化的情怀，又要紧扣时代精神，引领经济社会改革的最新潮流。现代城市应该在执政党的价值理念、社会主义核心价值观、传统和本地的价值理念等多方源泉的基础上进行综合创新，提炼出能够让全体市民取得共识和共鸣的治理理念、治理理论、治理理想。与社会主义核心价值观的三个层面相对应，杭州的社会共治也形成了三个层面的价值观，即主体层面的价值观、行动层面的价值观和城市层面的价值观。

3.1 城市治理的精神特质

治理是一种众多行为主体以和平的方式，实现某种共同目标的过程。理念是行动的先导，价值观是人们判断事务的标准，共同的理念和价值观是人们开展有效协商、实施高效合作的基础。Gerry Stoker（1998）提出关于治理的五大命题。

第一命题："治理"是指一个由不同的制度和众多的行为主体所组成的复杂的集合体，这些制度和行为主体有些来自于政府，有些处于政府之外。

第二命题：在处理社会和经济问题的时候，"治理"承认这些问题之间的边界和责任的模糊性。

第三命题："治理"认识到，在集体行动中制度与制度之间相互关联，权力与权力相互依赖。

第四命题：行为主体之间组成网络，"治理"是关于这个网络如何自主自动自发地实现自我管理。

第五命题："治理"承认那种不依赖政府的权力和权威而解决社会问题的能力，"治理"认为政府能够运用新的工具和技术更多地进行"掌舵"和"引导"。

Gerry Stoker（1998）关于治理的五大命题可以说是理论界对于治理问题的一个共识。但是要把这些共识落实到具体的城市治理过程之中却是一个非常复杂的过程。首先，这种一般性的治理理念需要和我国当前的政治体制发展阶段相适应。其次，一般的治理理念还需要和本地的经济社会发展特点相适宜。最后，外来的治理理念需要和传统文化以及本地的风土人情相适应。

现代的城市治理应该是一种具有坚实理论基础的治理，是一种具有先进理念的治理，还是一种具有美好理想的治理。因此，可以用"理"来代表一个城市在治理上的精神特质。在古代的哲学文献中，"理"的基本含义是条理、整理，表示事物井井有条的状态。例如，《荀子·修身篇》中有"少而理曰治，多而乱曰耗"的表述。然而，"理"最常用的含义是指万事万物的规律，尤其是宋明理学兴起之后，"理"的含义越来越抽象。朱熹在《四书集注·大学章句》中说："盖人心之灵莫不有之，而天下之物莫不有理，惟于理有无穷，故其知有不尽也。"朱熹用"天理"来指最根本的规律，提出了"穷理、正心、修己、治人"的圣贤之道。但是，如何认识万事万物的规律？朱熹认为"性，即理也"，也就是说万事万物得之于天、本来的面目就是理。王阳明则认为"理"来自人们内心，他在《传习录·答周道通书》中说："心之本体即是天理。"抛开哲学上的争论，仅从治理的角度而言，"性即理"的观点强调客观事物的规律性，也包括社会发展和社会活动中的规律性，"心即理"的观点强调主观世界（例如社会问题和政治决策）内的规律性，同时也高度赞扬人们的主观努力和能动性。

3.2　城市治理理念的来源

城市治理理念的作用在于为所有的治理参与者提供判断上的共识，协商中的媒介以及行动中的合力。合适的城市治理理念既要立足本土，又要放眼世界,既要富于传统文化的情怀,又要紧扣时代精神,引领经济社会改革的最新潮流。现代城市应该在执政党的价值理念、社会主义核心价值观、传统和本地的价值理念等多方源泉的基础上进行综合创新。(见图4-1)

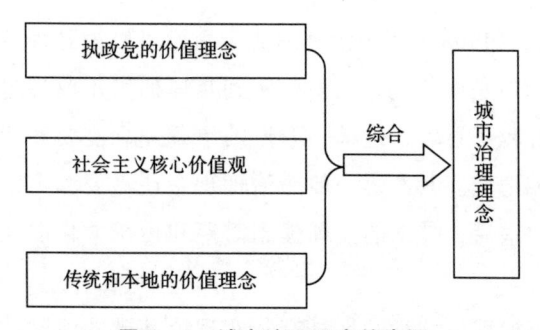

图4-1 城市治理理念的来源

(1)执政党的价值理念。在社会治理方面,中国共产党具有非常丰富的经验。其中最具代表性的是党的群众路线。群众路线是党在革命斗争和社会主义建设时期逐步形成的一条根本路线。党的群众路线是指:一切为了群众,一切依靠群众,从群众中来、到群众中去。它还要求党在一切工作中,必须相信群众,依靠群众并组织群众用自己的力量去解决自己的问题。改革开放三十多年之后,群众的内涵和外延已经发生了较大的变化。2013年开始的新时期党的群众路线教育实践活动提出了"三思"和"三观"的方针。所谓"三思"是指组织党员干部认真思考与百姓的感情深不深、与百姓的距离远不远、百姓在心中的分量重不重;"三观"是指要牢固树立人民创造历史的唯物史观,以人为本、人民至上的价值观,立党为公、执政为民的执政观。群众路线是处理党和群众之间关系的基本原则,也是处理政府和人民、国家和社会关系的基本原则。

(2)社会主义核心价值观。市场是一种对于经济问题进行有效治理的机制,市场经济运行的内在逻辑是平等、竞争、效率、信用。市场经济的内在逻辑不仅对人们的价值观具有深刻的影响,而且对于整个社会治理的方式具有指导意义。党的十八大提出,倡导富强、民主、文明、和谐,倡导自由、平等、公正、法治,倡导爱国、敬业、诚信、友善,积极培育和践行社会主义核心价值观。24字的社会主义核心价值观既符合市场经济的内在逻辑，又指出了社会主义建设的长远目标，是全社会各行各业共同遵守的价值观。富强、民主、文明、和谐是社会和国家层面的价值观，给出了社会治理的远景目标；自由、平等、公正、法治是制度层面的价值观，对社会治理的运作方式提出了规范性的要求；爱国、敬业、诚信、友善是个体层面的价值观，规定了每一个公民应该具有的道德情操和应遵守的行为规范。

（3）传统和本土的价值理念。区域的人文传统通过建筑园林、传说故事、文化活动、哲学法律等形式代代相传，具有很强的连续性和继承性。从文化传统上来看，王阳明（1472~1529）的"心学"对杭州人的影响最大。王阳明是浙江绍兴府余姚县（今属宁波余姚）人，是明代著名的思想家、政治家和军事家。王阳明的心学强调主观能动性的作用，认为"理"全在人"心"，人们通过内心的修炼就能掌握客观事物的规律。王阳明的心学还强调实践的重要性，主张"知行合一"，认为"知中有行，行中有知"。陈宁（2008）把杭州人文传统的特征归纳为四个方面：注重人与自然的和谐，注重功利世界与意义世界的平衡，注重自身与他人的相安包容，注重休闲和劳作的协调。

3.3 价值观的现代性追求

人们的幸福感不仅来源于自己可支配的物质财富，而且在很大程度上依赖他（她）在精神方面的涵养。浙江省第十三次党代会已经提出把"物质富裕·精神富有"作为社会发展的总目标，改变了以前仅仅把精神发展作为手段的提法，强调精神富有本身就是社会需要追求和实现的目标。

物质的范畴包括衣、食、住、行，其生产包括农业、重工业、轻工业、服务业，同样，精神不是一个虚无缥缈让人琢磨不定的概念，精神的范畴也可以进行具体的划分。"精神"是一个具有多重含义的词语。从个人层面而言，精神是指一切构成个人特征的肉体之外的事物，比如个人所拥有的知识，性格，感情；从社会层面而言，精神是指对社会产生调节作用的自然存在之外的事物，比如法律、语言、传统。另外，"精神"也常用来指人们做事的态度和情感上的倾向性，"浙江精神"中的精神就是这层含义。

按照层次的不同,精神可以划分为价值观、文化、知识、情感四大部分。所谓价值观,是指人们对于自身和外部世界的意义的看法。传统的儒家思想认为应该重义轻利,浙江的永嘉学派则认为义利并举,这就是两种不同的价值观。人们对于生命的意义,对于工作的意义,对于国家的意义的基本看法构成了人们价值观的核心内容。正如物质产品有假冒伪劣,有不合格品,甚至还有有毒、污染品一样,精神产品也有落后、腐朽、错误和不健康的东西。同样价值观有科学的、进步的价值观,也有不科学的、反动的价值观。每个人都有自己独特的价值观,不同的群体也有该群体的价值观,一个社会有主流的价值观和非主流的价值观。

文化是指一个社会能够共同享受和传播的精神财富,包括语言、文学、历史、道德、艺术作品、传统习俗、法律制度等等。文化基本属于精神范畴,但是在建筑文化、工业设计、企业文化等物质范畴内也存在文化。知识是人们对自然界和人类自身的客观认识,包括自然科学的知识和社会科学的知识。知识是人们的精神范畴中能够直接对物质和社会起作用的部分,它是生产力的重要组成部分。情感是人们对事物所表现出来的好恶和喜怒哀乐。人在社会中生活,既是一个理性的存在,又是一个感性的存在,好恶分明和辨清是非同样重要。浙江人的"老娘舅"和"和事佬"着眼于每家每户的情感调节,每年"感动中国""浙江骄傲"的人物评选则引导了我们整个社会的感情导向。精神富有意味着我们必须在价值观、文化、知识、情感四个方面拥有更多的正资产。

价值观是一个人精神活动的核心部分,共同的价值观则是一个社会追求精神富有的基础。价值观是人们对于世界、社会、人生等无法用市场或者权力等具体方法赋予价值的事物所进行的总体评价。价值观是人们在碰到两难局面或者面临未来不确定性的时候进行选择的依据。核心价值观是价值观体系最基础的部分,根据这些价值观,人们可以合乎逻辑地推导出针对新的、具体问题的价值观。

当前,我们处于一个价值观多元化的时代,核心价值观的建设要求我们对各种不同的价值观进行鉴别。现代性是一个非常有用的标准。所谓现代性是指现代社会所具有的共同的、普遍的特性。按照现代性的标准,所有的价值观可以分为三类。第一类是现代社会的价值观,例如党的十八大报告中所提出的"自由、平等、公正、法治"等核心价值观。第二类价值观是有助于实现现代化的价值观，例如勤俭、节约、敬业、守信等，这类价值观虽然才是现代社会与传统社会的本质区别，但是有助于一个社会顺利实现现代化。第三类是其他价值观，例如权力崇拜、金钱至上、裙带关系等等，这类价值观或者与现代社会追求的目标背道而驰，或者会阻碍社会的现代化进程。

很多地方政府已经提出本地区的核心价值观或者地方精神。例如，北京市提出的是"爱国、创新、包容、厚德"，上海市提出的是"公正、包容、诚信、务实"。最近，浙江省经过广泛的"我们的价值观"的讨论，最终形成了"务实、守信、崇学、向善"的核心价值观表述。这些价值观大多数都属于第二类价值观，体现了我们整个社会对全面实现现代化的追求和渴望。（见表3-1）

表3-1 对价值观的传统理解和现代性理解

价值观	传统的理解	现代性的理解
爱国	（大集体主义的）强调一致性，迫使他人和自己采取同样的标准和行为	（个体主义的）允许多样性，在尊重国家法律和社会习惯的前提下采取和平的行为
务实	（目的取向）追求现实利益，追求实际利益	（标准取向）以事实和实际利益作为评判事物的标准，而不是以偶像或者教条为标准
守信	（特殊信任）对特殊关系人信守承诺	（一般信任）对陌生人、对社会规则、对社会组织、对政府机构的信任
崇学	（强调结果）崇尚学问，尊重知识	（强调过程）崇尚学习，乐于接受新的知识和事物
向善	（向模范看齐）牺牲自我，成就他人	（向普通人看齐）成就自己，帮助他人

不过，我们是一个文明古国，文化源远流长，同一个价值观的表述往往具有多重含义，我们在进行核心价值观建设的过程中，有必要凸显其现代性的一面。以"爱国"的价值观为例，传统的理解侧重于大集体主义，认为每个人都应该采取一致的观点和行为，认为爱国至高无上，爱国行为甚至可以超越法律之上。但是，对"爱国"的现代性理解则更加倾向于个体主义的观点，认为不同的人可以采取不同的方式爱国，不可以强制他

人，而且爱国行为必须遵守国家法律。

对于"务实"，传统的理解是目的取向的，即认为要追求现实利益和实际利益。但是，现代性的理解更多的是标准取向的，即赞成以现实和实际利益作为评判事物的标准，反对以教条或者偶像作为评判标准。对于"守信"的价值观，传统的理解强调对于特定关系人遵守承诺，是一种特殊信任关系，而具有现代性的理解则强调对于陌生人、社会规则、社会组织或者政府机构的信任，是一种一般信任关系。

关于"崇学"，传统的理解往往强调结果，认为应该崇尚学问，尊重知识。但是，现代性的理解更加强调过程，认为人们应该崇尚学习，乐于接受新的知识和事物。关于"向善"的价值观，传统社会的理解是要求每个人向道德模范看齐，而道德模范一般是那些牺牲自我、成就他人的人，例如见义勇为。但是，现代性的"向善"则更加鼓励人们向普通人看齐，赞赏那些既能够成就自己，同时又能够帮助他人的普通人。

一个精神富有的社会必定是一个具有合理的、科学的核心价值观的社会。而核心价值观一旦确立，对我们的社会发展方向将具有巨大的引导作用。因此，以现代性作为标准，对核心价值观的表述进行符合社会发展趋势的甄别，将有利于精神富有在质的维度的提高，有利于为完全实现现代化提供方向性的保证。

3.4 政府的社会治理理念

与社会主义核心价值观的三个层面相对应，杭州的社会治理也形成了三个层面的价值观，即主体层面的价值观、行动层面的价值观和城市层面的价值观。杭州市从2010年开始每年都举办一次"生活与发展"论坛。该论坛邀请国内外著名的专家学者和城市治理的实践者对杭州市的城市治理进行实证研究和理论提炼，同时也对其他地区的治理经验进行比较和总结。随着杭州的社会治理实践的发展和变化，"生活与发展"论坛的议题和内容每年都在深入和提高。这样一种连续性的跟踪探讨和交流奠定了杭州市社会治理的理论基础，并不断为杭州的社会治理提出新的目标，使杭州的社会治理成为一个有理论基础、有理念内涵、有理想愿景的治理。

3.4.1 主体层面的价值观

主体层面的价值观回答"我是谁"的问题。杭州市提出了"我们"的主体观念，并以此来统领和推进其所有的社会管理变革。"我们"的价值观具有哲学上的含义，体现了东西方文化在社会治理观念上的区别。"我们"既指某一个小群体中的我们，也指一个大社会中的我们，它还可以指跨越不同的社会角色和地位，形成"你中有我、我中有你"的我们。在现实生活中，不同的职业人群、利益相互冲突的人群、角色相互矛盾的人群之间很难自然形成认同。但是，为了解决社会问题，化解社会矛盾，这些不同的群体往往需要进行沟通和协商，他们需要能够彼此理解对方的立场，实现社会的整体利益，这时候就需要巧妙地形成一些跨部门、跨群体的组织，采取复杂的方式来协调各方利益。

"我们的价值观"具有三层不同的含义，每一层含义都对社会管理实践具有指导作用。就第一层含义而言，"我们的价值观"是指某些群体的价值观，这里的"我"是一种"小我"。一个发达的社会同时必定是一个高度分工和分化的社会，人们根据职业、地域、族群、年龄分为不同的社会群体。每一个社会群体都有自己特别的社会诉求和价值观。《浙江省公民道德规范》对不同的群体应该遵守的道德规范进行了总结，在职业道德一栏，区分了工人、农民、经营者、服务人员、财会人员、科学技术工作者、教育工作者、新闻工作者、医务工作者、体育工作者、执法人员、公务员12大类的职业道德。例如对科学技术工作者的道德要求是"坚持真理、去伪存真、治学严谨、精益求精、学术民主、精诚合作、坚忍不拔、探索创新"，对服务人员的道德要求是"顾客至上、童叟无欺、文明热情、彬彬有礼、精通业务、勤练技能、优质服务、信誉第一"。可见，不同的人群具有不同的价值观。

"我们的价值观"的第二层含义是一个地区社会共同具有的价值观，这里的"我"是一种"泛我"。在某种意义上，一个区域社会就是一个命运共同体，在长期的政治、经济和社会发展中形成了某些共同的特质和倾向性。区域社会中的"我们的价值观"体现了这个区域的人们对于哪些东西最重要、哪些东西不重要这些问题的共同看法。浙江省将共同的价值观确定为"务实、守信、崇学、向善"。"务实"强调人们的思想和行为要以社会现实为基础，以获取实利为目标，以发展实业为主要手段；"守信"要求人们在处理和他人关系的时候坚守信用，企业在经营过程中要以诚信为本。"崇学"要求人们尊重知识、追求知识、活用知识，创造知识。"向善"是对与人为善的个人品质的追求。现代社会是一个竞争的社会，但是这种竞争应该是一种以促进社会共同利益为目的的善意的竞争。

"我们的价值观"的第三层含义是指跨越不同的社会角色和地位，形成"你中有我、我中有你"的纽带和内聚力，这里的"我"是一种"互我"。在现实生活中，不同的职业人群、利益相互冲突的人群、角色相互矛盾的人群之间很难自然形成认同。但是，为了解决社会问题，化解社会矛盾，这些不同的群体往往需要进行沟通和协商，需要他们能够彼此理解对方的立场，实现社会的整体利益，这时候就需要人为地形成一些跨部门、跨群体的组织，采取复杂的方式来协调各方利益。例如，美国芝加哥市就规定，在公立学校的校务委员会中，必须有学生代表和家长代表。这样的组织设计使得管理者（学校）与被管理者（学生），以及利益相关者（家长）能够在一个平等的平台上相互协商和对话，形成一种跨越社会角色的"我们的价值观"，共同促进学校的健康发展。

这三种不同层次的"我们的价值观"虽然并没有告诉我们社会管理的具体实施方案，但是却给出了社会管理所应当遵守的原则，也指出了社会管理创新的一些具体方向。只有把这些原则和需要解决的具体问题结合起来，才能够制订出解决问题的长效方案，为本地区精神财富的增加打下基础。

3.4.2 行动层面的价值观

行动价值观回答"如何做"的问题。在社会管理创新的过程中，杭州市提出了"四界联动""四问四权"等价值观念。"四界联动"是指在解决任何一个复杂的社会问题的时候，都要建立"党政界、知识界、企业界、媒体界"的合作机制。"四界"代表了能够进行社会共治的主要力量，但是"四界"只是一个最低标准，在实际的运用中，可能需要更多领域的社会主体加入关联。"四问四权"是指社会管理过程中处理管理者与居民之间关系的准则，对于任何一个涉及民生的项目，管理者都要问情于民，落实民众的知情权，"干不干"让百姓定，问需于民，落实公众的参与权；

"干什么"让百姓选,"问计于民",落实群众的选择权;"怎么干"让百姓提,"问绩于民",落实公民的监督权,"干得怎么样"由百姓来评。

3.4.3 城市层面的价值观

城市价值观是对一个城市发展方向的价值定位,同时也是社会管理创新的目标指引,它回答的是"达到什么目标"的问题。"精致和谐,大气开放""生活品质之城""让我们生活得更好"是杭州城市价值观的精练概括。"精致和谐,大气开放"既是城市的发展风格,也是城市的发展路径,"精致"意味着一种集约化、环保、智慧型的物质财富发展之路,"和谐"是指积极主动、亲民和民的社会管理风格,"大气开放"是指在解决具体问题的过程中要有国际视野,要以开放的心态接受挑战。"生活品质之城"是城市发展的目标,城市发展就是为了提高所有城市居民的生活品质。最后,"让我们生活得更好"则是主体价值观、行动价值观和城市价值观的有机结合体,它形成了杭州市在社会管理创新中的共同价值信条。

| 第四章 |

协商协行，践行"智"的治理之道

【本章提要】

社会共治要开创新的治理之道，也就是探索"有智慧"的治理。治理平台是面向不特定多数的利益相关方，通过有形的交流和协商机制来解决公共问题的治理手段。社会治理平台可以最大限度地消除信息不对称，最大限度地整合资源，实现跨域协作。社会治理平台具有开放性、动态性和综合性，同时又具有明确的内部规范和相互约束力，是实现社会治理创新的重要方式。社会治理关系是指治理主体之间的角色定位和互动模式。只有在协商协调、互助互动的原则下塑造新型社会治理关系，才能够适应社会治理主体之间地位和角色的变化。社会共治把已有的社会主体重新组合，创新主体之间通过关联结构形成多样化的共赢协调机制是一种相对高效的创新路径。治理工具是治理主体为了解决公共问题而采用的可识别的行动机制。随着新的社会治理主体的不断加入，治理工具的种类在不断创新和丰富，杭州在社会共治中出现了一些新的治理工具，主要包括服务外包、公众参与、圆桌会、孵化器、民情恳议、"娱论"等。

4.1 有智慧的治理

现代社会治理不仅追求良好的治理效果，还要追求最高的效率，这就需要探索"有智慧"的治理之道。尼古拉斯·伯恩鲁斯和内森·加德尔斯（2013）在《智慧治理》一书中认为："治理指的是，如何将一个社会的文化习惯、政治制度和经济系统结合起来，为人民提供他们所渴求的美好生活。当这些要素平衡地结合在一起，有效地、可持续地增进公共利益时，这就是良政。当根本条件发生变化时，一旦有效的实践出现障碍，就会产生劣政；或者当有组织的利益集团攫取主导地位，出现政治衰败时，也会产生劣政。"

尼古拉斯·伯恩鲁斯和内森·加德尔斯（2013）还提出了一个融合东西方政治制度优点的"智慧治理"模型，即有见识的民主制加上可问责的选贤任能制，智慧治理的要素包括下放权力、包容公民、分散决策机制。

在传统的儒家经典中，"智"是成就事业必不可少的品质维度。从静态的层面来看，"智"的本意是"知"，知道事物的条理，知道人心所思，就是具有智慧。《论语·颜渊篇》说："樊迟问仁，子曰：'爱人'，问知，子曰：'知人'。"《老子》第二十二章也说："知人者智，自知者明。"从动态的层面来看，"智"的含义更多是指能够顺应或者利用事物发展的规律。例如，《论语·雍也篇》中有："子曰：'知者乐水，仁者乐山；知者动，仁者静；知者乐，仁者寿'。"表示有智慧的人应当像水一样变动不居，积极适应时势的变化。《孟子·离娄章句下》的第二十六章中有孟子曰："如智者若禹之行水也，则无恶于智矣，禹之行水也，行其所无事也，如智者亦行其所无事，则智亦大矣。"孟子用大禹治水的典故来说明何为"智"，即利用事务的薄弱环节，在阻力最少的地方行事就是大智慧。从评价层面来看，"智"含有机巧的意思。例如，《孟子·万章章句下》第一章中有孟子曰："智，譬则巧也；圣，譬则力也，由射于百步之外也，其至，尔力也；其中，非尔力也。"也就是说，智慧好比是技巧，而圣人的品德好比是力气，就像在百米之外射箭一样，箭能达到目标，是因为你有足够的力量，而箭能够射中目标，就不光是力量的问题了，还需要技巧。

关于如何在国家治理中使用智慧，儒家的经典也有论述。例如，《论语·雍也篇》中有樊迟问知，子曰："务民之义，敬鬼神而远之，可谓知矣。"孔子认为，专心于老百姓的时宜之需，对鬼神之说敬而远之就是智慧。《孟子·离娄章句上》第四章中有孟子曰："爱人不亲，反其仁；治人不治，反其智；礼人不答，反其敬——行有不得者皆反求诸己，其身正而天下归之。"也就是说，爱护老百姓，但是老百姓并不亲近自己，那么就要反省自己的仁爱是否足够，治理老百姓但是效果不好，那就要反省自己的智慧是否充分。

治理的智慧随着社会的发展而越来越丰富。如表4-1所示，Oliver E. Williamson（1991）把所有治理结构分为三大类型：市场、混合、科层。在市场的治理结构里面，行为主体之间在地位平等的基础上通过自由交易使各自的福利最大化，他们之间需要用契约法规来约束双方的行为。而在典型的科层制的治理结构中,行为主体之间有明显的上下级的关系,上级通过行政命令来控制下级的行为。市场体制具有很强的自适应性,每个人通过观察和学习其他人的行为模式,很自然地接受市场规则。科层制有很强的合作适应性,即必须通过人们有意识地、审慎地规划和一定的努力之后才能得以实现。Oliver E. Williamson(1991)的市场体制相当于自由竞争的市场,而科层制则相当于经典的官僚制。混合体制是市场和科层制之外所有的治理方式的总称,它的诸多制度特征都位于市场和科层制之间。在社会治理领域,人们所碰到的治理结构几乎都属于这种混合制的治理结构。

表4-1 三种治理结构的特征:市场、混合、科层[①]

工具	治理结构及特征		
	市场	混合	科层
激励强度	+ +	+	0
行政控制	0	+	+ +
运行特征			
适应性(A型)	+ +	+	0
适应性(C型)	0	+	+ +
合同法	+ +	+	0

注:+ +表示强,+表示较强,0表示弱。

社会治理领域的混合体制直到近些年才被人们所重视,但是混合治理体制在历史上很早就出现了,并不比自由市场和官僚体制的政府出现得晚。埃莉诺·奥斯特罗姆(2012)对于公共池塘资源(CPR)的研究表明,世界上很多地区的居民很早就建立了一套行之有效的自治规则来管理对水、森林、草场等公共池塘资源的使用,例如,西班牙巴伦西亚市贝拉奇和费塔拉尔运河的灌溉制度可以追溯到1435年。这些自治规则既非借助于力量无边的"利维坦",也不是把公共资源完全私有化然后抛进自由竞争的市场,而是基于当地人的历史传统、文化习俗和相互监督的自律。混

[①] 引自 Oliver E. Williamson, Comparative Economic Organization: The Analysis of Discrete Structural Alternatives, *Administrative Science Quarterly*, 1991(06), Vol. 36, No. 2, p. 269~296。其中适应性(A型)表示自适应性,适应性(C型)表示合作适应性。

合体制的范围如此之广，以至于迄今为止还没有人能够对它进行全面的描述或者分类，不同的治理对象所适用的混合体制可能完全不同，而且，同样的公共事物，在不同地区的治理体制也可能完全不同。但是，所有的混合体制都有一个共同点，那就是其运行必定建立在利益相关方协商运行的基础之上。

4.2　新型治理平台

治理平台是一种面向不特定多数的利益相关方，通过有形的交流和协商机制来解决公共问题的治理手段。"平台"是一个来自经济领域的概念。平台经济又称双边市场经济，它具有"成员外部性"（当会员增加时平台上所有会员会受益）和"用途外部性"（当互动增加时每个成员都会受益）（徐晋，2007）。平台经济典型的例子有股票证券交易所，计算机操作系统，会展等。像证券交易所和会展这类的平台经济还具有很强的区域外部性。随着信息技术的普及，越来越多的产品具有了平台的特征。平台治理是一种个性化治理，通过平台提供的信息可以为不同的参与方提供不同的服务；平台治理是一种人性化治理，平台的参与方可以通过各种渠道进行面对面的交流；平台治理是一种生态化治理，在一个平台中，各种角色的参与者及其群体相互制约、相互协助；平台治理是一种基于诚信的治理，平台是一个密集交流的场域，不诚信的名声很快就会扩散；平台治理是一种开放式治理，任何一个人都可以自由参与到平台中来，也可以自由退出。社会平台治理可以最大限度地消除信息不对称，最大限度地整合资源，实现跨域协作。社会平台治理具有开放性、动态性和综合性，同时又具有明确的内部规范和相互约束，是实现社会治理创新的重要方式。杭州主要建立了四个方面的社会治理平台。

（1）社区服务平台。社区是社会治理的基本单位，活跃有序的社区是社会得以善治的基础。杭州早在2008年就建立了"三位一体"的社区共治模式。所谓"三位一体"，是指在社区层面形成社区党组织、社区居委会、社区公共服务工作站组织复合、交叉任职、条块结合、合署办公的工作模式。在"三位一体"架构的基础之上，杭州市上城区还建立了"333+X"的社区大服务体系，即通过明确政府、社区、社会3个主体和公共服务、自主互助服务、便民利民服务3种体系，搭建社区公共服务、社区居民参与和社区服务落地3大为民服务平台，提供与居民生活密切相关的服务项目。

（2）产业发展平台。发达而合理的产业结构是社会治理的重要目标。在市场经济日渐成熟，倡导市场在资源配置中发挥决定性作用的今天，政府直接干预产业结构调整的传统做法既不科学，也往往达不到预期的目的。但是，通过建立产业发展平台，对产业结构进行间接的调控却能够达到更好的效果。杭州市主要根据本地的特色和优势来建立相应的产业发展平台，主要包括丝绸与女装行业联盟、茶行业联盟、婴童产业联盟、文娱品牌促进会、美食文化品牌促进会、中国国际动漫节、杭州世界休闲博览会等。

（3）政策建言平台。现代社会治理需要倾听民众的心声，让普通百姓能够参与治理方案的讨论，能够对社会治理发表自己的评议。利用先进的信息技术，建设区域性的政策建言平台是实现社会共治的重要方法。"我们圆桌会"是杭州电视台主办的一个围绕社会民生热点问题的对话类节目，是一个典型的政策建言平台。"我们圆桌会"由杭州市委办公厅、市政府办公厅、市委宣传部、市发展研究中心、市文广集团等单位主办，杭州电视台综合频道创办，体现了党政、市民、媒体"三位一体"的共治思路。节目的基本形式是主持人和4~6位嘉宾包括党政干部、专家学者、普通市民围坐在圆桌前，就物价、环保、交通、城市规划等市民关心的热点问题进行交流讨论，体现了党政、院校、企业、媒体"四界联动"的共治理念。节目每次都会邀请和焦点问题密切相关的党政部门的负责人参加。"我们圆桌会"通过对话和讨论，不仅使市民和管理部门之间增加了相互了解和信任，而且让职能部门的工作人员切实体会到市民的诉求和压力，使他们在将来的工作中能够更多地尊重多元社会主体的需求。

（4）价值传播平台。先进的治理理念和价值不是少数机构和组织的"内部机密"，而应该在社会上广为传播，让更多的人了解、接受、实践社会共治的理念。杭州市城市品牌网群就是一个传播城市治理理念的平台。城市品牌网群秉承"主动关联"的工作理念和"创新创业"的发展理念，先后参与了杭州美食文化品牌促进会、杭州文娱品牌促进会、杭州成长型企业品牌促进会、中国茶都品牌促进会、杭州传媒品牌促进会等组织的创立和运作。这些促进会普遍采取多界联动、创新创业的运作模式，把本地区的产业发展、社会活动和宣传优势结合在一起，取得了良好的经济和社会效益。另外，杭州市城市品牌网群还参与了"杭州市民体验日""一杯水公益""寻找美丽"等活动的策划和运行，这些活动都非常典型地体现了多元共治的价值理念。

4.3 新型治理关系

社会治理关系是指治理主体之间的角色定位和互动模式。随着机构改革和职能转型的深入推进，我们的政府不再是全能型的、保姆型的政府，社会也不再是俯首贴面、唯命是从的被动角色，仅仅靠自上而下的命令、管制和动员已经难以获得满意的效果。只有在协商协调、互助互动的原则下塑造新型社会治理关系，才能够适应社会治理主体之间地位和角色的变化。杭州在社会管理创新的过程中重点塑造了四个方面的新型社会治理关系。

（1）塑造不同地位主体之间的吸纳参与关系。多元主体之间的地位不一定平等，尤其是在政府主导的共治项目中，政府和其他社会主体之间可以形成吸纳参与关系，常见的形式有专家参与、居民参与和行业协会参与。在南宋御街的改造过程中，杭州市充分发挥与中国美术学院结成的市校战略联盟的作用，邀请大批建筑设计、美术、文化遗产保护方面的专家参与到项目中来，使南宋御街改造工程获得了建筑界和文物保护界的高度评价。

（2）塑造实力不同主体之间的合作伙伴关系。多元主体之间的实力可能并不平衡，但是他们可以通过结成伙伴关系，互助互动，团结发声，增强整体实力。"杭州公益伙伴圈"是一个由杭州青年公益社会组织服务中心积极整合杭基金会、草根公益组织、爱心企业、专家、媒体等各方力量组建的伙伴型团体。在杭州公益界非常有名的滴水公益、第九世界、杭网义工分会等42家草根公益组都成为"杭州公益伙伴圈"的核心成员。

（3）塑造不同领域主体之间的信用契约关系。在市场经济发达的社会，信用契约是扩展性最强，也是最规范的主体间关系模式，通过信用契约，政府可以和企业、事业单位、社会组织等来自不同领域的法人团体建立稳定的合作关系，共同推进治理事业。杭州市西湖博览会是杭州规模最大的产业博览会，每年有数十个甚至上百项会展活动，有众多合作者、参与者，涉及国内外的政府、企业、学校、民间机构与社会公众等方方面面。杭州市政府通过授权西博会办公室与各合作方签订合作办会协议、会展立项协议、活动执行协议、项目实施协议以及相应的委托策划、推广、招商、代理、特许经营等协议，使互不隶属的单位进行工作磋商后形成"协商备忘录"，不同的政府部门形成"工作责任书"，而且西博会重要的工作磋商与工作文件要请法律顾问参加并提供专业意见，从而形成西博会的"契约网架"，为杭州西湖博览会这一大型的共治项目的顺利开展提供了有效的法律支撑。

（4）塑造不同利益主体之间的监督竞争关系。不同的主体有不同的治理目标，代表不同群体的利益，他们在同一个问题上可能形成竞争关系，提高公共服务的质量和效率，也可以形成相互监督的关系，提高各自的问责性和自律程度。杭州市生态文化协会（绿色浙江）是一家以宣传环保理念、倡导环保行动为己任的民间环保组织。该协会发起的"钱塘江水地图"是一个基于众包和自发地理信息的关于钱塘江水环境收集、可视化以及互动绘图的平台，市民可以通过"钱塘江水地图"对钱塘江水质污染事件进行举报和标注。另外，杭州市生态文化协会还发起了"寻找可游泳的河""邀请环保局长横渡钱塘江""吾水共治圆桌会"等活动。这些活动一方面给环境保护部门的工作提供了很好的协助，另一方面也对环保部门的服务和监管能力形成了竞争，对环保部门的工作以及污染企业的行为起到了很好的监督作用。

4.4　新型治理结构

由于财力和人力资源的制约，能够建立新型社会主体的机会毕竟有限。因此，把已有的社会主体重新组合，创新主体之间的关联结构，形成多样化的共赢协调机制成为一种相对高效的创新路径。如同在市场经济体制培育初期，众多中小企业通过产业聚集能够获得良好的外部发展环境一样，杭州市的社会治理主体也通过不同形式的聚集形成了良好的发展态势。

（1）横向关联，形成发展合力。服务领域相近的治理主体通过横向联系，形成各种"联合会""圈"等，有利于成员之间共享知识信息，共担发展风险，增强政策游说能力。杭州公益伙伴圈是杭州市青年公益社会组织服务中心通过横向关联，实现公益组织优势互补，共同发展的典型例子。2012年，由杭州青年公益社会组织服务中心、杭州市青年研究会共同举办，杭州市社会建设和社会管理工作委员会综合办公室特别支持的品质公益峰会在杭州举行。来自全国各地110余家公益组织的代表出席会议并通过了《杭州公益组织品质评价标准》。以出席该次峰会的公益组织为基础，杭州青年公益社会组织服务中心积极整合在杭基金会、草根公益组织、爱心企业、专家、媒体等各方力量，组建了"杭州公益伙伴圈"。在杭州公益界非常有名的滴水公益、第九世界、杭网义工分会等42家草根公益组织都成为"杭州公益伙伴圈"的核心成员。杭州公益伙伴圈通过"团结合作、资源共享、协作共赢"的模式有效解决了草根公益组织在发展中面临的"资金没有保障、专职人员缺乏、政府支持不够"的难题，为公益组织的发展创造了良好的外部条件。

（2）纵向关联，节省交易成本。同一个服务链条中处于不同价值生产阶段的治理主体通过纵向关联，形成各种"联盟""中心"等，有利于降低上下游机构之间的交易成本，增强整体的风险抵抗能力，扩大资源获取和公共服务的范围。丝绸和女装都是杭州本土产业中的强项，但是在激烈的市场竞争中要始终保持竞争优势并不容易。杭州丝绸女装产业联盟的成立使得和该产业密切相关的各个环节能够形成有机的纵向关联，从整体上保证了杭州在丝绸和女装产业中的领头地位。杭州丝绸女装产业联盟成立于2009年，当时面临全球金融危机的冲击，杭州传统的产业优势遇到严峻的挑战。杭州市丝绸女装产业发展领导小组是联盟在党政部门的支撑，中国美术学院、浙江理工大学、杭州市品牌促进会、中国丝绸博物馆是联盟在知识界的主要力量来源，杭州市丝绸行业协会、杭派女装商会、杭州市服装设计师协会、部分龙头企业是联盟和企业界的重要桥梁，另外，杭报集团、文广集团等组成了联盟在媒体界的基本阵地。杭州丝绸女装产业联盟通过"中国杰出女装设计师发现计划""女装设计师大奖赛""中国国际丝绸博览会暨中国国际女装展览会"等活动把和丝绸女装产业相关的设计人才的发现和培育、产业发展趋势的研究和引领、产业宣传和品牌建设、市场拓展、市场监管等一系列环节联系起来，使产业的上下游能够协调发展，获得了更大的比较优势。

（3）多层关联，提高创新能力。来自不同领域的治理主体通过多层关联，形成网络状的结构，有利于在人们的信任半径之内形成资源互补、协同合作、抱团激励的关系，提高治理主体的创新创业能力。杭州城市品牌网群就是一个旨在建立和推广杭州城市品牌的网络型组织。杭州市城市品牌网群的核心成员包括杭州市城市品牌工作指导委员会办公室、杭州市城市品牌促进会、杭州发展研究会、杭商研究会、杭州生活品质研究与评价中心、杭州创业研究与交流中心。网群的外围参与者包括政府部门、企业、媒体、教育和研究机构、社团组织、自治组织等。网群的内部并不是杂乱无章的状态，而是采用矩阵式的结构，由线、面、块三种元素构成。所谓"线"，是网群的决策机构，包括策划线、活动线、联络线、研究线等十条线，每条线都有负责人和参与人，网群内的任何一个人如果有新的动议，都可以通过决策线的讨论获得网群内部的评议，如果有较多的人赞同，这样的动议就可能被网群所采纳。"面"是网群的四大核心组织，由于网群不是一个法人机构，所有和外部的正式联系必须通过四个核心组织的某一个来完成，所以从外部看，杭州市城市品牌网群实际上就是四个核心组织的联合，它们构成网群的"面"。"块"是指网群的实体部门，包括综合办、策划部、运行中心、研究部等。这些负责网群实际运作的部门都放置在某个核心组织之中。网群提供了一种跨领域的交流和碰撞，其内部容易产生创新的火花，同时，通过网群的结构，人们很容易形成临时工作组，能够把新的思想很快付诸实施。

4.5　社会复合主体的内部结构

4.5.1　部门间科层网络

在公共领域，部门间科层网络是最初始的网络化治理结构。政府是一个有很多部门按照科层制的原理组成的体系。但是在处理很多复杂的公共问题时，不同层次的政府部门需要建立一种日常化的合作关系，考虑到各自的部门利益以及将来的责任与权力，政府部门之间可能通过达成契约才能进行顺利的协作。但是，政府部门之间在正常的科层关系之外建立直接的、日常化的合作关系或者直接订立某种契约是不被允许的。这种情况下，成立一个社会复合主体（网络化治理的中介组织），通过社会复合主体与不同层次的政府部门建立合作关系或者达成契约是一个可行的选择。

此外，因为社会复合主体是一种中介组织，它既可以和市场直接建立联系，又可以同社会（公民个人和社会团体）建立直接的联系。在杭州市的社会复合主体中，运河综合保护社会复合主体和钱江新城管委会是两个典型的部门间科层网络的例子。（见图4-1）

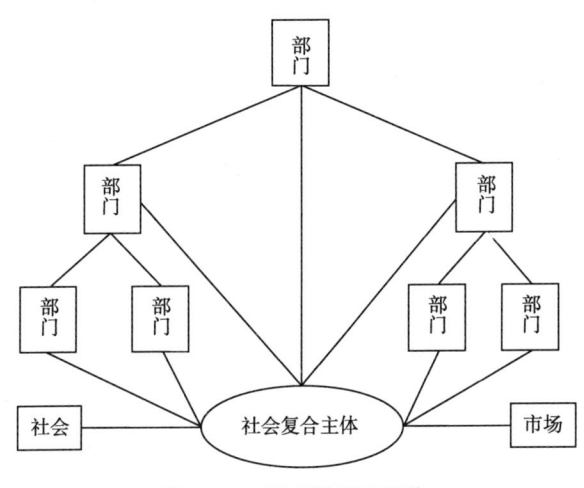

图4-1 部门间科层网络

4.5.2 内聚性跨域网络

部门间科层网络型的社会复合主体虽然也同市场和社会直接发生关系，但是其网络结构主要局限在政府部门之间。社会复合主体中更多的是跨政府、市场和社会三个不同域的网络组织。（见图4-2）跨域网络有可能是内聚性的，即网络的边界比较清晰，网络的成员和结构比较固定。西泠印社复合主体就是一种内聚性跨域网络。西泠印社复合主体通过三个不同性质的机构（西泠印社社务委员会、西泠印社、西泠印社集团有限公司）分别同政治域、社会域和经济域发生直接的联系，但是西泠印社复合主体是一个封闭性的组织，网络中除了这三个和西泠印社密切相关的组织之外，几乎没有其他社会主体参与进来。

4.5.3 扩展性跨域网络

跨域网络中比较多的是扩展性的例子，即社会复合主体的边界不是很

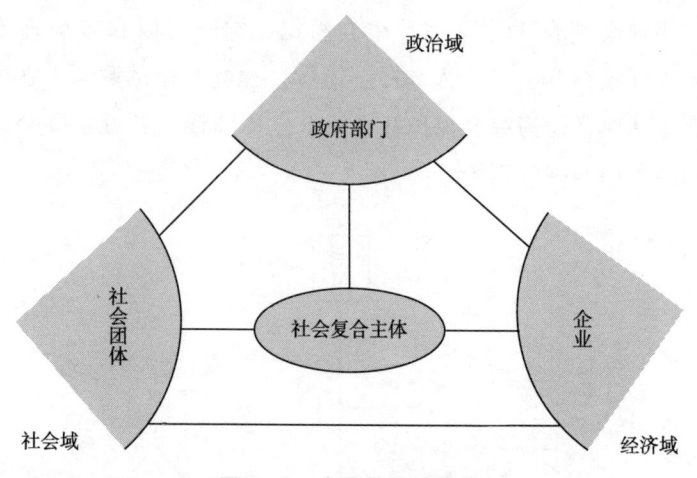

图 4-2　内聚性跨域网络

明确，网络成员也会随时间和任务的不同发生变化。行业联盟类和平台经济型的社会复合主体都属于这一类。在行业联盟类的社会复合主体中，发挥主导和监督作用的政府部门发生变动的频率很小，但是参与社会复合主体运作的社会团体和企业却可能发生变化。在平台经济型的社会复合主体（动漫节、休博会、西博会等）中，不仅参与的社会团体和企业可能发生变化，参与的政府部门也会发生变化。在这种扩展性的跨域网络中，虽然网络的边界较模糊，参与方也经常会变动，但是社会复合主体却可以始终不变，这样可以维持公共事业的稳定性和连贯性。（见图 4-3）

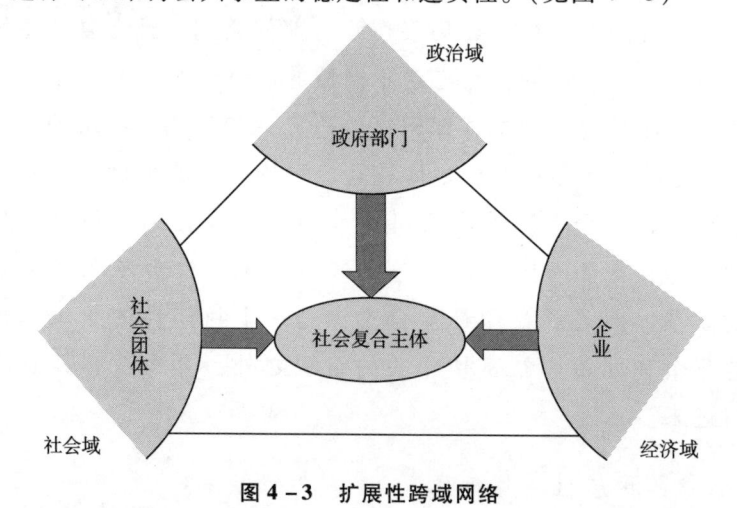

图 4-3　扩展性跨域网络

4.5.4 双核网络

双核网络是一种以两个参加主体为核心，以此为基础衍生出一系列合作项目的网络化治理模式。其他的网络化治理均以特定的项目或者功能作为构建网络的基础，而双核网络则以核心的参加主体作为构建网络的基础。杭州市和多所著名高校结成的战略联盟就属于这种双核网络。（见图4-4）

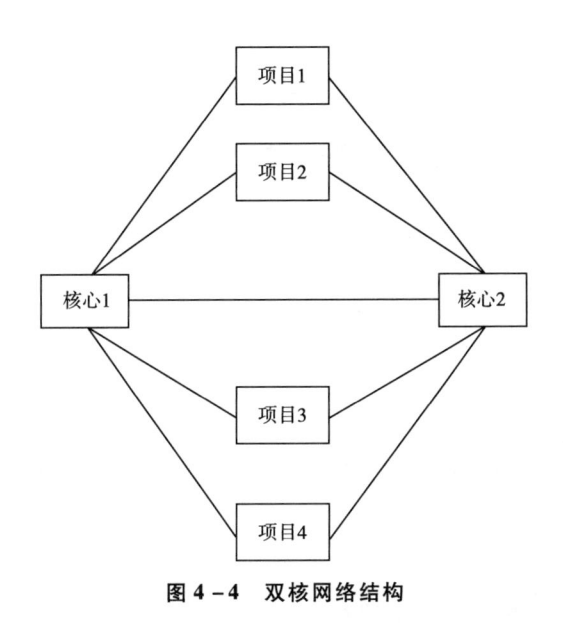

图4-4 双核网络结构

4.5.5 部门内网络

社会复合主体始终处于一种网络化的结构之中，但是作为社会复合主体的参与方其内部所采用的都是科层式的结构。而部门内网络则是组织内部放弃原有的科层式结构，也采取网络式的原理。这样，以一种部门内的网络结构与部门间的网络结构进行协调，使得社会复合主体变得更有效率、更有弹性。（见图4-5）杭州市城市品牌网群就是一个典型的部门内网络。网群由纵向的线和横向的面组成。纵向的线包括策划线、活动线、联络线、研究线等。每一条线都由一名负责人和若干参与者和参加单位构成。负责人一般由在该领域拥有丰富社会资源的资深政府官员、企业家或者学者兼任。"线"虽然不是一个实体单位，却是网群组织的灵魂。

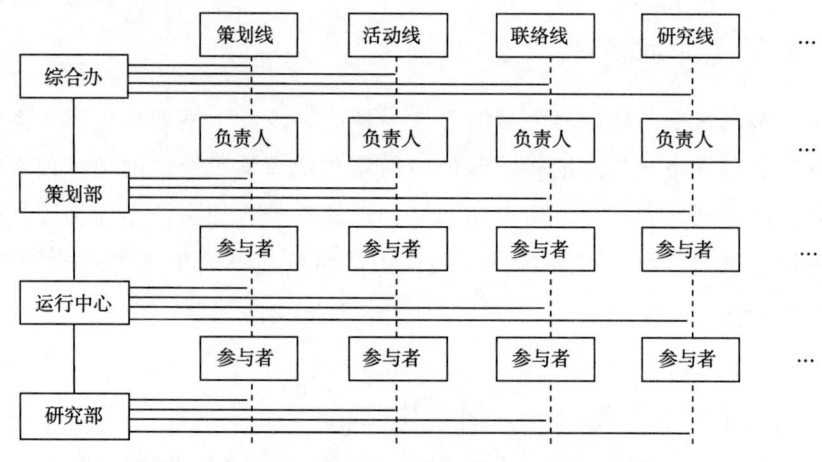

图 4–5　杭州市城市品牌网群的组织结构

4.6　新型治理工具

治理工具是治理主体为了解决公共问题而采用的可识别的行动机制。当前，对于治理工具汇总和分类的研究非常多，但是绝大部分都局限于政府所使用的治理工具。例如，萨拉蒙在《政府工具：通向新型治理的指南》一书中将常用的政府治理工具分为直接行政、社会管制、经济管制、合同、拨款、直接贷款、贷款担保、保险、税式支出、收费、用者付费、债务法、政府公司、凭单制等。[①] 胡德（1983 年）在《政府工具》一书中对政府治理工具的分类更抽象，也具有更大的涵盖性。胡德（1983）认为，政府的治理工具可以分为四大类：第一是信息类工具，政府在社会网络中处于中心位置，可以通过信息封锁、信息传播、信息引导等方式实现治理目的；第二类是资财类工具，政府掌握着大量的公共资金，可以通过对公共资金不同方式的使用来实现治理目的；第三类是权威符号，政府的行为带有权威性，可以通过颁发"荣誉""奖品""命名""许可""批准"等实现治理目的；第四类是组织性工具，政府自身就是一个庞大的组织，通过成立或者撤销某些组织就能够实现治理目的。

E. S. 萨瓦斯在《民营化与公私部门的伙伴关系》一书中从公私部门

---

① 见 Lester M. Salamon, and Odus V. Elliot, *Tools of Government: A Guide to the New Governance*, Oxford University Press, 2002, p. 21。

伙伴关系的角度提出了更多的治理工具，主要包括政府服务、政府间协议、契约、特许经营、补助、凭单制、市场、自我服务、用户付费、志愿服务等。[1] 事实上，随着新的社会治理主体的不断加入，治理工具的种类在不断创新和丰富，杭州社会治理中出现了一些新的治理工具，主要包括服务外包、公众参与、圆桌会、孵化器、民情合议、"娱论"等。

（1）服务外包。政府把本来应该由政府向社会提供的公共服务委托给具有一定资质的事业单位、企业、社会团体或者民办非企业单位，并提供相应资金支持的方式称为服务外包。在全能政府体制下，养老、医疗、卫生、教育、残疾人照料等服务项目都需要依靠政府机构直接提供。但是，由于这些社会服务领域的专业性和技术性越来越高，政府机构提供的服务很难满足公众的预期。另外，加上政府机构精简以及大众对政府行政效率的要求，政府把这部分服务项目委托给具有专业水准的社会机构成为必然的选择。

杭州市下城区社会组织发展工作领导小组2014年发布的《关于政府购买社会组织服务的办法（试行）》中对于社会组织承接政府购买服务项目的范围做了详细规定，具体包括三大类。第一是公益慈善类，包括为贫困家庭、受灾居民、流浪乞讨人员等提供慈善救助、综合帮扶等服务。第二是社会福利类，包括为孤、残、老、幼、妇、优抚对象等提供生活照料、家政服务、心理咨询、康复服务、紧急救援、临终关怀等社会保障服务。第三是社会服务类，包括教育服务、计生服务、卫生服务、科技服务、文化服务、社会事务管理与服务、社会组织能力建设服务七小类。

通过服务外包的形式，政府的角色由社会服务的直接提供者变成社会服务的间接提供方。虽然角色从台前变到幕后，但是政府的责任并没有减少，而是更多地把职能转移到社会服务提供体系的设计、社会服务质量标准的制定、社会服务内容和水平的监管等方面。杭州市上城区通过制定政府管理与公共服务的标准对政府服务外包项目的质量实施有效的监督和管理。"政府管理与公共服务标准化"项目从2004年在杭州市上城区实施以来，已经制定出台包括居家养老、城管执法智能监控、危旧房维修改善、"一站式"行政审批服务、学校师生安全管理等154项标准，涵盖了5309

---

[1] 参见E.S. 萨瓦斯：《民营化与公私部门的伙伴关系》，中国人民大学出版社，2002。

项具体事项。以养老服务为例。上城区是杭州市的核心城区，老年人口比例较高。按照 2013 年底的数据，全区常住人口 35 万人中，60 岁以上人口有 82900 名，占全区常住人口的 25.19%，政府的养老负担重。2003 年，上城区只有 7 家养老机构，总共才 400 个床位。上城区民政局利用区内外资源，通过整合、置换、购买、联建、合作等手段，新建、改建一批养老机构，并按照"管办分离"原则，采取"公建民营""民办公助"等形式进行运作管理，采取多种形式培育养老机构。到 2013 年，上城区有养老机构（含老年关怀医院）15 家，其中社会办养老机构 11 家，养老机构床位 1699 张。即便如此，有 97%~98% 的老年人还是选择居家养老，但 421 的新型家庭却已经丧失传统家庭的养老功能。上城区制定的《居家养老服务与管理规范》为居家养老服务的社会运作提供了依据。在《居家养老服务与管理规范》中，区、街、社区三级管理机构和养老服务实体的工作职责、服务内容、养老服务员业绩评定等都能找到详细规定，政府购买居家养老服务的标准明晰而规范；对居家养老的 32 个收费服务项目，由政府参与定价，公布了一个低于市场价的价格表。《居家养老服务与管理规范》使更多的老年人在自己家里就能够享受到政府提供的养老服务，也为企业、社会组织等机构参与养老服务提供了依据和监督标准。

（2）公众参与。公众参与是指在公共事务的决策、执行、监督等环节中，治理主体能够吸纳一般市民或者市民团体参与其中。公众参与是现代社会治理的基本要求，也是最常用的治理工具。但是，在不同的治理对象和治理环节中，公众参与的形式和所产生的作用也很不一样。首先，公众是智慧的来源，公众参与公共事务能够起到集思广益的作用。代表杭州城市形象的"杭"字徽标就是通过公开征集从民间获得的。

其次，公众是社会治理的重要力量，尤其是在志愿服务和危机应对方面，公众的力量有时甚至起到决定性的作用。以杭州市上城区的环保"联街结社"工作机制为例。2010 年，为了增强居民的环保意识，解决居民之间围绕环境卫生而产生的矛盾和冲突，杭州市上城区环保分局建立了一个集生态环保宣传、环境信访调解、敏感项目预防等功能为一体的"联街结社"工作机制。所谓"联街结社"就是联系街道，结合社区，以事先预防为出发点，通过建立长效机制，为老百姓解决环境问题提供方便和实惠，减少环境信访投诉，提高居民在环境方面的幸福感。"联街结社"工作机制包括环保部门领导、科长、科员、3名环保协管员、6名街道环保员、52名社区环境监督员以及52个社区中的834位环境信息员7个层面在内的多元互动网络。清波街道劳动路社区的"环保交心社"则是"联街结社"工作机制在社区层面的典型代表。社区群众在生态环保方面有什么想法、建议，以及需要答疑解惑的内容，都可以到社区办公地专设的"环保交心社"去聊聊，或记录在环保交心社的社情民意记录册上，为居民与环保部门随时零距离交流提供了便捷。分局领导率队上门服务时，就可以对居民反映的问题一一回复并给予妥善处理。

再次，公众参与为公共事务的决策提供了新的合法性的来源。公众是一个不特定多数的人群，在很大程度上代表了一般市民的要求和意见，有公众参与的项目人们对其认可程度自然就高。杭州属于江南水乡，北接京杭大运河，南通钱塘江，水网密布、河道纵横，除西湖、西溪、运河外，绕城公路内遍布大大小小470条总长1000余公里的城市河道。由于城区规划密集，很多河流已经失去生态自净能力，加上对企业和居民生活排污管理不严，杭州市内河道的卫生情况不容乐观。2014年，杭州市公布了重点整治的47条河流名单，并为每条河流指定了河长，成为"河长制"。指定的河长都是政府部门的负责人：跨城区河道由市领导担任"河长"，区领导作为"段长"；跨街道河道由区领导担任"河长"，街道负责人作为"段长"；其他河道由街道、社区负责人担任"河长"。河道排污口监管、日常保洁、水质改善、涉河违章行为查处等责任都要落实到"河长"身上，还要实行问责制、督办制和考核制。除了这些由领导担任的责任"河长"，市城管委河道监管中心要面向全社会招募47条黑臭河道"民间河长"。民间河长来自生活在河道周边的居民，只要有热情、有责任心、有一定的空闲时间就可以报名。民间河长的职责主要是监督检查，也可以和责任"河长"对话，还可以直接把发现的问题反映给相关的职能部门。如果参与的人多，一条河可以设置多位民间河长。

最后，广泛的公众参与能够提高组织和项目的知名度，有利于企业和社会组织在公众面前树立良好的形象。

（3）圆桌协商。圆桌协商机制是围绕具体的社会问题或者冲突，邀请利益相关方的代表举行圆桌会议，让他们各抒己见，在协商中达成共识，形成理性的解决方案。杭州市除了"我们圆桌会"之外，另一个非常有名的圆桌机制就是绿色浙江举办的"吾水共治"圆桌会。绿色浙江联合浙江卫视的"范大姐帮忙"栏目，已经就杭州市的被塘河、瑞安市的温瑞塘河、奉化市的方门江、温岭市的山下金河等浙江省内的多条河流举行了"吾水共治"圆桌会。在每次"吾水共治"的圆桌会上，都会针对性地邀请当地政府的环保、农林单位的负责人，治水专家、法律顾问、居民代表、企业代表等，就河流的污染原因、整治方案、整治效果等问题进行讨论。在环保领域，我国尚未建立正式的集体协商制度，各个利益相关方还没有统一沟通的渠道。"吾水共治"圆桌会正好弥补了这个空白。

（4）孵化器。孵化器是为刚刚起步，缺少资金、人力、场地的社会组织和社会服务项目提供支持的机构。有的孵化器依托政府机构开展活动，有的孵化器则完全独立于政府依靠自身的努力和社会各界的支持进行运作。杭州市江干区凯旋街道的"凯益荟"就是一个由政府直接支持的孵化器。2012 年初，江干区凯旋街道出资 200 万元成立"凯益荟"，其领导机构是凯旋街道党工委、办事处主要负责人所组成的"培育发展社会组织领导小组"，同时凯旋街道还把社会组织的管理职能也转移到"凯益荟"，成立了社会组织管理服务中心。"凯益荟"一方面能够发挥社会组织的管理职能，对凯旋街道辖区内部无法进行登记注册的社会组织进行备案管理，另一方面又能够发挥社会组织的支持功能，为在本地开展活动的社会组织提供场地、资金等方面的帮助。服务中心配有多功能会议室、展示厅、培训室等硬件设施，面向辖区内的社会组织免费开放。最为重要的是，中心将为他们提供政策咨询、能力建设、学习交流等服务。目前已经有夕阳红居家养老、四点半课堂、民商调解等 7 家优秀的社会组织顺利进驻"凯益荟"办公。"凯益荟"的支持领域包括慈善救助、文化体育、调解维权、市民教育、社区服务、社会事务 6 大类。

杭州恩众公益事业发展中心和杭州明德公益事业发展中心是两家社会化运作的孵化器，两家机构都是在杭州市民政局注册的民办非企业单位。杭州恩众公益事业发展中心主要开展公益孵化园、承办政府委托的公共服务项目、公益活动的策划和实施、公益组织的培训与咨询以及公益信息发布等业务。杭州恩众公益事业发展中心有培育发展中心、社会资源中心、能力建设中心、项目评估中心、社企培力与创投中心5大功能模块。入住杭州恩众公益事业发展中心社会组织孵化园的有杭州市慈善总会杭州网义工分会、支点公益、草根之家、绿色浙江环保组织、浙江省绿联、第九世界、青慈孝友会、浙江义工联盟、向阳花开、赵灵爱心家园、杭州护心心智、乐林文化艺术工作室、十二邻、杭州啄木鸟环境与健康服务中心、滴水公益、中国公益摄影师机构和杭州艺术创益中心等。杭州市明德公益事业发展中心是一家以促进社区社会组织发展为目标的孵化器，其主要业务包括社区公益创投、NPO能力建设、社会组织培育、社区空间托管、社区营造实践和社区发展基金。

（5）民情合议。民情合议是一种把居民中有专业知识、有参与热情、有社会声望的人组织起来，让他们为公共事业出谋划策、对不法行为进行监督、为老百姓之间的纠纷进行仲裁的一种工作机制。民情合议能够有效发挥民间的力量，运用社区熟人的优势来化解社会矛盾，减轻政策执行过程中的阻力。2007年，杭州市上城区清波街道在居民的庭院改造过程中就创造性地设立了"民间庭改办"的工作机制，让居民全程参与监督庭院改造的工程建设。庭院改造是杭州市针对影响市容环境的老、旧、危住房进行重新设计、改造的一项惠民工程。但是对哪些居民的庭院进行改造、如何改建、施工的过程谁来监督？这些问题常常会引发居民之间、居民和施工方之间的矛盾。清波街道属于老城区，需要改造的庭院比较多，在庭院改造的过程中创造性地引入了"民间庭改办"的工作机制，即邀请从事多年基建工作的居民担任负责人和5位热心居民共同组成"民间改善办"，并逐步建立起"人员专业化、制度规范化、反馈限时化、验收民主化"的四化工作机制。民间庭改办还设立了每周例会制、轮值办公制、即时沟通制、全程参与制四大制度，较好地发挥了居民群众沟通和监督的作用。2013年，为了更好地推进违章建筑拆除工作，清波街道还成立了"民间控违办"。民间控违办的成员包括社区党支部书记、居民骨干和热心社区的居民共60多人。

杭州市上城区望江街道的"民情合议庭"是一个充分运用民间力量调解民间纠纷，化解社会矛盾，加强社会管理的典型例子。民情合议庭以"金牌和事佬"沈寅弟为庭长，以老党员、老干部、老骨干"三老"

为基石，由街道人民调解委员会对其进行业务指导，同时聘请退休法官、检察官以及拆迁部门等行业专家，通过"温馨调解、谈心调解、亲情调解、感化调解、动态调解"等方式对辖区内反映强烈的社会问题进行调解。

为了发动居民的积极性，解决社会非常关注的食品安全问题，上层区南星街道创造性地设立了"民间食安办"。民间食安办是一个在街道、社区和相关职能部门的指导之下，由居民自发成立的社会组织。民间食安办的成员主要由辖区居民、物业管理人员、社区工作人员中热心、关心食品安全工作的志愿者组成。上城区食品安全办公室制定的《上城区民间食安办工作职责》规定了民间食安办的五项职责，即参与职责、监督职责、宣传职责、举报职责和应急职责。民间食安办的义务监督员遵循自愿报名和民主推荐的原则，由社区进行资格初审，并报街道食品安全管理部门审核决定是否录用。义务监督员需要接受相关的培训和考核获得上岗证书后才能被民间食安办聘用。

（6）"娱论"。"娱论"是一个造词，含有娱乐性舆论的含义，也可以理解为把严肃的舆论问题娱乐化。"娱论"可以说是现代浙江文化中非常有特色的现象，尤其在以杭州为中心的浙北地区尤为明显。像杭州交通经济广播电台的主持人于虎，在节目里面现场直播为车主向4S店和汽车厂家索赔维权的过程，收听率非常高。还有浙江电视台的《范大姐帮忙》节目，浙江卫视的《钱塘老娘舅》节目，都把老百姓遇到的困难、纠纷放到电视节目上，主持人通过自己的知识、口才、信息渠道等往往能够把这些困难和纠纷处理好。这种把老百姓的困难和纠纷娱乐化的方式，反而使得当事人更能够冷静客观地看待问题，同时也起到让社会公众集体围观的效果，既解决了当事人的实际问题，又发挥了媒体的宣传效果。杭州的"娱论"现象和周立波的脱口秀有非常大的区别。周立波的脱口秀侧重于针砭时事，追求轰动效应，但是不负责解决具体的现实问题。

"娱论"因为针对具体的问题寻求解决方案，所以也可以被用来作为社会化的治理工具。以"寻找可游泳的河"为例。"寻找可游泳的河"本来是温州商人金增敏因家乡河流污染严重，悬赏当地环保局长下河游泳而引起的民间针对地方政府环保部门的一股问责浪潮。但是杭州市的民间环保组织"绿色浙江"利用这股浪潮，联合浙江卫视共同策划推出大型新闻行动"寻找可游泳的河"，共进行了 136 期报道。"寻找可游泳的河"的节目表面上是环保组织和电视台在自娱自乐，实际上却通过舆论造势，对地方政府的环保部门形成很大的压力，能够促使政府拿出切实可行的方案对辖区内的河道进行有效整治。

| 第五章 |

高质高效，提升"能"的治理之本

【本章提要】

社会共治要求政府、社会组织和企业等社会治理主体具备新的治理能力。治理能力反映了政府治理行为的水平和质量，是对政府治理模式稳定性、有效性和合法性的直观度量；较高的治理能力意味着政府对经济社会运行具有较强的调节能力。近年来，为整合多种资源，促进特色行业发展、推进重大项目建设、发展文化社会事业，杭州市相继组建了一批以特定目标为导向、各种职能融合、多种角色互补的创新型社会组织，在激发社会活力、实践社会和谐治理、推进经济文化发展和提高杭州生活品质方面发挥了重要作用。企业参与社会治理的能力主要体现在其承担企业社会责任（CSR）的能力，即企业在追求利润的同时，必须主动承担对环境、社会和利益相关者的责任，包括企业为实现自身发展目标和社会发展目标，通过一定方式，为企业内外的利益相关者承担或承诺经济、文化、法律、生态环境或社会公益等方面的责任。

5.1 社会治理能力的提出

改革开放30多年来，中国社会的管理理念、管理结构一直在持续不断地变化，主要表现在政府、市场与社会关系的调整厘清上。尤其是随着社会主义市场经济的全面建立，中国社会正从单极同质化的单一性社会向异质多层的多样性社会转型。社会结构发生了深刻的变革，社会组织和社会阶层演进分化加剧，经济的转轨与社会的转型并驾齐驱，导致相关的利益诉求和利益冲突层出不穷，社会问题不断积累，社会矛盾多元复杂，中国的社会现状已经逐步进入一个所谓"中等收入陷阱"或"发展陷阱"的新阶段。经济的急剧发展对政府、市场、社会关系的界定与责任划分，以及政府传统的自上而下层级控制的社会管理模式提出了严峻的挑战。仅仅依靠政府的垄断与威权行政体制来管理协调社会越来越困难，政府需要审时度势，顺势而为，全面重构政府与社会、政府与市场、政府与公民之间的关系，与利益相关方协商对话、互动合作，科学界定自己在社会治理中的地位，扮演好自己的角色，转换调整政府职能，克服层级障碍，降低交易成本，提高社会治理能力，提升社会治理水平，激发增强社会发展活力，实现社会全面和谐科学发展。

2004年党的十六届四中全会明确提出"加强社会建设和管理，推进社会管理体制创新"的任务。当时通过的《中共中央关于加强党的执政能力建设的决定》第一次提出建立健全"党委领导、政府负责、社会协同、公众参与"的社会管理新格局。2007年十七大提出继续完善社会管理。2011年提出的"加强和创新社会管理"成为整个国家发展战略的重要组成部分，并且设计出"多方参与、共同治理、协商协调"等加强和创新社会管理的原则。2013年党的十八届三中全会公报指出全面深化改革的总目标包括"推进国家治理体系和治理能力现代化"。结合市场、社会、国家三者的关系来看，"国家治理体系和治理能力现代化"这一目标切中时弊，确实是中国改革最紧要的问题。当前中国市场的问题、社会的问题，都可以归结为国家治理能力的弱化和治理体系的不完善。

而治理能力和治理体系的建设是一个系统的范畴，正如习近平同志在《切实把思想统一到党的十八届三中全会精神上来》一文中提出，"国家治理体系是在党领导下管理国家的制度体系，包括经济、政治、文化、社会、生态文明和党的建设等各领域内的机制体制、法律法规安排，也就是一整套紧密相连、相互协调的国家制度"。社会治理体系是国家治理体系在社会公共问题领域的具体落实，是国家治理体系的重要组成部分和支撑。现代社会治理秉承的是一种"大社会"的概念，它以社会公共问题为核心，同时也包含了与之相关的市场、社会和公民等要素，它体现多元主体协商合作、协力互赖的治理内涵，政府、企业、社会组织、公民个人等，它们既是治理的主体，也都是治理的客体，因此，只有开展多方协作，多元治理才能实现社会治理能力的现代化。

5.2 政府的社会治理能力

5.2.1 政府社会治理能力现代化

20世纪80年代西方行政学界开始盛行治理理论与实践,到今天治理理念依旧方兴未艾。政府治理能力则是在该理论兴起之后,运用它研究政府在"多中心"治理体系中能力和作用的一个新概念。关于政府治理能力的定义,虽然目前学术界还没有完全统一和明确,但是有研究者对政府治理能力提出过类似的界定。例如,施雪华(1995)认为"政府综合治理能力"是指处于特定的历史、社会和自然环境中的政府,在维护自己的政治统治,管理社会事务,服务大众需要,平衡社会矛盾,促进社会稳定发展中所有潜在的或现实的能量或力量的有机整体。此外,还有学者专门对政府治理能力的定义做出了界定。在总结了施雪华等前人所做研究的基础上,李献策(2010)给出了自己的定义,他认为政府治理能力是指政府在多元治理时代的网络治理体系中,治理国家事务和社会事务所具有的潜在的或现实的能量和力量,是政府治理的质量和水平的综合反映。易学志(2009)认为政府治理能力的含义可以归纳为政府治理国家事务和社会公共事务所具有的能量和力量,而且这种治理所要达到的境界是善治。李穆基认为政府治理能力就是在各种不同的制度关系中运用权力去引导、控制和规范公民的各种活动,最大限度地增进公共利益所具有的能力。

此外,胡鞍钢和魏星(2009)依据世界治理的指标做了实证研究,在他们的研究成果中,治理能力被认为反映了政府治理行为的水平和质量,是对政府治理模式稳定性、有效性和合法性的直观度量;较高的治理能力意味着政府对经济社会运行具有较强的调节能力,能够较好地规避市场失灵,提高社会成员的总体福利水平。王敬尧(2010)也对治理能力做过综述,认为治理能力的构成要件有几种代表性意见:一是从资源获取和能力运用角度分为政府集体行动的能力和政府获取资源的能力,包括社会汲取能力、合法性能力、政治强制能力、社会干预能力、改革适应能力等;二是按照能力的性质分为权利能力、政策能力、权威能力、组织能力;三是分为汲取财政能力、宏观调控能力、合法化能力、强制能力;四是从国家与社会关系角度分为深入能力、汲取能力、商议能力。本书认为社会治理能力是指在政府主导下社会相关利益主体通过协调、配置和整合各种社会资源与力量，提供满足社会需求的公共产品与服务，化解社会矛盾、解决社会问题、实现共同利益从而促进社会和谐与发展的能力。

如何衡量国家治理体系与治理能力现代化的程度呢？目前比较流行的方法是"世界治理指数"。世界银行推出的这一指数由6个指标构成，分别是公民表达与政府问责、政治稳定与低暴力、政府效能、管制质量、法治以及控制腐败。世界银行认为，国家治理体系与治理能力现代化的目标，应该是更强的政府问责、更高的政治稳定与更少的社会暴力、更高的政府效能、更高的管制质量、更完善的法治以及更少的腐败。

社会治理现代化的核心概念就是治理主体的多元化，治理主体的多元化意味着除了政府，还有市场和社会各类主体，政府要提升自身的社会治理能力重要的方法是要学会驾驭和引导市场、社会和组织。只有政府从相关的社会管理领域主动退出，灵活调整管理方法，变社会管理为社会治理，才能够为治理现代化创造更大的空间。地方政府治理能力现代化的过程也是地方政府合理调适规划职能的过程。在一个理想的治理能力现代化框架中，地方政府、企业、社会组织、公众与公民个人能够各司其职，各尽其责，各展其能，又能相互协调，同心协力。地方治理能力的现代化，并非是政府的强权扩张，而是要构建多方参与、协同互赖的弹性网络治理结构，其中市场、社会和国家治理能力相辅相成。国家治理体系和治理能力的现代化，才能保障健康的市场经济和社会参与。而市场和社会组织协力参与社会治理，又反过来有利于完善国家治理。

5.2.2 地方政府社会治理能力现代化的杭州实践

21世纪以来，杭州经济社会持续快速发展，城市综合实力、城市竞争力显著增强，城市美誉度、知名度大幅提升，走出了一条具有杭州特色的现代化城市治理之路。2008年以来，杭州市委市政府以推进社会转型，实现共建共享为目的，围绕十八大提出的"党委领导、政府负责、社会协同、公众参与、法治保障"的社会管理体制的总要求，实行党政部门、知识、行业、媒体等多界联动，深化公众参与，探索社会治理现代化能力架构。杭州实践，是一条多元共治之路，是在党的领导和政府主导下，以重构社会权利和责任体系为核心，通过转变政府管理模式、培育多元社会主体、增强社会自治能力、促进社会功能发育、扩大社会参与、加强政社合作，构建有秩序、有活力的地方政府社会治理能力的现代化格局。

（1）平等互信，多向沟通，提升社情民情知晓力

准确及时的信息是进行科学高效决策的基础，建立平等互信、多向沟通的社情民情交流系统，增强政府的社情民情知晓力是提升政府社会治理能力的基础。西湖区湖滨街道的"湖滨晴雨"、上城区望江街道的"民情合议庭"、建德市的"网络发言人"等都是通过社会共治的方式提高政府社情民情知晓力的典型例子。

2009年，杭州市上城区湖滨街道在整合原有的"社情民意信息直播点""社会舆情信息直播点""草根质监站""和事佬"等多个单项民情信息平台的基础上，建立了国内第一个街道（社区）民主民生互动平台——"湖滨晴雨"工作室。"湖滨晴雨"工作室在街道层面设立"民情气象台"，由街道党工委书记兼任台长，在下辖6个社区分别设立"民情气象站"，由社区党委书记或副书记兼任站长。民情观察员由社区中愿意积极参与公共事务的人员组成，包括社区内的党代表、人大代表、政协委员、退休单位职工、新杭州人等，"民情预报员"是市、区有关部门的负责人以及专家学者。另外，工作室和杭州日报、杭州网、杭州电视台等多家媒体建立了联动机制，和居民生活密切相关的公交、水务、电力、市政等单位和企业也积极参加工作室举办的各种恳谈会，主动承担社会责任。

（2）简政放权，各司其职，提升社会资源协同力

社会资源协同力是政府动员和获取社会资源，通过对社会资源的合理分配和运用，实现以较小的成本获得最大的治理效果的能力。在社会共治的框架中，政府通过简政放权，可以把有限的资源和注意力用在其核心职能上。社会共治让政府有更多的伙伴和协助者，让他们能够各司其职，各尽其能，政府可以用有限的财政资金撬动大量的人力物力，实现更好的治理效果。

杭州市在养老服务方面的制度创新表明社会共治可以有效提升政府的资源协同力。例如，西湖区以政府为主导，打造了一个庞大的养老服务综合体。该综合体包括全区所有28个涉老政府部门，5家社会服务机构，200余家辖区单位，12家养老机构，2100多名社区（村）工作者，镇街相关科室95个2000多人，社会服务机构600余人，454个服务网点1000余

人，注册为养老服务志愿者6.3万余人。全区的养老服务机构实行统一标志、市场化运作。这样的共治模式既提高了养老机构的服务水平和效率，又动员了大量社会力量参与扶老助老。下城区的养老服务采取的是"医养结合"的模式。区政府先后引进了杭州养和医院、杭州慈养医院、慈养护老中心等民办养老机构，形成公共财政扶持，民间广泛参与、养老提供主体多元化、养老提供方式多样化的养老新格局。在"医养结合"的模式中，具体的养老服务完全由养老机构来提供，政府只是一个服务购买者、养老标准的制定者、养老服务的监督者，政府有更多的时间来研究居民对养老服务的需求，有更多的精力来制定全局性的养老政策。

（3）凝心聚力，协同攻坚，提升政策执行力

执行力是指有效利用资源、保质保量达成目标的能力，对于一个组织而言，它指的是组织成员贯彻组织的战略意图，完成组织预定目标的决心和操作能力。在现代社会中，人们一方面不希望政府是一个无论巨细都要介入的全能型政府，另一方面又希望政府在面对难点问题的时候展现强大的政策执行力。社会共治不仅不会削弱政府的政策执行力，反而能够让政府和其他社会主体凝心聚力、协同攻坚，解决复杂的治理难题，从而达到提高政府政策执行力的效果。

在文化遗产和环境保护中，杭州的实践表明共治模式能极大地提升政府的政策执行力。以杭州的运河综合保护项目为例，运河（江南段）有1400多年的历史，是重要的文化遗产，但是运河的综合保护涉及城市规划、环境治理、景观设计、古迹修复、居民和厂房动迁、房地产开发等一系列任务，再加上运河自身流经杭州市的多个区，协调工作繁杂而艰巨，因此任何一个单独的部门和企业都几乎没有足够的意愿和能力去承担这个工作。2003年，杭州市成立了市运河综合保护委员会（事业单位）和国有独资的市运河集团，两者实行"两块牌子、一套班子"，并各有分工。市运河综合保护委员会负责对运河综合保护实行统一规划、统一协调、统一筹资，组织实施部分重点项目；市运河集团主要通过市场化运作，搞好招商引资，吸引社会资金，为运河综合保护提供资金保障。下城、拱墅、江干、余杭4个城区和市交通局分别成立指挥部，承担征地拆迁和部分基础设施或开发项目的实施。另外，京杭大运河博物馆、杭州运河研究院、运河研究会、运河周边的社区等成为运河综合保护项目的支持性组织和力

量。运河综合保护项目按照"统一领导、市区联动,政府主导、市场运作"的原则,成功打造了一项具有城市标志性意义的系统工程。

(4) 高效公平,多方供给,提升公共服务力

党的十六大六中全会通过的《中共中央关于构建社会主义和谐社会若干重大问题的决定》中提出,要"建设服务型政府,创新公共服务体制,改进公共服务方式,提高公共服务质量",向全社会提供令人满意的公共服务是政府的核心任务。在提供公共服务的过程中,政府部门应该按照方便群众的原则,和其他的机构、部门、企事业单位、社会组织等建立实质性的联系和合作,实现多方供给、高效公平的格局,提升自己的公共服务力。

杭州市民之家通过整合全市范围内与居民衣食住行、生老病死、安危冷暖相关的所有办事事项,为市民提供一站式服务,提高了政府的公共服务力。入驻市民之家,为市民办理服务事项的单位有市公安局、市地税局、市民政局等政府机关,还有市公积金中心、市国际交流服务中心、市民卡服务中心等事业单位,还有天然气公司、水业集团、电信、石化等大型企业。市民之家现在共有进驻单位29家(含16家省、市、区三级行政事业单位和13家国有企业),共设立了129个窗口,能办理333个事项,其中近50%的窗口服务人员非财政供养,98%以上的事项服务对象覆盖全市。为了提高办事效率,市民之家实现全部事项"并联服务",部分事项"串联服务",市民可以一次性办理多项事务,很多窗口"一窗通办",一个窗口可以一次性告知、受理和办理多类事项。另外,市民之家还设了网上办事平台和公众微信平台,既方便市民办事,又促进政府和市民之间的交流互动,还能够为市民提供全市的民生资讯。

(5) 多维联动,共担风险,提升创业创新力

创业创新力是政府针对社会形势的发展创造性地提出并实施新政策、新制度、新事业的能力。我国的社会治理体系仍然处于转型时期,地方政府在社会治理中的创业创新能力非常重要。一个地方的创业创新不仅会解决当地的社会治理问题,而且对整个国家治理体系的建设具有示范和启发意义。提升政府的创业创新力是一个系统性的工程,不仅需要主政者锐意改革的勇气,更需要有大量学习型、创新性的组织和团队作为后盾。政府的创新创业能力归根结底是公务员群体的创新创业能力。扁平化、网络

化、跨域式的组织架构能够产生多维联动，其内部工作人员能够频繁接触不同领域的专业知识，有利于培养他们的创新意识和创新人格，提高他们的创业创新能力。

杭州城市品牌网群是一个以"成分多元、四界联动、特色互补、专兼结合"为特色的复合型网络状组织，它源源不断为杭州的社会治理提供创业创新的动力。杭州市城市品牌网群的核心成员包括杭州市城市品牌工作指导委员会办公室、杭州市城市品牌促进会、杭州发展研究会、杭商研究会、杭州生活品质研究与评价中心、杭州创业研究与交流中心。网群的外围参与者包括政府部门、企业、媒体、教育和研究机构、社团组织、自治组织等。网群的内部并不是杂乱无章的状态，而是采用矩阵式的结构，由线、面、块三种元素构成。所谓"线"，是网群的决策机构，包括策划线、活动线、联络线、研究线等十条线，每条线有负责人和参与人，网群内的任何一个人如果有新的动议，都可以通过决策线的讨论获得网群内部的评议，如果有较多的人赞同，这样的动议就可能被网群所采纳。"面"是网群的四大核心组织，由于网群不是一个法人机构，所有和外部的正式联系必须通过四个核心组织的某一个来完成，所以从外部来看，杭州市城市品牌网群实际上就是四个核心组织的联合，它们构成网群的"面"。"块"是指网群的实体部门，包括综合办、策划部、运行中心、研究部等。网群提供了一种跨领域的交流和碰撞，其内部容易产生创新的火花，同时，通过网群的结构，人们很容易形成临时工作组，能够把新的思想很快付诸实施。近年来，杭州城市品牌网群作为主要创办方主持的项目就有杭州生活品质市民体验日、杭州国际日、全民饮茶日、杭州生活品质趋势发布、杭州食品安全指数发布、杭州网络律师团、杭州成长型行业生活品质品牌评选等，成为杭州市社会治理变革中创业创新力量的重要来源。

5.3 社会组织的社会治理能力

社会治理是在党的领导和政府主导下，政府与社会、市场等多元主体协商协作，凝聚社会共识、解决社会问题，促进社会和谐发展的动态过程。社会组织广泛代表着各阶层和团体的权益，是进行社会协商的重要载体，也是推动实现社会治理的有益力量。十八届三中全会从全面深化改革的战略高度提出"推进国家治理体系和治理能力现代化""加快形成科学有效的社会治理体制"。十八届三中全会公报提出,创新社会治理,强调社会各界共同参与公共事务,必须着眼于维护最广大人民根本利益,最大限度增加和谐因素,增强社会发展活力,提高社会治理水平,维护国家安全,确保人民安居乐业、社会安定有序。要"改进社会治理方式,激发社会组织活力"。并强调"一切从实际出发,总结国内成功做法,借鉴国外有益经验,用于推进理论和实践创新"。十八届三中全会公报释放的信号表明,社会组织的角色将超越单纯的社会服务提供者,而向社会治理的参与者进化,中国正经历一次重要的社会治理模式转型,转型不是一个一蹴而就的过程,它对社会组织的发展是显著的激励,但同时也提出了更高的要求,即如何加强自身的能力建设,参与更大范围与角色的社会治理。

5.3.1 社会组织的发展

现代社会中的治理实际上是各种公私机构与行为主体多方参与处理协调其共同利益的诸多形式方法的综合体,治理的理想状态是实现善治,而善治的实践证明不能只有政府的一方参与,善治的参与方包括来自政府、企业和社会等不同领域甚至利益相互冲突的组织与个体,善治的过程是多方利益相关主体利益得以整合并且得以采取联合行动的持续的互动的过程,所以治理实施的一个前提是要有多方参与的利益主体,除了政府和市场之外,要有一个独立的能够与政府相对应的公民社会的存在。近些年来,随着市场经济和民主政治的发展,各种各样的民间组织大量崛起,而且正在对社会的政治经济生活发生日益深刻的影响,我们看到大量的民间组织发育起来,如商会、行业协会、社会团体等,他们有意愿也有能力参与到公共事务的治理中来,发挥作用的重要方面包括化解社会矛盾的能力,促进社会公益的能力和提供公共服务的能力。社会组织已成为政府公共服务和社会治理的"左膀右臂",它们主动承担了许多市场不愿意承担,而政府职能又不能很好解决的社会职能。有一些经济社会发展中的项目,不适合由政府直接运作,政府可以通过政策引导和资源配置,由社会组织来参与相关事业发展和项目建设,实现政府的延伸服务和创新服务,一些组织也积极利用自身知识优势、文化优势,提供知识和文化支撑。

从中国几千年社会结构的变迁,可以看出中国传统社会具有基层自治的特征,乡土秩序或民间力量和国家力量一起成为维护大一统国家政权稳定的力量或秩序。历史上曾经出现过很多各种各样的社会组织，民间的结社和民间的慈善活动源远流长。在传统社会基层，长期存在具有一定公共性质和公共职能的民间社会组织，比如"救济会""会馆""商会""善堂""诗文社"等，这些民间社会组织在倡导善行德治、提供社会服务、实现社会协调、规范行业行为等方面，和现代社会组织有诸多类似之处，以至于直到近代，许多人依然推崇这种自治传统，其中最有影响的当属蒋介石发表的作为其治国方略的《中国之命运》，他写道："中国固有的社会组织，其自治的精神，可以修齐举的实效，而不待法令的干涉，其互助的道德，可以谋公众的福利，而不待政府的督促，孟子所谓，出入相友，守望相助，疾病相扶持。五千年来，社会的风气仍能精诚笃实，勤苦俭朴，崇礼尚义，明廉知耻，我们中华民族所以能久于世界，此实为其基本原因。"所以民国时期，特别是南京国民政府时期，社会组织曾经有较大的发展。

新中国成立后，国家取缔了各种非法社团，支持经过合法登记的一些社会需要的社会组织合法开展活动。毛泽东本人也非常推崇公众自我的管理能力建设，曾经在 20 世纪 50 年代说："老百姓百分之八十的事都由他们自己来办，我们只包百分之二十就好办了。"但是在计划经济时期，社会组织的活动空间不大，作用有限。"文革"期间各类社会团体基本陷入瘫痪。直到 1978 年改革开放以后，伴随经济体制改革、政府职能转变以及与之相适应的社会转型和社会生活的多样化，中国社会组织才开始迅速成长，对中国的经济社会发展产生了日益重大的影响，逐渐成为社会治理的重要力量。

中国长期以来是一个缺乏公民社会传统的国家，呈现"强政府、弱社会"的格局，政府与社会高度合一，社会被纳入政府的权力体系中，行政权力体系在经济与社会发展的资源配置中占绝对支配地位。但是公民社会与市场经济相伴而生，公民社会的发育成长是市场经济发展的必然结果。随着我国社会主义市场经济体制的成熟完善，社会利益明显分化，利益群体类别增多，尤其是我国当前正处于社会转型期，社会结构深刻变动，社会主体日趋多元，社会利益格局与社会关系更为复杂，"以人为本"要求社会治理必须尊重人民群众的主体地位，丰富公众参与社会治理的渠道，使政府的公共政策最大限度地体现民意，让社会的治理最大限度地实现公共利益。这其实就是善治的过程，是政府与公民的合作治理，而社会组织的大量涌现和崛起，在表达和维护民众利益的过程中，促进了社会成员对公共事务的积极参与，而且促进了社会各类主体之间的良性互动，对转变政府职能，提高社会各群体利益的表达与协调水平及有效推动社会的有效参与有积极推动作用。

民间组织的发展是公民社会发展的重要特征。民政部民间组织管理局相关负责人在采访中透露，截至 2013 年 6 月底，全国依法登记的社会组织有 50.67 万个，其中社会团体 27.3 万个，民办非企业单位 23 万个，基金会 3713 个，从业人员超过 1200 万人。社会组织的整体实力不断提升，已成为政府职能转移的主要承接者、社会政策的重要执行者和社会服务的重要提供者，成为我国社会主义现代化建设不可或缺的重要力量。截至 2013 年 12 月底，杭州市社会组织总数达到 16615 家，其中登记注册 5153 家，备案 11462 家。各类社会组织积极活跃在杭州经济、科技、教育、文化、卫生、体育、民政等各个领域，成为完善社会治理、激发社会活力、提供公共服务、促进社会和谐的一支不可或缺的力量。

5.3.2 杭州新型社会组织参与社会治理，提升治理能力的创新之路

在现代国家治理实践的探索中，伴随着政府、市场、社会组织三大领域部门合作共事方式的演进，出现了政府部门与产业界、社会团体、行业协会、媒体、专家学者等两种或多种成分共存于一个创新复合型社会组织中的现象。在经济社会相对发达的杭州，在探索构建社会组织参与社会治理机制的进程中，杭州市交出了一份亮丽的答卷。近年来，为整合多种资源，促进特色行业发展、推进重大项目建设、发展文化社会事业，杭州市相继组建了一批以特定目标为导向、各种职能融合、多种角色互补的创新型社会组织，在激发社会活力、实践社会和谐治理、推进经济文化发展和提高杭州生活品质方面发挥了重要作用。

（1）跨界复合，多层联动的创新型社会组织

杭州的创新型社会主体也可以看作混合型社会主体，这一主体主要是由党政界、知识文化界、行业产业界、财经界、行业协会与社会中介组织、媒体界等不同身份的人员共同参与、主动关联而形成的多层联动、网

状融合、跨界合作的创新型社会组织。组织以推进社会公益、民生服务、文化传承、品牌传播、社区治理、知识创业、产业发展为目的，吸引社会各界和公众参与城市治理和社会建设。从构成上来看，社会复合主体包括来自党政界、知识界、行业界、媒体界的组织和个人，在上令下达的纵向治理结构之上形成了跨领域的横向治理联系。从功能上看，社会复合主体主要通过协商、沟通、契约的方式形成共治机制，为解决共同关注的社会问题各尽其力。

混合型社会组织与传统的政府组织、事业单位、营利组织以及非营利组织相比，在组织结构、任务目标、功能职责、运作机制和人员设置等方面具有比较明显的特点。这类组织在架构上多层复合，成员多元参与，各界联动，彼此关联。这类组织的运作往往是围绕政府事先确定的目标或任务，既促进社会效益又兼顾经济效益，谋求经济运行与社会效益的统一。这类组织往往既受政府委托行使政府职能，承担社会公益职能，又对某些特定的资源特别是土地资源、知识资源等采取市场手段进行配置，既具有引导、协调、管理职能，又具有创业、开发、经营职能；既具有事业发展性质，又具有企业经营性质，有很强的开放性和融合度。这类组织在政府委托的范围内独立开展工作，形成相对规范、系统的运作机制，不是靠强制的行政权力来运作，而是依托品牌资源、社会资源及公共形象，充分发挥市场机制和各种社会资本的作用，并通过市场化、社会化运作来实现或完成既定的目标或任务。如西泠印社复合主体，在其组织框架内有西泠印社社团组织、西泠印社社务委员会这些管理协调组织，中国印学博物馆及西泠印社出版社等事业发展组织，西泠印社产业发展有限公司及西泠印社拍卖有限公司等企业组织，通过不同主体的多元复合、彼此交叉兼职，形成"多层架构、网状联结，多界参与、互为支撑，多层运行、优势互补"的组织架构和运作机制。

这类组织人员设置也专兼职结合、角色身份多样，形成了复合主体、交叉兼职、主动关联的人员结构。如城市品牌网群复合主体由来自党政界、知识界、行业界、媒体界相关人士组成。参与网群的相关机构中（如杭州生活品质研究与评价中心、杭州城市品牌促进会、杭州发展研究会、杭州创业研究与交流中心等机构）都有一定数量的专职人员，又有来自浙江大学、浙江工业大学、钱江晚报、策划企业等单位的专家学者分别在这些网群机构中兼任秘书长、副秘书长、副主任等职务。此外，在杭州发展研究会、杭州市发展研究中心、杭州生活品质研究与评价中心、杭州城市品牌促进会、生活品质视厅等机构中又有部分人员交叉兼职。这样的人员结构，有利于网群这一社会复合主体在开展研究、实施项目、举办活动时，整合各方资源，高效有序运作。

(2) 新型社会组织参与社会治理的能力凸显

①化解矛盾，推动公众参与力。

现实生活中，随着市场经济的发展，中国正进入异质的多元社会，社会结构的变动，使得社会阶层越发分化，社会主体日趋多元，原有的社会利益格局被打破，新的利益群体和利益阶层逐步形成，社会关系日趋复杂。这些利益群体和阶层往往有不同的目标追求、行为方式和利益关系，彼此间缺乏了解、缺乏沟通、缺乏协作，矛盾和冲突不断累积，处理不好会导致社会的混乱无序。为了化解彼此之间的矛盾和冲突，往往需要一些跨部门、跨群体的组织，采取一些灵活高效的方式来协调各方利益，解决彼此冲突。新型社会组织因为其来源于社会的不同类别，由不同群体组成，具有贴近公众、代表不同群体和阶层、能整合和协调公众利益的优势，通过组织化、制度化的表达方式，能够反映不同群体利益诉求，协调不同群体利益，照顾各方关切，弥合社会分歧，消解群体矛盾，代替国家承担起部分利益表达和协调的功能，有利于化解利益冲突，维护社会稳定，激发社会活力，推动公众参政议政的行为规范有序，最大限度地化解社会矛盾。

经过 20 多年的发展，杭州创新型社会组织推动公众参与社会治理的实践已经延伸到杭州城市治理的诸多方面，直接影响着每一位杭州居民的生活。比如在城市建设层面，人们可以通过"红楼问计""我们圆桌会""杭网议事厅"等方式参与城市发展的过程。在产业发展和品牌拓展领域，西博会、动漫节、休博会、丝绸与女装行业联盟、婴童行业联盟、成长型企业品牌促进会等活动和组织已经成为本地经济发展的新发动机。在文化遗产保护方面，西湖、京杭大运河、西溪湿地、良渚遗址等已成为一个个杭州城市金名片。在基层服务和公众参与等层面，人们可以通过社区服务中心获得一站式的社会服务，通过"湖滨晴雨工作室""民情观察站""民间庭改办""民间合议庭"等表达自己的意见，通过社区"和事佬协会""民间食安办""朱学军法官调解工作室"等促进居民情感共享、利益共享和价值共享。此外，还有像"市民体验日""公共自行车""公交礼让行人""大学生创业联盟""一杯水公益"等项目不仅便民、惠民，而且提升整个城市的精神文明风貌。

在杭州新型社会主体的实践中，我们看到，各种民间组织参与到公共事务的治理中来，表达它们的意见、行使它们的权利、施加它们的影响，这是一种民主的公共事务治理方式。这些新型社会组织的运行能够降低社会管理的成本，减少政府成为社会矛盾焦点的概率，又能较好解决市场不能或无力处理的问题和矛盾。让广大人民群众共享社会发展成果，为不同群体之间的协商、沟通与合作提供机会，更好地弥合分歧、化解矛盾、增进团结。把"我、你、他"陌生人之间的外部沟通转化为"我们"的内部交流，以民主促民生、促发展，推动政府决策符合公平正义的民意期待。

②开放共享，促进社会公益力。

创新型社会主体以推进事业发展、社会性公益项目建设作为自己发展的目标与宗旨，这一类组织在政府支持与引导下具有事业发展性质，突出社会性与公益性，同时又依靠灵活的运行机制实现可持续性经营运作，不是依靠行政权力或行政审批权的延伸来运转，而是采用企业化、社会化运作方式，具有自我"造血"功能，实现可持续发展。它以文化价值实现为导向和动力，以社会公益为主导，不以利润最大化为首要目的，通过开创多样的创造和发展空间，推进社会事业和行业发展。同时，作为一种生存发展、一种组织构建，它又能够协调经营、整合资源，做到投入与产出的平衡，在经济上实现自我运作、自我积累，进而实现对社会事业的反哺。如杭州数字电视复合主体，围绕"建设数字杭州，打造天堂硅谷"的目标，通过构建不同主体互动融合、相互支撑的复合主体和经营运作，唱响了一曲社会效应和经济效应的"协奏曲"。一方面，"数字电视"属于城市基础设施，具有很强的社会公益性，需要发挥政府的主导力；另一方面，"数字电视"建设与运行又不能由政府一手包揽，那样既不规范，又有很高的运作成本。为此，依托"数字电视"复合主体，通过政府主导、企业主体和社会化运作，推动数字电视应用与产业开放互动发展。经过几年低成本、高效率的运行，杭州的百姓上网率和数字电视的普及率得到了迅速提高，杭州成为全国数字化发展示范城市。2008年8月，杭州又在全国率先启动了"无线数字城市"试运行，杭州"数字城市"建设再上新台阶，也给杭州百姓带来了真正的实惠，提升了生活品质。杭州走出了一条政府既少花钱、基础设施又做大做强的"数字电视"建设新模式。

此外如杭州发展研究会、杭州城市品牌促进会、杭州西湖博览会、世界休闲博览会、杭商研究会等复合结构的新型社会主体，都具有为全体成员所接受的具体而明确的公益目标（宗旨）。以社会事业为导向，通过公共平台与公益（互益）项目，组建具有社会服务知识、方法和技能的专业团队，提供多方位社会服务。它们主要经济来源是企业的公益支持与社会服务产品的创意开发，通过自身增值服务项目的市场开拓与承接政府购买社会服务，满足社会个性化、多样化、专业化服务需求。在营运活动中，坚持以社会效益为主、经济效益为辅，通过营运反哺，获得可持续发展的必要条件。

③注重民生，提升公共服务力。

能否提供社会服务也是参与社会治理的基本形式，它直接关系到社会组织的生存发展。提供公益性、非营利性服务，缓解社会压力，促进社会公平是现代社会特别是在社会转型期对社会组织的基本要求。社会转型过程当中，有大量的公共服务需求产生。提供公共服务是政府的基本职能，但是公共服务的需求仅仅依赖政府是没有办法满足的，社会组织在满足特殊群体、弱势群体需求，解决社会问题等方面具有独特优势，发挥其应有作用对完善公共服务具有关键的作用。这就要求政府要与社会协同，借助与整合新型社会组织的知识技术能力等资源，加强公共服务体制外供给能力，通过财政转移支付，扩大政府采购，包括采用特许经营、委托服务外包、"民办公助"等方式，公平对待并购买社会力量生产的公共服务产品，努力缓解公共需求的快速增长与公共服务不能满足需求的社会矛盾。

新形势下，杭州市整合资源、加强协同，创新政府与社会、政府与市场，市与区、街道、社区的关系，调动社会力量与市场力量的能动性，根据新时期公共服务的多种需求，或主导或引导组建多方参与、各有特色的服务性组织与平台，实施多方位服务项目，推进政府提升公共服务现代化能力。如由团市委、市大学生创业办公室、大学生创业俱乐部、杭州日报、浙江大学及市级大学生创业园发起成立杭州大学生创业联盟，积极帮助创业者与政府部门、科研机构、工商企业、孵化基地、金融投资等的沟通对接，提供政策、法律、信息、技术、资金等服务，培育了一大批大学生创业企业。上城区政府与企业、社会组织、志愿者合作，实施"居家服务无忧在线"工程，区政府建立"云计算"支撑的在线平台，街道建立综合性居家服务中心，社区建立居家服务工作站，采取政府购买服务、公建民营、民办公助等方式实施居家惠民工程，提高了居民幸福感。新型社会主体，比之单一结构的社会主体，在参与社会协调，提供适应社会需求的优质服务产品方面具有更明显的优势，更善于处理社会效益与经济效益的平衡关系。

通过社会协同，多元参与，公共服务的效率有了极大提升，也更好地促进了社会的公平。新型社会主体通过一些社会公共服务产品的创意开发，通过自身增值服务项目的市场开拓与承接政府购买社会服务，满足社会个性化、多样化、专业化服务需求。在提供服务过程中，坚持以社会效益为主、经济效益为辅，通过营运反哺，获得可持续发展的必要条件。

④资源整合，推动产业发展力。

这类组织动员社会各种力量，激发社会整体活力。组织中既有专职人员，又有来自政府部门、产业界、财经界、行业协会、中介性组织、高等院校、研究机构以及新闻媒体等方面的兼职人士，因此，在特定的任务背景和强大的政治支持下，往往有很强的资源获取能力和整合能力，可以整合运用知识、资本、行政及其他各种社会资本，为完成预定目标或任务提供保证。一些杭州新型社会主体通过整合政府部门、企业界、知识界、媒体界等多种资源，促进行业内各主体基于产业链的跨领域合作，特别是促进文化与经济的融合，从而推动行业联动、快速发展。比如，杭州市"弘扬丝绸之府、打造女装之都"战略合作促进委员会、杭州市"倡导茶为国饮、打造杭为茶都"战略合作促进委员会、杭州动漫游戏产业发展领导小组和顾问组织、杭州数字电视产业发展领导小组等，通过把政府、企业、高校、研究机构等行业内的相关主体组织起来，将个体之间分散、零星的合作转化为组织内部经常性、规范化的合作。西博会的连续成功举办，极大地促进了杭州会展经济、电子商务、文化交流等高端服务业的发展；钱江新城的开发建设有利于杭州形成新的现代服务业集聚地，新兴的中央商务区。还有包括女装、动漫游戏等战略产业的发展，也都通过政府、产业界、知识界以及其他机构的广泛共识与合作，建立了相应的发展机制，促进了杭州市产业结构的升级与综合竞争力的提升。

建设生活品质之城，必须更加关注知识经济、文化产业和社会事业，以文化创新来提升经济运行的档次和品位，以经济运行来推广文化内涵和价值。而社会事业、文化产业的特点，就是发展的公益性、社会性和人才、知识等资源的多样化、流动性，需要通过开放融合、社会效益与经营运筹相统一的组织结构来整合利用。新型社会组织在多元主体合作中，实现了经济与文化的协调发展，其中西泠印社体制改革后的良性发展就是最好的验证。西泠印社新体制改革正是把握了杭州生活品质提高、文化需求增长的时机，通过公益性文化事业整体改革和经营性文化产业转企改制两条主线交替推进，明确了产权主体、创新了发展机制、取得了双重效益。体制再造后的复合型社会组织，体现了文化与经济的兼容优势，在统一品牌运作、协调事业和企业的过程中，以优良的文化品牌带动了文化产业发展，又以良好的产业效益提升了传统文化的价值，经济与文化的互益发展最终确保了社会和经济双重效益的实现。

从近几年来的实践来看，创新型社会组织在激发社会活力、实践社会和谐治理、推进经济文化发展和提高杭州生活品质方面发挥了重要作用，对杭州城市经济、社会、文化、环境等各方面建设都做出了巨大贡献。

5.4　杭商参与社会治理

企业社会责任（Corporate Social Responsibility，简称 CSR）是指企业在创造利润、对股东承担法律责任的同时，还要承担对员工、消费者、社会和环境的责任，企业的社会责任要求企业必须超越把利润作为唯一目标的传统理念，必须在与经济社会的协调中最大限度地与各种生产要素相结合，强调在生产过程中对人的价值的关注，强调对环境、消费者和社会的贡献。通俗的理解是：企业在追求利润的同时，必须主动承担对环境、社会和利益相关者的责任，包括企业为实现自身发展目标和社会发展目标的需要，通过一定方式，为企业内外的利益相关者承担或承诺经济、文化、法律、生态环境或社会公益等方面的责任。从企业内部看，就是要保障员工的尊严和福利待遇；从企业外部看，就是要发挥企业在社会治理与社会发展中的良好作用。承担社会责任已经成为社会对企业的普遍要求。

5.4.1 企业社会责任的提出

企业社会责任的理念诞生于 20 世纪初的美国，到 20 世纪 80 年代，这一思想开始逐步散播到全球各主要经济体，并得到各国政府、全球性组织及相关非政府组织的广泛关注。关于到底什么是企业的社会责任，长期以来理论界一直存在不同的见解，其原因除了大家对企业社会责任研究的视角不同之外，更重要的是社会责任的内涵和外延随着社会经济的发展而不断变化。另外关于企业是否应该履行社会责任的争论也一直没有停止过。创立现代经济学的斯密认为，企业唯一的责任就是向社会提供产品和劳务，并从而使企业利润最大化，企业的责任就是为股东赚钱，甚至认为慈善捐款也是没有必要的。反对企业社会责任的代表人物，诺贝尔奖得主经济学家弗里德曼认为，企业的社会责任就是为股东负责，遵守法律，赚取利润。哈佛大学教授 T. Levitt（1958 年）认为追求利润是企业的责任，解决社会问题是政府的责任。而美国著名学者 H. R. Bowen（1953）认为，企业被各种利益群体，包括股东、社团、顾客、劳工和员工、各级政府、供应商、资金提供者和其他利益集团所包围。企业除了要为其股东赚取合理利润外，也应为各有关利益群体履行其应负的社会责任。企业参与市场竞争，获得可持续生存与发展能力，除了产品价格和服务等硬实力之外，还需要集成软实力。而软实力的基础，离不开社会责任的履行，只有能够担当社会责任的企业，才能获得长久发展。

随着时代的发展，社会对企业的期望在不断变化，因此，企业不只是对股东负责的独立经济实体，也必须承担更大的社会责任。企业应该认识到其经营活动对所处的社会将产生特殊的影响，公司应该通过与社会中其他群体和组织、社会和政府部门的合作来实现共同利益，造福所在地区。在现代治理理论中，社会是由政府、市场、社会等不同领域的多元主体共同组成的，各类主体通过互动协商在合作中解决公共问题或者提供公共服务，所以企业是社会治理体系中最为重要的治理主体之一。2013 年 3 月 17 日李克强总理答记者问时提出："转变职能则是厘清和理顺政府与市场、与社会之间的关系。说白了，就是市场能办的，多放给市场。社会可以做好的，就交给社会。政府管住、管好它应该管的事。"企业是社会最基本的单元，企业的利益来源于社会，自然回馈社会也是应有之义。企业承担社会责任是社会发展的客观要求，也是企业持续发展的需要。

企业的社会责任在我国的发展也是一个从被迫到主动的转变。在改革开放前，计划经济阶段，企业或单位除了完成国家安排的生产任务外，还需要承担大量的政治性与社会性任务，这部分任务是在弥补政府和社会提供公共服务的不足，比如企业要承担医疗、教育、住房、就业、养老等方面的社会职能，还要完成上级下达的指令性计划，如救灾、扶贫、帮困、支持贫困地区建设等方面的任务。20世纪末21世纪初，随着改革的不断深入，为了卸包袱、减负担，企业的社会管理职能逐步分离了出来，企业中的学校、医院等都推向了社会，企业中的退休人员也实行了社会化管理，使企业真正成为市场竞争主体，同时企业社会管理的职能渐渐淡出。社会的转型，角色的转换，促进了企业承担社会管理职能的转变。

随着改革的深入，在市场经济大潮下，许多企业陷入另一个误区，认为企业应追求利润，社会管理不是企业的事。而事实上，不管怎么改，不管怎么转，企业与社会的鱼水关系始终未变，相互影响、相互作用的程度甚至更深。企业停产、减产、倒闭，必然带来职工失业，诱发欠薪；物价上涨，收入分配矛盾更加突出，推高加薪浪潮，增加了企业成本。这些企业行为，都对社会造成了极大影响。

尤为严重的是，在利益至上，盲目追求经济效益最大化的短视效应下，企业丧失社会责任的现象层出不穷。有的企业生产劣质产品，对人民生命财产安全造成了很大影响；有的企业不正当竞争，扰乱了正常的经济秩序；有的企业恣意排污，大肆破坏生态环境；有的企业随意拖欠员工工资，无视员工的基本保障和基本权益……社会责任问题已经成为很多企业关注的问题，使得如何履行企业社会责任问题日益紧迫。

5.4.2 杭商社会责任践行助推社会治理现代化

宋代诗人柳永在词中这样描绘杭州："东南形胜，三吴都会，钱塘自古繁华，烟柳画桥，风帘翠幕，参差十万人家。市列珠玑，户盈罗绮，竞豪奢。"杭州自古繁华可见一斑。工商业的高度繁荣，催生了大批优秀的杭商群体，而杭商也在企业社会责任建设方面走在全国的前列。

"杭商"概念的提出虽然不长，但杭商群体早已存在，杭商精神也已历经数百年传承，以其独特的文化基因，形成了极具活力、创造力和持续力的特质，而这些杭商特有的品质，有着非常深厚的底蕴，给杭商企业家精神的确立提供了坚强的基石。"义利双行""以利和义""义利并举"的信条，不仅体现在企业经营中，也体现在他们社会责任的承担上，主动把经济效益和社会效益结合在一起，展现了杭商对待财富的态度、胸怀和境界。典型的杭商企业如素有"江南药王"之称的杭州胡庆余堂，长期以来延续胡庆余堂创始人、著名杭商胡雪岩确立的"戒欺""真不二价""采办务真，修制务精"的经营宗旨，百年来服务社会，济世宁人。从"戒欺诚信"传统杭商的商业伦理到现代杭商"品质创业、和谐创新"的高度社会责任感，杭商的发展史体现的是一部企业与社会的相互交融史。勇于担当社会责任促进了杭商企业的不断发展壮大，强烈的社会责任感是杭商创百年老店，再续辉煌的关键。

企业社会责任是新商业文明的内核，是杭商企业家精神的必备基因。新时期杭州"精致和谐、大气开放"的城市人文精神，更准确地把握了杭商文化的传统本质与未来的发展方向。"精致"体现了企业注重产品品质，"和谐"体现了企业不仅注重经济利益，还要考虑社会责任，实现企业、社会、环境的完美结合。"大气"要求杭商超越追求经济利益的局限，把承担企业社会责任作为企业新的竞争力，使企业之间的竞争提升为社会责任理念和企业伦理的竞争。"开放"则要求杭商有全局意识，全球观念，走出杭州，走向世界。这种与城市发展融为一体的企业家精神，使得关注民生、履行社会责任自然成为企业新的管理理念、精神文化和新的企业运行模式，杭商自觉将社会责任纳入企业经营战略，是实现可持续发展和构建现代化社会治理体系的重要环节。市场、社会和国家治理相辅相成。完善国家治理体系和治理能力，才能保障健康的市场经济和社会参与。而市场经济和社会参与的发展，又反过来有利于完善国家治理。杭商社会责任的履行，优化了杭州的产业结构、城乡结构，推动了杭州现代化的发展进程，推动了社会事业的不断发展，为杭州经济社会的健康可持续发展以及共建幸福和谐杭州做出了巨大的贡献。

（1）以义生利，推动经济前行力

南宋年间，浙中学派的代表人物陈亮提出义利并举的思想，千年来杭城兴旺发达的工商业，也是深受这一思想的影响。无论过去还是当代社会，以义生利都是杭商不变的价值取向。根据全国工商联去年公布的

"2013中国民营企业500强"名单，杭州市有53家企业上榜，占全国的10.6%，占浙江省的38.13%。而单单从上榜企业数来看，杭州已连续11次蝉联全国城市和浙江省首位。杭商企业发展壮大的实践充分证明，企业利润与社会责任之间并非对立关系；相反，在社会责任和企业绩效之间存在正相关联度，社会责任有利于企业的长期效益。企业在初创阶段，可能会把追求利润最大化作为唯一目的，但企业发展到一定阶段，企业主若想进一步提升企业，使企业更强大，生命力更持久，就需要企业关注社会责任，将社会责任作为企业战略加以执行。在杭商中首先提出承担社会责任的西子联合控股公司董事长王水福，他的初衷就是基于"树百年企业，做企业的常青树"发展战略的要求。2007年初，在他的积极策划和组织下，《西子联合企业社会责任报告》得以问世。它不仅对企业在过去25年历程中社会责任履行情况进行了梳理和归纳，而且还进一步提出企业应承担"诚信、发展、守法、资源、环境、文化、慈善、就业、安全"九大社会责任体系，并号召全体员工"为国家富强、为社会和谐、为企业健康"而贡献力量。如今的西子企业已经成为中国绿色电梯第一品牌和中国最大的电扶梯制造商及服务商之一。

如果说西子企业作为传统的行业代表是出于企业自身的发展需要对社会责任做出了自己的诠释与守护，那么作为信息时代中国知识经济领头羊的阿里巴巴同样也视社会责任为企业的生命。在阿里巴巴公司的价值排序中，客户第一、合作伙伴第二、员工第三、股东第四。阿里巴巴公司认为只有让顾客满意，合作伙伴受益，员工乐意后，企业才能取得更高的收益，股东才能最终获益。早在2007年阿里巴巴就公布了互联网第一份企业社会责任报告，提出"企业社会责任应内生于企业的商业模式"的观点，认为只有使社会责任成为企业内在的核心基因，企业才能具备恒久性和可持续性。最值得称道的是，在和各种社会其他经济力量展开合作的同时，阿里巴巴集团着重做了两件事情，一是打造社会诚信体系，一个是致力于创造社会就业机会。在慈善、公益、救灾、环保和志愿服务等方面阿里人也是成绩斐然。

企业关注公众需求，倡导承担社会责任，有助于提升企业的核心竞争力。关注环境保护为企业可持续发展提供了保障，关注员工发展提高了员工的忠诚度和归属感，激发员工的关注热情和创造性，提升了企业的凝聚力。关注消费者需求，赢得消费者的信任，为企业发展壮大提供了保证。纵观杭商的发展壮大就是最好的证明。

（2）配置资源，提升民生改善力

党的十八届三中全会通过的《中共中央关于全面深化改革若干重大问题的决定》明确指出："经济体制改革是全面深化改革的重点，核心问题是处理好政府和市场的关系，使市场在资源配置中起决定性作用和更好发挥政府作用。"《决定》其实是更加科学界定了政府和市场的边界，突出了市场在配置资源、创造财富、改善民生和参与社会治理中的重要地位。

企业是社会的基本组成单元，企业的发展离不开社会的支持，离开社会资源，企业的发展就成了无源之水、无本之木。企业创造的财富也应该回馈社会，企业既是社会财富的创造者，同时也是凝聚社会力量、配置社会资源的现实推动者。企业履行社会责任，是一种新形势下的社企关系，筑起了企业发展和社会民生互通互助的桥梁，关注作为社会个体的每个人的生存和发展。杭商群体深爱着这个具有深厚人文底蕴的城市，牢牢地扎根在这里，吸取着养分，勤奋扎实地拓展自己的事业。杭商企业珍惜赖以生存、发展的这片土地，主动为这片土地分忧解难。杭州无论遇到何等的艰难险阻来袭，总能看到活跃着的杭商企业、企业家的身影。这种与城市发展融为一体的企业家精神，使得关注民生、改善民生、履行社会责任自然而然成为了杭商企业日常经营中不可分割的内容。

2002年，杭州市委、市政府根据群众的意见反馈，梳理出了杭州城市发展过程中的七大民生难题：就业难、看病难、上学难、住房难、行路停车难、办事难、清洁保洁难。从历年"破七难"的实际运作过程来看，杭商及杭商企业都发挥了积极的经济社会功能。例如，绿盛集团董事长林东和浙大盘石网络科技有限公司总裁田宁亲自担任杭州大学生创业联盟轮值主席，为帮助杭州大学生创业在整合社会力量、优化服务资源、搭建服务平台等方面开展了积极而又高效的社会公益活动。在杭州大学生创业联盟的指导下，目前杭州已建立了15家大学生创业园，截至2014年6月注册登记的大学生创业企业共有6698家，实际带动就业人数30000余人。2009年，面对国际金融危机，众多深陷困境的杭州民营企业却"千方百计开拓市场，千方百计调整结构，千方百计降低成本，千方百计增加就业岗位"，承诺不裁员、一线员工不减薪。最初有"西子联合""富通集团""杭州橡胶集团"等200家企业挺身而出,做出"2009年不裁员"承诺,后来共有7128家加入"不裁员"队伍。这是杭商保持竞争力和未来发展潜力的关键。

又如,在杭州市委、市政府的支持下,杭商企业积极加入杭州各类市政公用行业,小到公厕清洁、道路养护,大到城市供水、公共客运,都扮演了这样或那样的角色,为杭州社会公共产品的丰富性和多样性创造了条件:交通更便捷了、道路更清洁了、服务更到位了。杭州居民的生活品质得到了大大的改善。

(3)践行责任,促进社会公益力

"求真务实、经世致用"和"天下兴亡、匹夫有责"理念的交融,"穷则独善其身,达则兼济天下",这是杭商创业精神的最高体现,也是杭商财富态度的最佳写照。杭商的传统人文精神根植于杭州本土文化,内在地把经济效益和社会效益有机结合在一起,历经数百年传承和发扬,更焕发出新的生机和活力。进入21世纪,人们对企业的期望,已经不仅仅是解决就业、赚取利润和缴纳税收的功能,更希望企业能在推动社会进步、关心环境和生态、维护市场秩序、扶助弱势群体、参与社区发展、保障员工权益等一系列社会公益问题上发挥应有作用。公众是社会的主体,社会是企业发展空间和利润的来源,企业兼顾公众利益,将为企业的发展提供良好的发展空间,同时可以促进企业自身价值的实现;企业的自身价值越大,创造社会价值基础就更扎实。

新一代杭商在经历了市场经济发展初期的锻炼之后,更是注重将和谐创业的企业家文化融入企业社会责任推动力的实践之中,涌现了一大批勇于承担社会责任而非单纯追求经济利益的企业和企业家。杭商企业的社会责任表现为积极投身于社会运行。在为社会创造财富的基础上,积极为社会解决就业问题,积极纳税,提高员工的福利待遇,让自己的员工过上幸福的生活,同时积极参与公益事业。参与社会项目社会事业的发展,出资办学、建医院,参与城市硬件设施建设,更积极参与公用事业的建设和运行。并在此基础上自觉积极投身公益事业,为杭州的社会公益事业发展、居民的品质生活和社会的和谐稳定做出了卓越的贡献。

传化公司的创始人徐传化和徐冠巨父子在公司创建后的第二年赚了6万元,就捐出2万元用于村里的自来水安装。第四年,他们赚了20多万元，捐出7万元用于村里的基本水利建设，这都被传为佳话。从2000年杭州开展第一次"春风行动"破解困难群众生活就业难到现在，杭商在历届"春风行动"中都积极参与。如娃哈哈集团，十余年间已捐款4400多万元来反哺社会、关心弱势群体、帮助困难群众。2013年又把助学金额提高到每年1000万，帮助4908名寒门学子圆了大学梦。除此之外，杭商身影常见于各种慈善赈灾活动，如2008年四川汶川大地震，杭州捐款总额位居全国第五，位列副省级城市第一位，杭商在其中起着举足轻重的作用。杭商群体为推进社会和谐发展、提升不同人群的生活品质做出了贡献，更为杭州社会良性运行提供了支撑。

（4）创新开放，提升城市竞争力

在2013年中国民企500强的名单中，杭州有53家企业入选，占总数的10%以上，上榜企业数连续11次蝉联全国城市首位。杭州连续多年进入中国城市综合竞争力十强，"宜业"已成为杭州的一张金名片。杭州民营经济的强势崛起让更多的人认识到——杭州不仅是一处柔美的山水江南，人间天堂，还是一座活力四射的城市，投资创业的天堂。创业的基因渗透在这个城市的血脉中。杭商不是为了生存而创业，而是为了更好地生活而创业。一大批一流的杭商企业家不断提升杭州城市的知名度和美誉度。杭商为"打造东方品质之城、建设幸福和谐杭州"做出了卓越贡献。他们是杭州经济和社会发展的见证者，更是杭州良好城市品牌及辉煌建设成就的创造者。在经济全球化背景下，杭商企业肩负着引领优化杭州产业结构、推动杭州经济转型升级和杭州现代化发展建设的重任。

杭商直面"全球化、新经济、网络化"的挑战，新一代杭商审时度势，在以互联网为特征的新经济时代其企业社会责任方面不囿于传统的企业社会责任，同时肩负着新时代背景下的历史使命。新时期的杭商以社会责任为核心打造企业家精神。如新杭商代表人物马云，其成功耀眼之处并不限于对商业模式的革新，应该还包括这种商业模式对推动新商业文化发展的巨大作用。在网络化和全球化的促动下，经由网商等商业主体每一天、每一点的创新实践，一个新的商业文明正在快速地浮现、生长与展开。以淘宝网为例，它奉行以诚信为本的商业文化，致力于打造一个透明诚信繁荣的平台，淘宝会员在淘宝上的每一个订单交易成功后，双方都会对对方交易的情况做一个评价，这个评价就是信用评价，它是公平、公正、透明的，是建立网络诚信制度的基础。树立了互联网时代诚信交易的参考标杆，中国的诚信事业由此迈出了一大步，实现了电子商务诚信交易从无序到有序的转变和发展。此外如历届西博会的成功举办、国际动漫节落户杭州，21世纪以来杭州实施的多项综保工程，都有着杭商企业的身影、杭商企业的贡献。杭商企业在不断发展壮大，杭商企业家正逐步走向成熟。杭商在勇于承担社会责任，促进企业健康发展的同时，也不断推动了杭州城市的发展和繁荣，使杭州城市竞争力不断提升。

| 第六章 |

互联互动，构建"信"的治理之脉

【本章摘要】

社会主体之间的相互信任是实现社会共治的基础条件，也是社会共治追求的目标。"信"不仅仅是公民和为政者的个人品德，同时也涵盖了公民之间的互信网络，还包括公民与政府之间互动的水平和互信的程度。杭州的社会治理同样深受其独特历史文化传统的影响。社会信任的建立也有很强的路径依赖。社会资本的核心含义是指在社会网络关系中的相互信任和成员身份，这种相互信任和成员身份能够为社会资本的拥有者带来福利，增加其生存和发展的可能性。近年来，杭州的社会组织数量迅速增加，注册志愿者的数量增长也很快，通过社会组织的动员和志愿服务的熏陶，杭州市民的归属感、规则意识、协商意识、宽容精神、妥协精神、自由意识、法治意识、参与意识、公平意识都有了较大的提高。

6.1 信任社会

信任是一种品行，也就是严谨、坚定、信守承诺、遵守计划、尽责尽力。① 在《信任社会——论发展之缘起》一书中，阿兰·佩雷菲特认为："对人持信任还是怀疑态度，尽管表现形式极不相同，却是对发展起决定性的文化、宗教、社会和政治行为的精髓。"② 他描述了信任社会中人们的行为方式：

> "自信：必须有自信力，才能追求独立，勇于冒险，力求考验自己的能力，甘愿承担责任，才能敢于相信自己的判断力，而不是依赖别人的判断，唯别人的判断是从；才能迎击竞争，甚至推崇竞争，才

---

① 参见〔法〕阿兰·佩雷菲特《信任社会——论发展之缘起》，商务印书馆，2005，第552页。
② 参见〔法〕阿兰·佩雷菲特《信任社会——论发展之缘起》，商务印书馆，2005。

能建立家庭，养儿育女。

他信：必须信赖他人才能甘愿授权，下放权力；才能宽容思想、学说和宗教分歧；才能善于进行团队工作，寻求合作；才能用自信精神教育自己或别人的孩子。

更普遍的是信任人：有了这种信任，人们就容易接受创新，肯定存在天赋权利；相信集体问题的解决办法存在于运动之中，相信人在变化中可以改变，也可以保持不变；相信自然环境的限制不属于圣法的范畴；相信人所能做的绝不止于适应；相信自己有能力解开这种束缚，改造束缚，摆脱束缚；相信疾病和营养不良，"瘟疫和饥馑"可以征服；相信向往繁荣的欲望是健康的；相信繁荣不一定是数量固定的稀缺之物；相信每个人的贡献都可以促进繁荣；相信知识也不是少数几个人或少数几个阶层专有的财富；相信每个人都有能力掌握知识，并在知识中找到足以改善个人命运，同时也促进社会进步的源泉。"[1]

根据所指对象的不同，信任可以分为对政府的信任、对社会组织的信任、对企业的信任、对法律的信任。根据范围的大小，信任又可以分为特殊信任和抽象信任，前者是指人们对和自己有特定关系的人的信任，后者是指人们对于社会上不特定一般人群的信任。弗朗西斯·福山（2001）在《信任：社会美德与创造经济繁荣》一书中认为高信任的社会因为有发达的社会中间组织——教会、商会、工会、俱乐部、民间慈善团体、民间教育组织以及其他自愿团体，这些组织在非血亲关系之间建立了信任，从而可以建立有效率的大企业，而在低信任社会中人们只相信家庭内部成员，因此会出现很多家族式企业，但是无法出现大规模企业，高信任的社会更容易比低信任的社会获得经济上的成功。

我国的传统文化也非常强调"信"的价值观及其作用。在儒家的经典文献中，关于"信"的表述非常多。"信"首先是一种个人品德，表示诚实守信的意思。例如，《论语·学而篇》中有："子夏曰：'贤贤易色；事父母能竭其力；事君，能致其身；与朋友交，言而有信。虽曰未学，吾必

---

[1] 参见〔法〕阿兰·佩雷菲特《信任社会——论发展之缘起》，商务印书馆，2005。

谓之学矣。'"

又例如，在《论语·学而篇》还有："曾子曰：'吾日三省吾身，为人谋而不忠乎？与朋友交而不信乎？传不习乎？'"

在《大学》中，"信"也是作为一般的人际交往准则。例如《大学》中有："为人君，止于仁；为人臣，止于敬；为人子，止于孝；为人父，止于慈；与国人交，止于信。"

从这里可以看出，所谓"信"，在儒家看来是处理朋友关系的最高准则，而朋友关系不同于家庭内部的父子关系和夫妇关系，也不同于政治领域的君臣关系。朋友关系具有开放性、平等性、陌生性，更加接近于现代社会中人与人之间的关系。

"信"的第二层含义是指君王对老百姓守信用。例如《论语·子路篇》中有："子曰：'上好礼，则民莫敢不敬；上好义，则民莫敢不服；上好信，则民莫敢不用情。'"

又例如，在《论语·学而篇》中有："子曰：'道千乘之国，敬事而信，节用而爱民，使民以时。'"

"信"的第三层含义是指老百姓对国君、政府、国家的信任和信赖。例如，在《论语·颜渊篇》中有："子贡问政，子曰：'足食、足兵、民信之矣。'子贡曰：'必不得已而去，于斯三者何先？'曰：'去兵。'子贡曰：'必不得已而去，于斯二者何先？'曰：'去食。自古皆有死，民无信不立。'"

《吕氏春秋·贵信》是一篇专门论述"信"在国家治理中的重要性的文章，其中有："君臣不信，则百姓诽谤，社稷不宁；处官不信，则少不畏长，贵贱相轻；赏罚不信，则民易犯法，不可使令；交友不信，则离散郁怨，不能相亲；百工不信，则器械苦伪，丹漆染色不贞。夫可与为始，可与为终，可与尊通，可与卑穷者，其唯信乎！信而又信，重袭于身，乃通于天。以此治人，则膏雨甘露降矣，寒暑四时当矣。"

这里的"信"的含义更为抽象，适用的范围也更加广泛，无论是政治领域、法制领域、工商领域，还是家庭关系都需要人们之间的相互诚信，这可以说是"信"的第四层含义。

查尔斯·蒂利（2010）在《信任与统治》一书中认为："政权的公共政治品质在很大程度上是由民众的基本信任网络与统治者的统治策略之间

的关系决定的。"他把民众的信任网和公共政治之间的关系分为三种状态：(1) 信任网络与公共政治相互隔绝；(2) 信任网络与公共政治建立协商性联系；(3) 信任网络被直接整合到统治体系之中。同时，统治者与被统治者的联系手段分为三种：强制（coercion）、资本（capital）、信义（commitment）。

查尔斯·蒂利（2010）根据民众的信任网络与公共政治之间的关系状态维度以及统治者与被统治者之间的联系维度把政治分为七种典型状态：极权体制、神权体制、民主体制、庇护体制、经济型自治、规避型遵从和专属型纽带。在民主体制下，民众的信任网络一部分被整合进公共政治之中，另一部分仍然保持和公共政治之间的协商关系，政府依靠资本和信义与民众产生联系。（见图6-1）

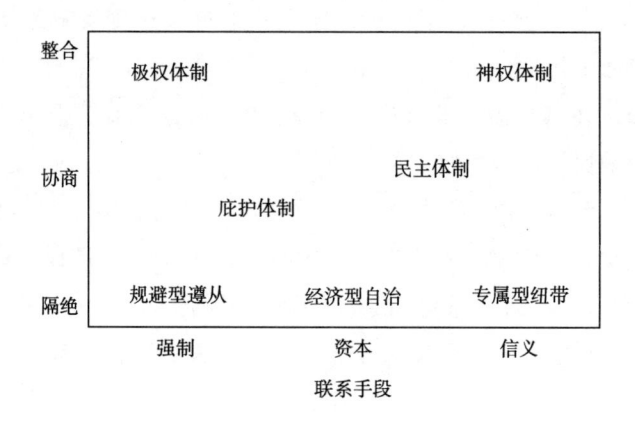

图6-1 信任网与政权中心关系①

6.2 历史传统与地域文化

在社会治理中，"信"不仅仅是公民和为政者的个人品德，同时也涵盖了公民之间的互信网络，同时也包括公民与政府之间互动的水平和互信的程度。一个社会中这种普遍信任的程度不仅取决于当前的制度设定，而且在很大程度上受历史传统和地域文化的影响。信任社会的建立非一朝一夕的功夫。每个人都是嵌入在社会关系中的主体，每个人的决策不仅会受

---

① 参见〔美〕查尔斯·蒂利《信任与统治》，上海人民出版社，2010，第35页。

到经济利益以及法律和政治制度的约束，还会受到社会规范和文化传统的制约。杭州的社会治理同样深受其独特历史文化传统的影响。社会信任的建立也有很强的路径依赖。

（1）贬官潜意识。自隋朝京杭大运河开通以来，杭州一直是一个经济发达、人文荟萃之地。但是由于远离政治中心，古代经常成为被贬谪官员的目的地。非常巧合的是，对杭州的历史影响最大的两位官员都是在不得志的情况下来到杭州，而且都留下了不可磨灭的治理功绩。公元 822 年，白居易因为在朝廷触犯权贵，不被重用，于是请求外放做官，被朝廷批准到杭州当刺史。白居易在杭州任刺史的时间只有短短 20 个月，但是他深入民间、体察民情，兴修水利，筑钱塘湖堤，解决西湖防汛和周边农田的灌溉问题，又疏浚六井，解决市区居民的用水问题。白居易离任时还把自己的大部分官俸留在杭州的官库中，让继任者在急需的时候使用。

公元 1071 年，苏轼因为向朝廷上书谈论新法的弊病，得罪当时的改革派，苏轼自请离京，被派往杭州担任通判，到公元 1074 年离任。公元 1089 年，苏轼因为抨击朝廷的保守派势力，不容于新旧两党，再度请求外调，被派到杭州当知州，到公元 1091 年离任。苏轼在杭州动用民工 20 万开垦葑田，疏浚西湖，用湖中挖出的淤泥筑苏堤。苏轼在任期间，还疏浚杭州城内的茅山和盐桥运河，解决了潮水倒灌入市的问题。苏轼还在杭州举办了一家带有慈善性质的公立医院，叫安乐坊，医治贫困病人。白居易和苏轼在杭州的为官有很多相似的地方，两人都是在政治上被排挤的时候到任杭州，两人都非常体察民情，深知民生艰难，为杭州的长远发展做出了巨大贡献。再加上白居易和苏轼都是文坛大家，两人也都非常喜欢杭州，留下了很多描述西湖、赞美杭州、怀念江南水乡的诗词。

（2）弱都潜意识。杭州曾经是吴越国（公元 907～978 年）和南宋（公元 1127～1279 年）的首府，曾经是区域和全国性的政治中心。但吴越国和南宋都是相对弱势的政权。浙江临安人钱镠创建的吴越国以杭州为首府，其范围大致包括今天的浙江、上海全部以及江苏的苏州和无锡一带。在五代十国藩镇割据、相互征战的时期，钱镠对内采取保境安民、休兵息民的政策，大力发展本土经济，加强和朝鲜、日本的海外贸易；对外则采取忠顺中原朝廷，打击周边的其他割据势力。公元 978 年，吴越国和平归并北宋，主动避免战端，深为当时军民赞赏。南宋是我国历史上科技、经济、文化都非常发达的朝代，南宋的开放程度和文化的普及程度非常高，民间富有活力。但是因为在军事上和北方的金、元长期对峙，总体上处于弱势。

（3）杭州在政治地理上的特殊地位使这里形成了非常独特的文化心理，那就是官员要为老百姓解决实际问题，富户人家要出钱做公益，老百姓愿意出力并且感恩。杭州老百姓的感恩心态从西湖周边景点的命名中就可以反映出来。现在西湖的白堤本来不是当年白居易修筑的白公堤，但是也被市民用来纪念白居易的治理功绩，仍然称为白堤。苏堤、岳庙、武松墓、苏小小墓等，纪念的都是那些为社会、为国家实实在在做出了贡献的人物，或者是其精神为世人所叹服的人物。南宋虽然在杭州建都，但是杭州关于帝王将相的纪念物却非常少，地域文化有其内在的选择标准。这种文化也使得杭州的老百姓非常乐于参与地方的公共事务，像杭州的"鲍大妈聊天室""朱学军工作室""社会和事佬协会"等，这些民间的参与者基本上都是自愿付出、不计回报，而且他们的直接动机很多就是为民解困，为政府分忧。杭州本地文化中的这种官、富、民三方和谐相处之道到现在也在发挥作用。

6.3　杭州的社会组织

Pierre Bourdieu（1986）指出："社会资本是真实或虚拟资源的总和，这些资源与拥有或多或少制度化的共同熟识和认可的关系网络有关，换言之，与一个群体中的成员身份有关，它从集体拥有的角度为每个成员提供支持。"社会资本的核心含义是指在社会网络关系中的相互信任和成员身份，这种相互信任和成员身份能够为社会资本的拥有者带来福利，增加其生存和发展的可能性。从拥有者的角度来讲，社会资本可以分为个人拥有的社会资本、组织拥有的社会资本以及整个共同体所具有的社会资本。

社会组织的数量和活动频率是衡量一个地区社会资本的重要指标。从数量上来看，浙江省是社会组织最为发达的地区之一。根据国家统计局公布的数据，2010年，浙江省内的社会组织共28937家，其中社会团体14870家，民办非企业单位13878家，基金会189家。2010年浙江省内的常住人口为5447万，每万人拥有的社会组织数量为5.3家，在31个省直辖市、自治区的排名中位居第二,不仅高于作为直辖市的北京(每万人拥有 3.7 家社会组织)和上海(每万人拥有 4.4 家社会组织),也高于同样经济发达的江苏省(每万人拥有 4.3 家社会组织)和广东省(每万人拥有 2.7 家社会组织)。

　　无论是从数量还是质量上来看,杭州都是浙江省内社会组织最为发达的地区之一。2013 年 12 月底,杭州市的社会组织共有 16615 家,其中登记注册的社会组织有 5153 家,备案的社会组织有 11462 家。以市县级民政部门登记注册的社会组织为例(见表 6-1),2012 年底的社会组织数量为 2456 家,比 2008 年底的 2160 家增加了 13.7%。从活动领域来看,市县级社会组织主要分布在工商业服务(360 家)、社会服务(247 家)、文化(237 家)、职业及从业组织(220 家)、体育(203 家)、农村及农业发展(180 家)等领域。

表 6-1　杭州市县级登记注册社会组织的数量

年份(年)	2012	2011	2010	2009	2008
合计(个)	2456	2325	2256	2177	2164
按活动区域划分					
地级社团	656	641	633	616	657
县级社团	1800	1684	1623	1561	1507
按活动领域划分					
科技与研究	124	135	149	115	141
生态环境	60	55	22	25	33
教育	92	104	73	77	84
卫生	102	101	91	98	88
社会服务	247	281	262	256	224
文化	237	227	209	197	184
体育	203	187	169	163	139
法律	16	16	16	19	27
工商业服务	360	388	418	387	343
宗教	36	32	34	34	32
农业及农村发展	180	163	168	163	150
职业及从业组织	220	166	195	193	145

续表

年份（年）	2012	2011	2010	2009	2008
国际及涉外组织	2	2	6	6	6
其他	577	468	446	444	564

数据来源：杭州市统计局《杭州市统计年鉴》，2001 年至 2013 年中相关数据。

社会组织的发展不仅和一个地区的经济发展水平、政府支持和培育的力度密切相关，在很大程度上也取决于该地区社会资本的发达程度，即人们相互之间的信任程度和结社的习惯。进入 21 世纪以来，杭州市的社会组织发展很快。图 6-2 是根据历年的《杭州市统计年鉴》绘制的杭州市市县级登记注册社会组织数量的变化图。从图 6-2 可以看出，从 2000 年到 2004 年，杭州市的社会组织经历了一个调整时期，2004 年以后，市县级登记注册的社会组织每年的增加数量非常可观，从 2004 年的 1830 家增加到 2012 年的 2456 家。八年之间共增加 626 家，平均每年增加 78 家左右。

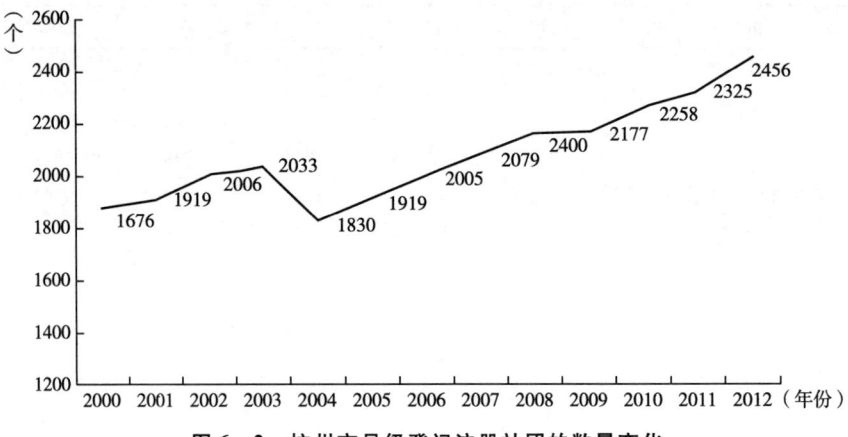

图 6-2　杭州市县级登记注册社团的数量变化

在市县级登记注册的一般都是规模较大的社会组织，这并不代表杭州市社会组织的全貌。杭州的社会组织发展的特点之一就是有大量的基层社会组织，包括社区社会组织、在区和街道登记（或者）备案的社会组织、未登记的社会组织。以杭州市上城区为例，到 2013 年 10 月底，全区依法登记的社会组织共有 278 家，其中社会团体 90 家，民办非企业单位 188 家，社区社会组织 802 家，其中登记注册的有 32 家，备案的有 770 家。从中可以看出，在区和街道一级，民办非企业单位的数量远多于社会团体的数量，备案的社会组织数量远多于登记注册的社会组织的数量。

杭州市的社区建设走在全国的前列，社区社会组织也非常发达。以杭州市下城区为例，2013年4月底，全区共有各类社区社会组织1542家。按照组织的性质划分，其中社会团体有1528家，占99.1%，民办非企业单位14家，占0.91%，按照登记方式划分，在民政部门正式登记的有160家，占10.4%，在街道备案的有1257家，占81.5%，尚未登记备案的有125家，占8.1%，按照活动领域来划分，其中属于公益服务类的有258家，占16.7%，属于社会事务类的有361家，占23.4%，属于文体健身类的有792家，占51.4%，属于慈善救助类的有20家，占1.3%，属于法律维权类的有79家，占5.1%，其他有32家，占2.1%。可以看出，文体建设、社会事务、公益服务是社区社会组织的三大主要活动领域。

6.4 杭州的志愿活动

6.4.1 志愿活动的规模

杭州市的志愿服务事业具有深厚的群众基础，尤其是近几年来，志愿者队伍发展迅速，注册志愿者的数量增长很快。2006年，杭州市的志愿者有44.7万人，2007年达到47.9万人，到2013年，杭州市按照《中国注册志愿者管理办法》进行规范注册的志愿者达到79.2万人，根据共青团中央的数据，全国注册志愿者总人数为3047万人。全国大陆范围内，注册志愿者占总人口的比例为2.25%，杭州市注册志愿者占常住人口的比例为9.00%，部分区（县、市）或街道（镇）内志愿者占常住人口的比例已经超过10%。

在不同的地区市民参与志愿服务的程度有较大的区别。表6-2是根据参加2013年杭州市志愿服务优秀街道评选的单位所提供的材料，计算出来的各街道注册志愿者占常住人口的比例。参加优秀评选的街道显然是在志愿服务事业方面成绩比较突出的区域。在16个街道中，有10个街道的"志愿者/常住人口"比例超过杭州市的平均水平（9%），位于市中心，而且经济和文化都比较发达的长庆街道和大关街道分别达到18.4%和14.17%，"志愿者/常住人口"比例低于杭州市平均水平（9%）的街道大多位于郊区（县、市）。

表6-2 杭州市部分街道注册志愿者占常住人口比例

街道名称	所属区县市	常住人口（个）	志愿者人数（个）	志愿者比例（%）
长庆街道	下城区	47000	8650	18.40
大关街道	拱墅区	52205	7400	14.17
半山街道	拱墅区	44855	5535	12.34
湖滨街道	上城区	34660	4200	12.12
新街镇	萧山区	44561	5000	11.22
西溪街道	西湖区	77321	8125	10.51
旧县街道	桐庐县	8600	872	10.14
锦北街道	临安市	30539	3071	10.06
塘栖镇	余杭区	79990	7649	9.56
凯旋街道	江干区	79200	7497	9.47
新安江街道	建德市	88000	7123	8.09
千岛湖镇	淳安县	65000	5000	7.69
三墩镇	西湖区	70562	4604	6.52
浦沿街道	滨江区	151800	9200	6.06
锦城街道	临安市	129000	6133	4.75
下沙街道	江干区	100500	2000	1.99

2013年，我们对杭州人参与志愿活动的情况进行了一次全市范围内的问卷调查。调查的对象分为三大类。第一类调查对象是杭州市民，通过发放《杭州市志愿服务认知与需求调查问卷》进行调查，发放的对象主要包括大（中）学生、企事业单位职员、社区居民、外来务工人员、个体工商户等，共回收问卷380份，其中有效问卷372份。第二类调查对象是杭州志愿者，主要是现在正在从事志愿服务的人员，向全杭州市志愿者发放《杭州市志愿者志愿行为特征调查问卷》，共回收问卷550份，其中有效问卷540份。第三类调查对象是杭州的志愿组织，包括正式登记注册的志愿组织和没有登记注册的草根志愿组织，向它们的负责人发放《杭州市志愿组织基本情况调查问卷》，共回收问卷198份，其中有效问卷191份。

在接受调查的372名杭州市民（包括常住人口和流动人口）中，294人表示听说过杭州志愿者，有效百分比为80.1%，73人表示没有听说过，有效百分比为19.9%，有5人没有回答该问题；关于是否参与过志愿活动，有190人表示参加过志愿活动，有效百分比为51.2%，181人表示没有参加过志愿活动，有效百分比为 48.8%，有 1 人没有回答该问题。

杭州市的志愿者具有较高的文化水平，在接受问卷调查的 540 位志愿者中，学历在初中及以下的有 25 位，有效百分比为 4.7%，学历为高中、技校、中专的有 62 位，有效百分比为 11.5%，学历为大专、大学的有 431 位，有效百分比为 79.8%，学历为硕士研究生及以上的有 19 位，有效百分比为 3.5%，有 3 人没有回答该问题。这说明，杭州市的志愿者大部分都具有大专或大学的学历。另外，从不同学历的市民参与志愿活动的比例来看，具有大专及大学学历的市民参加过志愿活动的比例最高。图 6-3 是对 370 位杭州市民是否参与过志愿活动的调查结果，学历在初中及以下的市民参加过志愿活动的比例为 22.22%，学历在高中、技校、中专水平的市民参加过志愿活动的比例为 31.91%，学历在大专及大学的市民参加过志愿活动的比例为 56.33%，学历在硕士及以上的市民参加过志愿活动的比例为 50.75%。大体而言，学历越高的群体，参加过志愿活动的比例越高，但是学历为硕士及以上的群体参加志愿活动的比例稍低于大专及大学学历的群体。

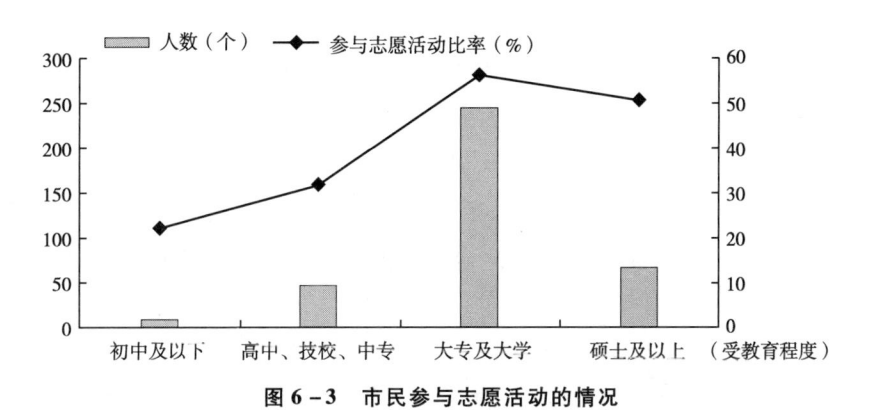

图 6-3 市民参与志愿活动的情况

6.4.2 志愿服务陶冶公民的道德情操

道德是人们共同生活及行为的准则与规范，它代表社会的正面价值取向，起判断行为正当与否的作用。2012 年颁布的《浙江省公民道德建设纲要》指出，要加强社会公德、职业道德、家庭美德、个人品德建设，大力倡导爱国、敬业、诚信、友善等道德规范，培养有理想、有道德、有文化、有纪律的社会主义公民。

随着市场经济的发展，社会流动性的增强，文化价值观的多元化，过去那种统一的、半强制性的、教化式的道德宣传和动员越来越难以获得预期的效果。人们更希望在道德情操培养方面体现自己的主观选择，发挥自身的主动性，尊重个人的主体性。因此，志愿服务成为陶冶"扶弱助残、感恩向善"道德情操的最好载体，成为当代市民继承、实践和发扬传统美德的绝佳途径。

杭州市的志愿服务活动成为在新时期传承和发扬雷锋精神的新载体。在日常生活中关爱和帮助身边需要帮助的每一个人是雷锋精神的灵魂，我们的时代仍然需要雷锋精神。2012年3月，共青团杭州富阳市委、杭州富阳市志愿者协会在富春街道秦望广场开设"雷锋角"，每周六上午9点到11点，卫生局、省盲校、口腔医院、供电局等单位组成的专业志愿服务队伍在广场开展便民服务，包括义务理发、磨刀、家电维修、盲人推拿、义诊、电线线路检修、口腔保健、政策宣传等。"雷锋角"把传统的学雷锋活动与志愿服务有机地结合起来，让新时期的"雷锋"更加专业化、常态化、便民化。

社会越是成熟，人和人之间的有机联系越是紧密，现代人追求独立，但是对于社会和他人的依赖不可避免，在一个陌生的地方，我们每一个人都可能成为弱者，成为需要帮助和温暖的对象。2010年9月，杭州市文明办、共青团杭州市委等单位联合启动了杭州城市志愿服务"微笑亭"活动。"微笑亭"在每个双休日和法定节假日的早上9点至下午4点之间为杭城市民和中外游客提供旅游咨询、文明倡导、翻译礼仪等服务，在风景名胜和旅客集散地开展轮椅租借、雨伞租借、义务问诊、低碳环保、手语课堂、免费讲解等特色服务。"微笑亭"成为杭州志愿服务的品牌项目，先后获得"杭州市精神文明建设创新奖"和"浙江省优秀志愿服务项目"，"微笑亭"以及"微笑亭"的志愿者们成为杭城又一道亮丽的风景。

一个好的社会应该是其中的每一个成员都懂得继承、感恩和相互守望的社会。志愿服务让每一个公民都能够体会到我们今天的便利是建立在前辈牺牲的基础上，在社会面前我们每一个人都很渺小和脆弱，我们要感谢那些曾经和正在扶助我们的人，能够相互守望是人和人之间最好的期盼。下城区长庆街道王马社区的志愿者们开展了"网上祭英烈"活动，组织社区内的未成年人网上祭奠英烈，献花留言，同时开展清扫烈士墓志愿服务活动，引导中小学生用实际行动表达对革命先烈的景仰和追思。西湖区西溪街道白荡海社区的七彩爱心社组织社区志愿者对有心理障碍的残疾人进行心理疏导，去行动不便的残疾人家中帮助打扫卫生，为困难老人安装呼叫器并且定期慰问，为残疾人上门理发、修理家电、水电等。在杭州志愿服务的发展中，这样的项目不胜枚举，可以说，志愿服务为我们现代公民精神打造了一个新的家园，在这里，每一个人的道德情操都会被熏陶、被塑造、被改变。

6.4.3 志愿服务培养公民的行为理性

公民的责任感和道德情操最终要通过公民的行为对社会产生影响，在现代社会中，人们应该根据理性，而不是盲从、迷信、惰性来选择自己的行为。所谓理性，是指人们在具有充分信息、知识和能力的条件下做出正确的决定，并将该决定贯彻于自己行为之中的能力。人人都希望自己能足够理性，但是理性并非仅仅靠个人的修炼（修身）就能获得，还需要通过社会化的过程才能够形成。譬如企业和个人的经济理性是在市场竞争、消费组合的选择中产生的，社会行为方面的理性则需要第三方的干预、引导、互动才能顺利完成。志愿服务和志愿活动正好能够扮演这个第三方的角色。

志愿服务通过戒除人们的不良习惯、不健康的思想、不正确的价值观，鼓励人们形成良好的习惯、健康的思想、正确的价值观，促进"协商协作、互助互爱"的个人行为理性。杭州市大部分社区和村都建立了禁毒宣传志愿服务队、艾滋病防治宣传志愿服务队、计划生育宣传志愿服务队等，这些组织的志愿活动目的主要是防止不理性行为的发生。另一方面，志愿活动对理性活动的引导作用也非常重要。例如，西湖区西溪街道楼宇集群党委直属志愿服务队开展了"争做光盘一族、倡导低碳生活"志愿服务进楼宇的活动，主要通过以废旧杂志交换绿色小植株的活动宣传光盘行动，号召在楼宇工作的年轻人捐献义卖品，并为他们提供手机贴膜、电脑维修等服务。很多社区、学校、企事业单位的志愿组织都开展了交通安全劝导志愿活动，引导市民遵守交通规则，文明出行，相互礼让。

志愿服务通过合理组织和配置群体的资源，有效避免"囚徒困境"和

"搭便车"的现象,形成了"协商协作、互助互爱"的集体行为理性。在杭州市的社区和村一级的志愿服务组织中,义务巡逻队、环境卫生志愿服务队等群策群力的组织几乎已经成为标准配置。2013年10月,江干区凯旋街道团工委还组织了抗击台风"菲特"志愿者活动,志愿者利用社区各种信息平台向辖区居民发送了台风警报,在小区贴好温馨提示,通知居民在台风来临之际关好门窗、保障安全。2013年8月,杭州持续高温干旱,很多城市绿化植物枯萎,临安市西墅社区开展了"抗旱护绿"的志愿活动,灌溉绿化带共900多米,不仅保护了树木,美化了家园,而且增加了社区居民的环保意识。

现代公民精神有非常丰富的内涵,公民精神的建设也不是一朝一夕的事情。按照归属感、规则意识、协商意识、宽容精神、妥协精神、自由意识、法治意识、参与意识、公平意识九个维度,我们对杭州市志愿者以及一般市民的公民精神发育的程度进行了测量,每个指标的最低得分为1分,最高得分为5分,具有各项指标性质的程度越高得分越高。如图6-4所示,相对于没有参加过志愿活动的普通市民而言,志愿者在公民精神部分的指标上得分比较高,例如在归属感上,志愿者的平均得分为3.89,未参加志愿活动的市民的平均得分为3.6,在规则意识上,志愿者的平均得分为4.26,未参加志愿活动的市民的平均得分为3.89,在协商意识上,志愿者的平均得分为4.13,未参加志愿活动的市民的平均得分为3.92,在自由意识上,志愿者的平均得分为4.49,未参加志愿活动的市民的平均得分为4.34,在法治意识上,志愿者的平均得分为3.96,未参加志愿活动的市民的平均得分为3.66。值得注意的是,在其他的指标上,志愿者的得分要低于未参加志愿活动的市民的得分,例如在宽容精神方面,志愿者的平均得分为3.14,而未参加志愿活动的市民的平均得分为3.48分,在妥协精神方面,志愿者的平均得分为3.26分,而未参加志愿活动的市民的平均得分为3.72,在参与意识方面,志愿者的平均得分为3.43,而未参加志愿活动的市民的平均得分为3.58,在公平意识方面,志愿者的平均得分为4.05,而未参加志愿活动的市民的平均得分为4.19。

测量的结果表明,相对于没有参加过志愿服务的市民而言,杭州市的志愿者更具有社会归属感,规则意识和协商意识比较高,自由意识和法治意识比较强,但是对社会现象更加不宽容,对他人更加不妥协,在参与意

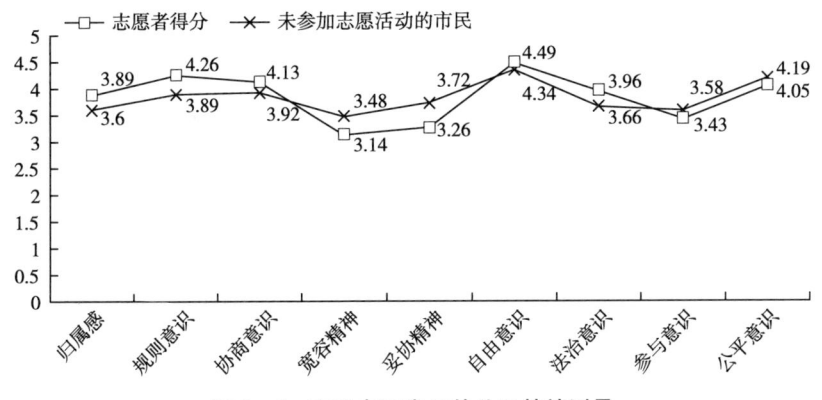

图 6-4 志愿者和市民的公民精神测量

识和公平意识方面的得分也要低一些。这一方面说明参加志愿服务活动对于培养志愿者的公民精神具有一定的推动作用，但是另一方面也说明杭州市民在公民精神方面已经具备相当的水平，一般市民和志愿者在这方面的表现没有特别明显的差距。此外，参与志愿服务的志愿者一般而言更希望通过自己的行动来改变社会，因此他们在宽容精神和妥协精神方面反而不如一般市民的得分高。在参与意识上，志愿者更强调通过政府以外的民间力量服务于社会，反而容易持"政府的归政府，社会的归社会"这样一种观点，没有介入政府决策过程的强烈愿望。在公平意识上，大部分的志愿者是在承认合理的贫富不均的基础上开展相关社会服务活动的，可能由于这个原因，志愿者比普通市民对不平等的容忍程度更高一些。

理论篇

| 第七章 |

从治理到共治

【本章摘要】

在最广泛的意义上，善治是指国家、公民社会和市场所拥有的一些治理功能，目的是完成共同目标，即维护国家统一、界定和捍卫领土、完成经济增长、独立自主、发展和保障公平与社会正义的目标。从发达国家的情况来看，社会共治首先是一种现实，"共治"是对其当前公共治理状况的客观描述；其次"共治"是一种治理方式和治理工具；最后，"共治"是一种社会发展的理想状态。社会共治是社会治理的一次范式变革。社会共治主要的理论源流有：行政国家论、社会系统论、社会沟通论、社会权力论等。

7.1 治理和善治出现的时代背景

治理和善治最初是发达国家和国际组织对不发达国家和发展中国家进行援助时所使用的概念，因为相对于"统治"和"政治"，"治理"的含义更加中性，容易让接受援助国家内部的各方势力所接受。例如，世界银行在其1994年的报告《基础设施促进发展》中就提出"善治"的四大标准：问责性、可预测的稳定的司法体系、开放性、透明性。

国际援助机构更倾向于使用"治理"和"善治"的第二个原因是这两个概念强调的是政治过程的结果。联合国亚太经社理事会（UNESCAP）认为治理要成为善治，必须满足8个方面的要求：本质上是参与、方向上达成共识、具有公信力、透明、积极回应、有效用和效率、公平和包容、法治。不发达国家和发展中国家现行的政治制度千差万别，但是无论是什么样的政治制度，如果能够满足上面的8个方面的要求，确实可以被认为是"好"的制度。

在国际援助领域，"治理"的概念能够迅速为各方接受可能还有一个非常现实的原因，那就是，在短时期之内通过外力改变一个国家的政治制度实在是太困难了。更为严峻的是，在一个治理的基础设施非常落后的国家，即使采用看起来非常"先进"的政治制度，社会仍然难以摆脱贫穷落后的命运。因此，对于国际援助机构来讲，与其进行那些不可完成的工作，还不如把目标放在治理效果的改善上来。

从现有的文献来看，20世纪90年代，欧美等发达国家的学者开始用"治理"和"善治"的理论来分析发达国家自身的公共问题，而且获得了越来越多的话语权。"治理"和"善治"的概念能够以这种"出口转内销"的方式广泛运用于发达国家自身的政治讨论，说明这两个概念具有很强的通用性和客观性，能够在完全不同政治体制的国家之家进行比较和对话。

另一方面，"治理"和"善治"概念的兴起也说明当前发达国家的政治发展到了一个瓶颈时期，需要采用范式转换的方法才能重新找到出路。"冷战"结束之后，欧美等发达国家的公共生活大致采取相似的方式，即在政治上是全民选举制，在经济上是混合经济制，在社会保障上是建设福利国家。T. H. 马歇尔1949年在剑桥大学的讲座中就提出了这个问题，他把这样的体制称为"复合的社会"①。

但是现在，这个"复合的社会"的三个发动机都出现了问题。首先是在政治上，选举权的范围已经扩展到了极限——所有心智健全的成年人，不论性别、种族和宗教都有权利参加竞选和选举，但是政府的腐败和低效依旧，民主制看来并没有发挥它被认为具有的魔力。其次，政府几乎使用了所有的手段来对经济进行管理和刺激。所谓混合经济体制就是政府既能够采取市场经济的工具，又能够采用计划经济的工具来管理经济，但是效果甚微，大繁荣的时代似乎已经一去不复返了。最后，"从摇篮到坟墓"的国家福利系统已经建立，乌托邦的千年梦想似乎就要实现，但是在福利国家体制之下，人们并没有变得豪情万丈，而是在为将来能够拿多少退休金而斤斤计较，社会保障的庞大开支最终让国家财政不堪重负。处于这个"复合的社会"输入端的三个发动机中每一个看起来都无懈可击，但是输

---

① 参见 T. H. 马歇尔、安东尼·吉登斯等《公民身份与社会阶级》，江苏人民出版社，2008，第127页。

出的结果却总不令人满意。于是，人们干脆直接从治理的结果出发去寻找问题的答案。相对于政治制度改革和体制的变化，治理把重点放在治理方式和技术的改进上，能够通过量的积累实现质的突破。

"治理"和"善治"的概念自从2000年左右引入我国以来，也得到很快的发展。[①] "治理"和"善治"的概念在我国兴起的原因既不同于不发达国家的情形，也不同于发达国家的情形。随着社会主义市场经济体系的基本确立，城镇化水平快速提高，我国的政府改革也在快速展开，建设服务型政府、创新型政府、大部制改革等都在同时推进。在这种情况下，"治理"和"善治"成为衡量政府改革成功与否的重要标准。另一方面，我国的政府改革在多个层面同时开展，尤其是和经济社会的发展变化密切相关的基层政府和地方政府成为改革的探路者。"治理"和"善治"的概念更加适用于这场以治理效果的提升和治理技术的改进为目标的政府改革。

"治理"和"善治"的概念在全球范围的流行说明这两个概念抓住了我们这个时代政治发展的某些核心问题。表7-1把"治理"和"善治"的概念与传统的"统治"和"政治"的概念做了一个简单的比较。如果把一个国家的政治活动看作一个系统，那么"统治"和"政治"的概念侧重于说明这个系统中的输入部分，强调阶级、政治体制等因素，而"治理"和"善治"的概念侧重于说明这个系统中的输出部分，侧重于强调效果、治理方式等系统表现。在政治系统应该如何改变这个问题上，"统治"和"政治"的概念偏向于使用革命或者改革的手段，"治理"和"善治"的概念倾向于使用改良、创新的手段。在变革的作用层面上，"统治"和"政治"的概念着力于政治系统的整体，主张从宏观层面出发，"治理"和"善治"的概念着力于政治系统的局部，主张从微观层面出发。对于政治系统的变革过程，"统治"和"政治"的概念强调突变和质变，希望毕其功于一役，"治理"和"善治"的概念强调渐变和量变，希望积跬步以至千里。最后，从应用范围上来看，"统治"和"政治"的概念只能运用于一个主权国家的内部政治系统，而"治理"和"善治"的概念不仅适用于一个主权国家的内部政治系统，还可

[①] 参见俞可平《治理与善治》，社会科学文献出版社，2000。

以适用于国际问题，甚至是政治系统之外的企业管理、社会问题、环境问题、文化问题等。

表 7-1　"统治"·"政治"与"治理"·"善治"

比较维度	"统治"·"政治"	"治理"·"善治"
政治系统	阶级，政治体制，政治系统的输入	效果，治理方式，政治系统的输出
变革手段	革命，改革	改良，创新
作用层面	整体，宏观	局部，微观
变革过程	突变，质变	渐变，量变
政治系统之外的应用	不可以	可以

7.2　共治范式的变革

关于何为"治理"，何为"善治"，不同的机构和研究者有不同的定义。例如全球治理委员对"治理"给出的定义："治理是个人、公共或私人机构用来管理他们共同事务的诸多方式的总称。它是一个连续不断的过程，它使相互矛盾和各不相同的利益群体彼此容纳并且可以实现合作。它包括常规的指示和强制服从的国家政体，同样也包括由民众和机构支持或认同的非常规安排。"[①]

从这个定义里面可以看出，"治理"中就包含"共治"的含义。又例如，在国际行动援助中国办公室编译的《善治：以民众为中心的治理》一书中，关于"治理"和"善治"就有如下的定义："在最广泛的意义上，善治是指国家、公民社会和市场所拥有的一些治理功能，目的是为了完成共同目标，即维护国家统一、界定和捍卫领土、完成经济增长、独立自主、发展和保障公平与社会正义。治理的重点已经从命令和控制措施转向在国家与全球层面创建一个个人、机构和国家之间的制约和制衡机制。在理想的情况下，这些机制能够创造一个引导性的氛围，使社区和个人，特别是弱势群体，去改善他们的生活和生计，并使交换和贸易得以进行。"[②] R. A. W. Rhodes (1996) 对治理的概念进行了梳理，他发现"治理"至少

[①] 见全球治理委员会的网站 http://www.cgg.ch/welcome.html。

[②] 见哈斯·曼德、穆罕默德·阿斯夫《善治：以民众为中心的治理》，国际行动援助中国办公室编译，知识产权出版社，2007，第 73 页。

有六种不同的含义：

(1) 作为最小国家的治理；

(2) 作为企业的治理；

(3) 作为新公共管理（NPM）的治理；

(4) 作为善治的治理；

(5) 作为社会－协同系统的治理；

(6) 作为自组织网络的治理。

其中，作为社会－协同系统的治理和作为自组织网络的治理就明确把治理就等同于共治。从现有的文献来看，Deil S. Wright（1983）是较早提出共治思想的研究者。Deil S. Wright（1983）提出的概念为政府间管理（IGM），所谓政府间管理，是指几个不同的行政区之间通过构建相互沟通的网络来解决特定问题的一种管理方式，它具有三个显著的特点：问题解决导向、政府间的博弈规则、网络化。

发达国家为削减财政赤字，在公共设施领域推行的PPP（公私伙伴关系）为社会共治带来了新的思路。PPP（公私伙伴关系）是指公共部门（政府）和私人部门（企业）通过某种形式的合作来提供公共产品或者公共服务，常用的模式有BOT（建造、运营、转移），BOOT（建造、运营、拥有、转移），PFI（民间主动融资），BT（建造、移交），BTO（建设、移交、运营），BOO（建造、拥有、运用），BBO（购买、建造、运营）等。

从发达国家的情况来看，社会共治首先是一种现实，"共治"是对其当前公共治理状况的一种客观描述。Jan Kooiman（1993）在《现代治理》一书中就认为，现代社会中的治理无一不是各种社会－政治行为主体所使用的各种治理手段和治理努力的混合体，包括各种公共的和私人的机构。Jan Kooiman（1999）把这样一种治理状态称为社会－政治治理（social-political governance），又称为互动式治理（interactive governance）[①]，"社会－政治治理"是指那些包括公共的和私人的行为主体参与的、互动型的

---

① 参见 Jan Kooiman, *Social - Political Governance*, *Public Management*: *An International Journal of Research and Theory*, 1999, 1：1, pp. 67~92。

安排，这些安排致力于解决社会问题、创造社会机会，同时也指这种统治活动赖以发生的制度。

Jan Kooiman（2003）在《作为治理的统治》中对治理的基本类型做了区分，他认为有三种基本的治理类型，即自我治理（self‐governance）、科层治理（hierarchical governance）、共治（co‐governance）。Jan Kooiman 没有对"共治"给出正式的定义，但是他认为，共治意味着为了统治的目的使用组织化的互动形式，"共治"的具体形式有交流型治理、公私伙伴关系、共同管理、网络化治理、政域（regimes）、协同。

Ingo Bode 和 Oscar Firbank（2009）对"共治"给出了一个描述性的定义，他们认为，共治有赖于不同行动者的集合，这些行动者具有平等的地位，他们之间的交流建立在互利互惠的基础之上，他们通过这种交流和共同的协议参与集体行动，致力于实现共同的目标。

Patrick Harkness（2012）从公共服务的使用者和公共服务的提供者之间的关系的角度为"共治"给出了一个操作层面的定义，他认为，"共治"就是如何把公共服务的使用者以及他们的经验整合到治理中去，这些治理主要针对公共服务的提供者或者有关的官员。

国内的学者从学术上主要关注的是合作治理（汪锦军，2012）和协同治理（汪海霞，郭维汉，2013），从实践运用的角度使用"社会共治"或者"共治"的文献最近也开始出现，例如毛栋英和苏兰花（2013）运用社会共治的视角对城市基层管理体制的改革方向进行了探讨，丁煌和孙文（2014）则分析了食品安全监管体制中社会共治的必要性。但是这些文献关注的是"社会共治"在解决具体问题中的运用，没有对"社会共治"概念本身的含义进行探讨。在当前的汉语语境中，"社会共治"更多的是一个常用语，"共治"的概念甚至已经出现在政府的正式文件中，例如，2014 年 3 月正式发布的《政府工作报告》中提出，要"推进社会治理创新，注重运用法治方式，实行多元主体共同治理"。这里的多元主体共同治理就是"共治"的意思。

从现有的国内外文献来看，"共治"的概念虽然已经提出，也有很多学者对其含义进行了讨论，国内文献中"共治"的说法也比较常用，但是关于"共治"比较正式的定义还没有确立。为了讨论的便利，我们给"社会共治"下了一个定义。

所谓社会共治就是指来自政府、市场、社会等不同领域的各种主体，在相互尊重各自的意愿和利益的基础之上，通过某种可持续的机制来解决公共问题或者提供公共服务，社会共治并不等于简单地把相关的机构和组织聚合在一起，更重要的是能够形成各主体之间可持续的互动机制。

由于各种文献中说法不同，我们也暂时不区分"共治""社会共治""多元主体社会共治""多元主体共同治理"这几种表述之间的区别。和"共治"的含义比较接近的术语有"合作治理（Collaborative governance，或者 Cooperative governance)"。Stephen Breyer（2011）在《合作治理》一书的前言中认为，"合作"是指政府官员通过和私人企业、市民群体或者个人进行合作以实现某种公共的目标，简单地让私人企业承担合同规定的某些任务并不意味着"合作"，因为这些合同可能规定得过于详细，以至于私人企业缺乏自主权，只有当公共部门赋予私人部门一定程度的"自由裁量权"，让私人部门自己决定如何实现公共的目标，这样的合作才能称为"合作治理"。由此可见，从含义上来看，"共治"和"合作治理"在很多方面有相互重合的地方。

但是，"共治"和"合作治理"也有很多微妙的差别。第一，共治（Co-governance）多用于欧洲学者对于社会治理的讨论，合作治理（Collaborative Governance）则更多地被美国的学者所使用，这可能是因为欧洲国家和美国在国家与社会的关系上具有不同的观点和社会现实。第二，在美国，国家与社会相互独立，政府和企业、社会组织只能以契约的方式形成比较正式的联结。在欧洲，社会与国家有较多的重合部分，集体主义的因素比较强，政府能够通过多种方式和企业、社会组织形成正式的联结。第三，合作治理强调不同的社会主体通过平等契约形成合作关系，但是共治并不强调这一点，参加共治的各种社会主体之间很可能是不平等的，他们之间的契约关系也可能并非完全出于自愿。第四，合作治理一般不包括非法人的治理主体，很多非正式组织、非法人形态的组织在社会治理中发挥着重要作用，但是由于他们无法结成有效的契约，这些组织与其他主体之间的合作很难称为合作治理，但是共治并不排除非正式组织和非法人形态的组织。第五，在治理过程方面，共治强调参与和协商，合作治理强调契约和谈判。第六，共治强调治理主体之间的分权和权力共享，而合作治理并不包含这样的意思。第七，"合作治理"比较强调行为主体之间的合作关系，忽略了他们之间可能的竞争关系和冲突关系。而"共治"的概念则能够涵盖行为主体之间的各种互动关系。最后，"合作治理"一般认为是公共部门主动邀请企业或者公民社会组织参与某种公共服务的提供，但是"共治"则没有角色的主动和被动之分，每一个行为主体都可以成为主动的一方。

我国的社会治理正处于一个变革时期，在治理理念上，集体主义的观点和个体主义的观点都有较多的拥护者，治理主体之间的地位也不一定完全平等，主体和主体之间也非完全独立。这样的社会治理现实和欧洲的情况比较接近。因此，就适用性而言，"共治"比"合作治理"更适合我国当前的社会治理现实。另外，我国现阶段的社会治理创新除了在治理手段上的创新之外，还有一个更重要的目标就是社会结构的调整，包括各种社会主体之间的权利与责任关系的调整以及国家与社会的互动方式的调整，"共治"的范式相对于"合作治理"的范式更能够体现社会在这方面的发展要求。

在欧洲学者的表述中，"共治"一词有三种不同的用法。第一种用法是作为发达国家社会治理现实的"共治"。为了应对福利国家带来的财政危机，欧洲的发达国家纷纷抛弃单纯的官僚制行政管理方式，但是又没有完全采取新公共管理（NPM）所主张的自由主义和商业主义的行政风格，而是发展出一套折中的"共治"方案。在这种场合，"共治"是一种实证性的表述。"共治"的第二种用法是指作为一种独特的治理工具，即认为"共治"是一种能够解决当前行政管理和社会治理过程中出现的诸多问题的治理工具。在这种场合，研究者主要关注共治如何发挥作用，是一种解释性的用法。"共治"的第三种用法是指作为社会发展目标的"共治"。"共治"实际上也是一种社会状态，体现了民主、参与、协商等现代社会的价值观，在这种场合，"共治"是一种规范性的用法。

7.3 分类视角下的社会共治

7.3.1 按治理领域划分

社会共治是一种跨域治理，即来自政府、企业、公民社会三大领域的主体之间建立某种制度化的联系，共同致力于社会问题的解决或者公共服务的提供。Reinhard Steurer（2013）根据领域的不同，把治理共分为七大类，其中三大类是政府、企业、公民社会各自领域的治理，其他四大类都是共治，如图 7-1 所示。①

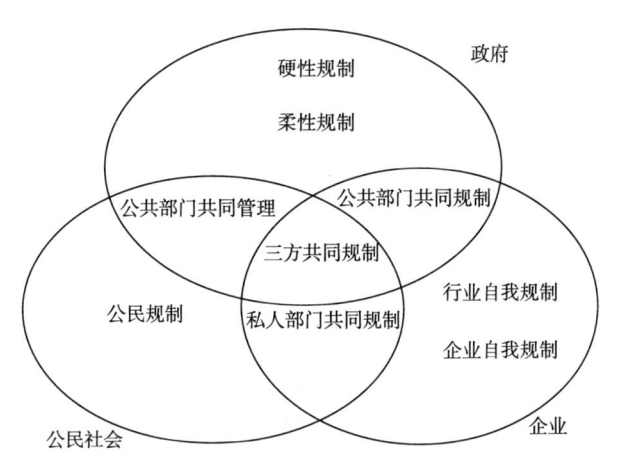

图 7-1　按领域（主体）划分的治理类型

按照 Reinhard Steurer（2013）的分类，首先，一个社会的治理领域分为三大部分：政府、企业和公民社会。每一个领域都有自身的治理方式、原则和工具。例如，在政治领域，政府可以使用法律、行政命令、税收、罚款、许可、禁令等硬性规制手段，也可以使用补贴、学习、贴标签等软性的规制手段。在市场领域，企业可以使用行业标准、自愿协议、审计证书等行业自我规制手段，也可以使用产品规范化、权益相关者管理、战略性企业社会责任等企业自我规制手段。在公民社会领域，公民社会组织既受到公众关于透明性和公正性要求的压力，又受到内部规范化运作的约束。政府和企业共同作用的领域称为公共部门共同规制，包括认证计划、和谈协议、公私伙伴关系（PPP）等。政府和公民社会共同作用的领域称为公共部门共同管理，通常是指针对公共部门资源的管理。公民社会和企业共同作用的领域称为私人部门共同规制，包括私人部门的证书计划、私-私伙伴关系等。其次，政府、企业和公民社会三者共同作用的领域称为三方共同规制，比较典型的包括一些管理标准（如 ISO26000）、认证计

---

① 参见 Reinhard Steurer，"Disentangling governance: A synoptic view of regulation by government, business and civil society"，*Policy Science*，2013（46）：387~410。

划、伙伴关系（如英国气候变化伙伴关系）等。

7.3.2 按照治理关系划分

任何治理都涉及治理主体和治理客体之间的关系。治理的客体往往是有自己的思想、需求和尊严的公民，而不是没有生命的自然之物。不同的治理模式在处理治理主体和客体之间的关系上采取了不同的策略。Archon Fung（2006）把治理主体和治理客体之间的关系分为三个维度：权威和权力、参与、交流与决策模式（见图 7-2）。

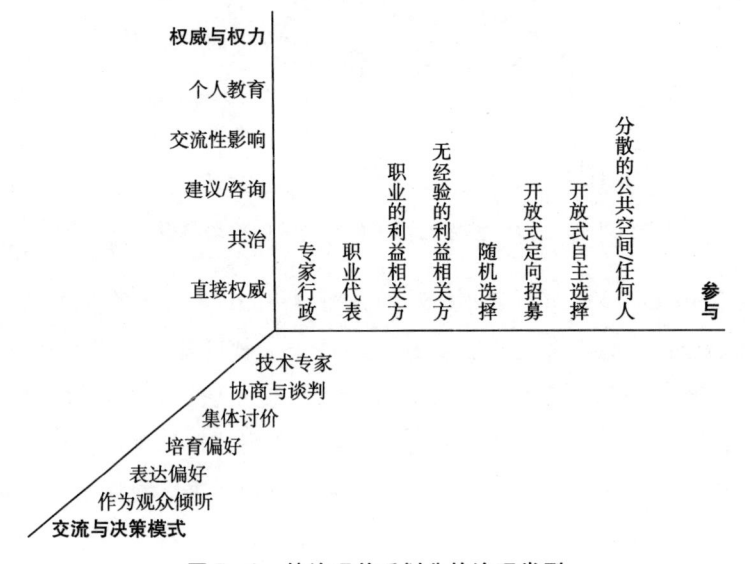

图 7-2 按治理关系划分的治理类型

根据 Archon Fung（2006）的分类，权威与权力的维度是指治理主体对客体施加指导性影响的方式。最生硬的方式是直接实行权威，其次是采取共治，再次是提供建议或者咨询，然后是通过交流影响治理客体，最后是通过个人的教育来影响客体。

从治理客体参与治理过程的维度来看，参与程度最低的是专家行政，其次是采用职业性的代表方（例如专职议员），再次是职业性的利益相关方，往后依次是无经验的利益相关方、随机选择、开放式定向招募、开放式自主选择，最后是分散式公共空间，即任何人都可以参与治理过程。

从治理主体与客体之间的交流以及决策模式来看，参与程度最低的就是技术专家直接决策，其次是协商谈判，再次是集体讨价还价，往后依次是培育偏好、表达偏好，最后是决策者仅仅作为观众进行倾听。

Archon Fung（2006）还采用三维坐标的形式对任何一种治理模式进行定位。由于每一个维度都按照参与程度从低到高的顺序排列，每一种治理模式在三维坐标中对应的立方体的体积可以用来衡量该治理模式综合的参与程度。在 Archon Fung（2006）的三维坐标中，"共治"的权威与权力维度中参与程度高于直接权威的刻度。

7.3.3 按治理工具的分类

任何治理模式都要使用某种或者某几种治理工具。随着治理主体的不断创新，治理工具的数量在迅速增加，其复杂性也在提高。Oliver Treib，Holger Bähr 和 Gerda Falkner（2007）根据治理工具的性质对治理模式进行了分类。首先，他们把治理工具分为两大类别：政府干预和社会自治。政府干预类的工具又分为三大类：政策类、政治类、政制类。每一类别的治理工具都按照政府-社会的维度进行区分。（见图7-3）

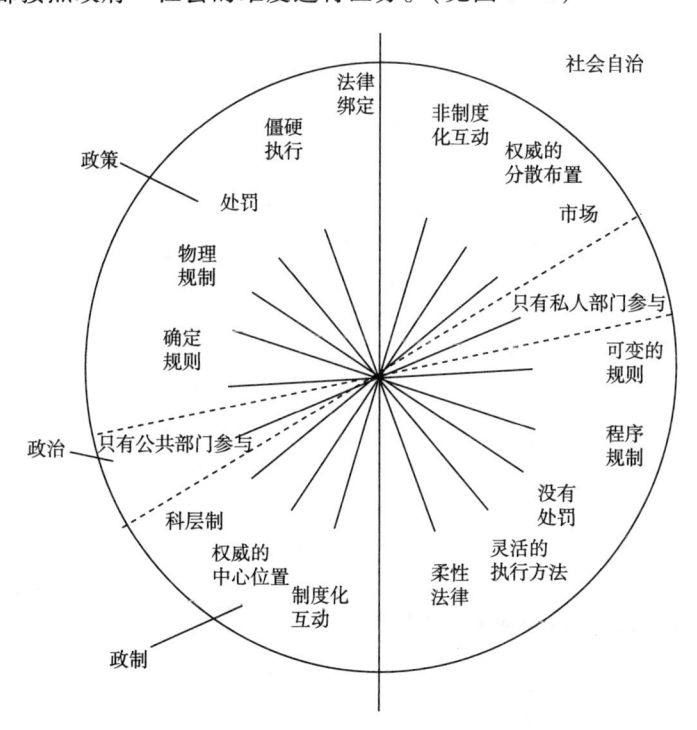

图7-3 按照治理工具的性质对治理进行分类

政策类的治理工具有：(1)法律绑定，社会自治领域相对应的是柔性法律；(2)僵硬执行，社会自治领域相对应的是灵活的执行方法；(3)处罚，社会自治领域相对应的是没有处罚的治理措施；(4)物理规制，社会自治领域相对应的是程序规制；(5)确定规则，社会自治领域相对应的是可变的规则。

政治类的治理工具只有公共部门参与的治理，社会自治领域相对应的只有私人部门参与的治理。

政制类的治理工具有：(1)科层制，社会自治领域相对应的是市场；(2)权威的中心位置，社会自治领域相对应的是权威的分散布置；(3)制度化互动，社会自治领域相对应的是非制度化互动。

7.4 社会共治的理论源流

7.4.1 行政国家论

社会治理是政府职能的延伸，社会治理的范围、内容、方式和政府的职能定位密切相关。政府应该承担哪些职能？自由至上主义者认为政府的职能应该尽量减少。正如罗伯特·诺奇克(2008)在《无政府、国家和乌托邦》一书中所言："能够得到证明的是一种最低限度的国家（minimal state），其功能仅仅限于保护人们免于暴力、偷窃、欺诈以及强制履行契约等；任何更多功能的国家都会侵犯人们的权利，都会强迫人们去做某些事情，从而也都无法得到证明。"但是，"最低限度的国家"是一个高度理想的模型，历史上和现实中的国家都承担了更多的功能。同样属于自由至上主义阵营的F. A.哈耶克在《法律、自由与立法（第一卷）》中认为，"政府的这一特殊功能有点像工厂维修队的功能，因为它的目的并不在于提供任何特定的服务项目或公民消费的产品，而毋宁在于确保那个调整产品生产和服务提供的机制得以正常运转。"

相反，功利主义者则主张政府应发挥更大的作用。功利主义者认为，政府应该促进最大多数人的最大利益。这个信条为政府举办各种公用事业、提供社会福利找到了依据。但是，功利主义者也容易导致政府的职能过于庞大、管制过于烦琐的弊端，因为在现实的政治活动中，哪些利益是最大多数人的最大利益，哪些利益不是最大多数人的最大利益很难判断。

亚当·斯密的《国富论》虽然在经济领域主张自由竞争的市场经济，认为政府是在市场经济中扮演"守夜人"的角色，但是对政府自身的功能持一种现实主义的态度。《国富论》中列举的政府的重要职能包括国防（维持和平）、司法（维持正义）、公用事业、公共制度、教育、宗教、国家主权的尊严（外交、王室）。①

如果把政府看作人类社会发展中的一种现象，那么无论是自由主义还是功利主义都没有很准确地对这种现象进行描述，更谈不上对具体的行政行为进行分析。行政国家论的出现恰好填补了这个空白。行政国家论的思想可以追溯到德国哲学家卡尔·施密特在1932年发表的《合法性与正当性》。② 卡尔·施密特在这篇文章中把"国家形式"分为四种即立法国、司法国、政府国和行政国。对于行政国家的正式研究始于美国学者怀特·沃尔多（Dwright Waldo）在1948年出版的著作《行政国家：美国公共行政的政治理论研究》。③ 戴维·H. 罗森布鲁姆和罗伯特·S. 克拉夫丘克在《公共行政学：管理、政治和法律的途径》一书中认为"行政国家"的概念表明了当代政府的一些特点：公共部门使用了庞大的社会资源；公共行政管理者在当代政府运作中发挥着重要作用；他们总体上处于政治的核心地位；国家通过行政行为来解决其面临的问题并达成目标。④

行政国家论有三层基本的含义。第一，行政行为是国家和政府正统性（合法性）的来源之一。国家和政府的正统性有诸多来源，政府的行政行为因为能够提供一个社会所需要的公共物品和公共服务，因此能够带来正统性。第二，国家行政部门以及行政职能的扩大有一个历史的过程，这同时也是一个必然的过程。行政现象在现代国家中几乎无处不在。第三，行政活动有其自身的规律和逻辑。有的时候，行政的力量非常强大，有的时候，行政的力量又非常弱小。为了最大限度增进社会福利和公共的善，人们应该做的事情就是要改进行政的方式，提高行政的效率。

行政国家论为现代公共行政的研究奠定了理论的基础，也为社会共治

---

① 参见 Adam Smith, The Wealth of Nations, Random House, 2003。
② 参见郑崇明、郭子平《中国行政国家合法性的历史变迁与路径选择》，《湖北社会科学》2010年第6期，第34~37页。
③ 参见白锐《"行政国家"解析》，《云南行政学院学报》2005年第2期，第25~28页。
④ 参见戴维·H. 罗森布鲁姆、罗伯特·S. 克拉夫丘克《公共行政学：管理、政治和法律的途径》，中国人民大学出版社，2002，第50页。

的实现创造了条件。社会共治可以说是现代公共行政和公共管理领域的最新发展，但是社会共治要获得公众的广泛认可却面临一定的困难，这个困难和"行政国家论"出现时公共行政学面临的困难有类似之处。社会共治从形式上来看是一种跨领域的治理，往往在一个治理框架内包括政府、企业、社会组织等不同性质的行为主体。政治学、经济学和社会学的研究聚焦在社会共治的合理性上，对是否应该推行社会共治持怀疑态度。但事实却是社会共治已经广泛存在于我们的社会生活中，只不过人们以前没有用社会共治的概念去看待它。和"行政国家论"一样，"社会共治"概念的出现有利于人们从客观现实的角度去看待共治现象，把研究的焦点放在如何提供共治的效率、实现更好共治效果的问题上，而不是仅仅限于讨论该不该共治。

7.4.2 社会系统论

社会系统论认为社会是一个不断分化同时又相互整合的系统。社会的分化包括社会分工、阶层的分化、专业领域的出现。埃米尔·涂尔干在《社会分工论》中认为分工是现代社会不可避免的趋势，因为分工可以明显地提供效率。但是社会分工使得人与人之间的联系越来越脆弱，这造成了个人从社会中的脱离。为此，埃米尔·涂尔干提出了社会团结的概念，他认为传统社会是一种简单社会，每个人都是同质的个体，因为传统社会就像低等的环节动物一样由相同的部分通过机械的方式构成。与此相对应，在一个高度分化的现代社会，每个人都是完全不同的个体，社会应该像更高等的生物体一样由不同的部分有机地构成。埃米尔·涂尔干把传统社会中的社会团结称为机械的团结，把现代社会中的社会团结称为有机的团结。

社会系统的代表人物塔尔科特·帕森斯建立了一套系统论的分析方法。他把所有的社会现象都称为系统，而人们通常说的"社会"就是一个所有系统的总系统。按照塔尔科特·帕森斯的论述，所有的系统都包含四个基本功能：适应功能、目标达成功能、整合功能、模式维持功能，简称AGIL模式。从整个的社会系统来看，适应功能对应于社会的经济部门，为人类社会的生存提供保障；目标达成功能对应于政治部门，允许人们实现某些共同的目标；整合功能对应于法律，保持系统内部的一致性；模式维持功能对应于狭义上的社会，包括教育、宗教、家庭等领域，提供整个系统得以持续发展的基础。塔尔科特·帕森斯认为每一个社会系统都可以按照 AGIL 的模式划分为四个次级子系统，而且每一个子系统都和其他子系统之间有交换关系，只有当各个子系统之间的交换关系保持相互平衡的时候，社会才是一个健康的社会。

卢曼没有采取模式化的方法对社会系统进行划分，他直接认为现代社会系统是靠不同功能组织系统的并存和分别运作来维持的（高宣扬，2010：676）。他把社会分为政治系统、经济系统、法律系统、教育系统、宗教系统、文化系统、艺术系统、家庭系统等。卢曼认为系统存在和演化的关键因素是具有自我参照性（或者翻译为自我反省）。自我参照性意味着系统能够进行自我观察、对自身和正在做的事情进行反省，并根据反省的结果做出决策（鲁恩·华莱士，艾莉森·沃尔夫，2008：50）。每一个系统基于其自我反省而形成系统理性，这些理性是现代社会的基石，但是同时也带来了新的问题，那就是不同的系统其理性可能是相互冲突的。

社会系统论对于社会共治的必要性具有很好的启发意义。无论是涂尔干的有机团结还是帕森斯的子系统之间的交流与平衡还是卢曼的相互冲突的系统理性，都说明现代社会的各个领域之间必须建立有效的沟通和交流机制，才能够维持社会的健康运行。

7.4.3　社会沟通论

如何建立不同领域之间的沟通和交流？以哈贝马斯为代表的社会沟通论给出的答案是对话和协商。哈贝马斯把人类的行动分为四大类：目的论行动、规范调节的行动、戏剧行动、交往行动。交往行动是个人之间具有（口头上或者外部行动方面）的关系，至少是两个以上的具有语言能力和行动能力的主体的内部活动。[①] 哈贝马斯不赞成抽象的"目的合理性"和"价值合理性"，他认为在社会范围内唯一可能为各个行为主体所接受的合理性是在各个主体间的"沟通行动"中，通过协商达成共同一致"同意"的那种"沟通的合理性"。[②] 哈贝马斯把 17、18 世纪西欧国家盛行的音乐

[①] 参见于尔根·哈贝马斯《交往行动理论——行动的合理性和社会合理化》（第一卷），重庆出版社，1994，第 121 页。
[②] 参见高宣扬《当代社会理论》（上、下），中国人民大学出版社，2010，第 248 页。

厅、剧院、博物馆、家庭沙龙、咖啡馆、杂志等现象作为人们通过交往行动获得"沟通的合理性"的典型代表,也就是他所说的公共领域。但是在《公共领域的结构转型》一书中,哈贝马斯发现,19 世纪之后,西欧发达国家中的公共领域在迅速消退:一部分公共领域退缩到私人领域,私人生活不再具有开放性,一部分公共领域变成了政治领域,以前由公众舆论决定的事情现在由议员和政治家来决定。

关于近代以来公共领域的衰退,理查德·桑内特和罗伯特·帕特南都有相似的表述。理查德·桑内特在《公共人的衰落》一书中认为,在启蒙时代,确实存在一种公共领域和私人领域之间的平衡,但是 18 世纪末期的大革命和 18 世纪之后国家工业资本主义的兴起打破了这种平衡,导致了公共领域的衰退。[1] 罗伯特·帕特南在《独自打保龄》一书中根据对美国社区组织以及社区俱乐部规模的考察,发现自 20 世纪以来,代表公共领域活力的社会组织的数量及其规模都在减少。

在公共领域衰退的情况下如何重建公共领域或者更好地发挥公共领域的作用?社会沟通论给出的答案就是加强不同领域的交往和协商。哈贝马斯在《公共领域的结构转型》一书中认为:"只有两个交往领域通过批判的公共性这一中介联系起来,才会产生严格意义上的公众舆论,当然在今天,只有让私人参与到公共领域所控制的正式交往过程中去,批判的公共性才能在一个具有社会学意义的秩序当中,把两个领域联系起来。"[2]

社会沟通论为社会共治的主要治理方式提供了理论依据。尽管社会共治会使用很多治理工具,但是在涉及跨领域沟通的情况下,社会共治主要的工具就是沟通和协商。在社会沟通论看来,人类社会就是一个相互沟通的网络。作为互动人类共同体的"社会",其运作和发展,乃是生活在社会中的各个成员之间"同意"和"影响"的协调性结果。[3]

7.4.4 社会权力论

权力是行政管理和社会治理中普遍存在的现象,权力和地位的不平等

---

[1] 参见理查德·桑内特《公共人的衰落》,李继宏译,上海译文出版社,2008,第 22 页。
[2] 参见于尔根·哈贝马斯《公共领域的结构转型》,曹卫东等译,学林出版社,1999,第 294 页。
[3] 参见高宣扬《当代社会理论》(上、下),中国人民大学出版社,2010,第 1020 页。

司空见惯，社会沟通论所主张的沟通和协商很可能并不是在地位平等主体之间进行的，如何看待和处理社会主体之间的权力关系是行政管理和社会治理需要解决的问题。

人们对于"权力"的印象往往包含"生硬""强制""单方面"等因素，罗伯特·达尔认为，所谓"权力"，就是表现为某个主体能够促使另一个主体去做一件原本不会去做的事情。[1] 但是按照卢克斯的分类，这样的权力观属于单向度的权力观。卢克斯（Lukes. S.）认为，理论界存在三种权力观：单向度权力观、双向度权力观、三向度权力观。[2] 单向度的权力观只考虑一个主体对另一个主体的影响，双向度的权力观考虑主体之间的相互影响，三向度的权力观不仅考虑主体之间的相互关系，而且还考虑了权力行使过程中复杂的社会和文化因素。

社会中的权力具有多种形态，权力的来源也有很多种。伯特兰·罗素在《权力论》中认为："权力也和能一样，具有许多形态，例如财富、武装力量、民政当局以及影响舆论的势力。在这些形态当中，没有一种能被认为是从属于其他任何一种，也没有一种形态是派生所有其他形态的根源。"[3] 迈克尔·曼在《社会权力的来源（第一卷）》中认为社会权力主要有四个不同的来源：意识形态的权力、经济权力、军事权力、政治权力。意识形态的权力具有超越性，典型的例子是宗教组织；经济权力具有广泛性、深入性、弥散性和权威性；军事权力具有集中性、强制性；政治权力具有集权性、制度性、领土性。四种权力各自包含独特的社会空间组织形式，借助这样的形式，人类能够实现他们一整批非常广泛但未穷尽的众多目标。[4]

相对于社会权力的宏观理论，权力的微观机制对于社会治理而言具有更加直接的意义。彼得·M. 布劳认为权力根源于交换关系。在《社会生活中的交换与权力》一书中，布劳举例说："如果某人定期向他人提供其不能及时从别处获取的服务，那么他们之间的相互依赖强迫他们必须遵守

---

[1] 参见 Robert Dahl, *Who Governs?*, University of Chicago Press, 1957：290。
[2] 参见 Lukes Steven, *Power: A Radical View*, Macmillan, 1974。
[3] 参见伯特兰·罗素《权力论：新社会分析》，商务印书馆，1991，第4页。
[4] 参见迈克尔·曼《社会权力的来源（第一卷）》，刘北成等译，上海世纪出版集团，2007，第35页。

他提出的要求，否则他将中断向他们提供的服务。"①

福柯关于政权组织末端权力的微观研究从更深的层次揭示社会权力的本质。福柯关于权力的论述很多，可以概括为三个方面。第一是权力的泛在性，福柯认为现代社会中权力无处不在，只要有人在、有文化在的地方就有权力。第二是权力的多层复合性，权力不是一种孤立的力量，而是和权力发生过程中政治、经济、文化、社会等诸多因素的多层复合。第三是权力的技术性，权力的运行和贯彻是一种技术，是始终不停地发展、不断地被发明和不断地被完善化的程序。②

社会共治必然也涉及不同类型权力如何协调、整合、竞争的问题。社会共治可以看作社会权力一种新的发展形态。一方面，社会共治利用了现代社会中权力的多层复合性，巧妙地运用不同类型的权力系统去实现社会的公共目标；另一方面，社会共治也在不断地发明和创造新的权力技术，让现代社会中的权力以更加合理的方式发挥作用。

---

① 参见彼得·M. 布劳：《社会生活中的交换与权力》，商务印书馆，2012。
② 参见高宣扬《当代社会理论》（上、下），中国人民大学出版社，2010，第296页。

第八章

多元主体社会共治

【本章摘要】

社会共治既是治理理论在发展过程中的一次重大范式变革，同时也是当前众多治理理论的"集大成者"。在治理主体上，社会共治表现为多中心治理，主张不同的社会主体均可以成为治理的资源中心、信息中心和决策中心；在治理结构上，社会共治表现为网络化治理，强调治理主体之间形成固定化或者半固定化的互动结构；在治理机制上，社会共治表现为协同治理，倡导不同治理主体之间为了共同的社会治理目标而统一协作；在治理关系上，社会共治吸收了新公共管理和新统合主义等社会治理思想的成分，既强调治理过程中的创新和激励，又强调治理结果的公平和人们的归属感；在治理过程上，社会共治表现为协商治理和动态治理，主张通过各种层次的协商达成社会共治，把社会治理看作是一个动态的、不断调整的过程。

社会共治是社会治理领域的一次"政策范式"的转变。所谓"政策范式"，是指人们关于社会问题的性质及其解决方法、政策所具有的方向、目标及其赖以生成的价值观、信念、意识形态等的综合认识。社会共治这个新的治理范式是在已有的多种治理范式的基础之上发展起来的，它结合了多种治理范式的特点。从治理主体来看，社会共治是一种多中心治理，主张各种不同的主体都能够参与到社会公共事务的治理框架中来。从治理结构来看，社会共治是一种网络化治理，主张各种不同的社会主体之间形成制度化或者半制度化的网络，以解决治理过程中的分工、协作、信息交流的问题。从治理机制来看，社会共治是一种协同治理，主张不同的行为主体之间形成有效的协同机制，获得最大的社会合力。从治理关系上来看，社会共治的思想来源很多，包括新公共管理主义、新统合主义等。从治理过程来看，社会共治是一种协商治理，也是一种动态治理，主张治理主体在不断的协商过程中动态应对公共问题的挑战。

8.1 治理主体——多中心治理

在谁能够成为治理主体这个问题上，社会共治的范式认同多中心治理的观点。多中心治理认为除了政府之外还存在很多其他的治理主体，而且不同的主体都有发挥最佳的治理效果的公共事务范围，人们应该根据公共产品或者公共服务的特点来选择适当的治理主体。多中心治理还意味着现代社会的治理必须面对多个权力中心，多个决策中心、多个资源中心，寻求多中心之间的平衡、协调以及互动共赢的机制是社会共治的核心任务。

由于各国的法律不同，政府和社会的组织方式不同，能够进入社会共治框架的社会主体的种类也不一样。按照学界通用的"政府－市场－公民社会"的划分方法，我们可以把治理主体分为四大类：政府及准政府主体，市场主体，公民社会主体，宗教及传统社会主体。

（1）政府及准政府主体

为了节约政府支出提高行政效率，发达国家纷纷探索在正式的政府机构周边建立准政府机构或者代理机构。表 8-1 列举了主要发达国家中准政府主体的情况。例如，美国的准政府主体分为四大类：独立机构、独立管理委员会、政府性公司、准政府实体。独立机构是实体性的事业运作机构，具有自己的内部决策程序，人事任命和政策决定均独立于政府的和政治的变化。独立管理委员会是非实体的咨询、仲裁机构。政府性公司是政府为了某些特定的目的成立的公司。准政府实体是具有一定行政管理功能的综合性组织。

荷兰的准政府实体分为代理机构、受公法管辖的独立行政实体、受私法管辖的独立行政实体。代理机构是政府部委的一部分，执行部委的部分行政职能，独立行政实体与代理机构相比有较大的独立性，独立行政实体分为受公法管辖的独立行政实体和受私法管辖的独立行政实体。

表 8-1　主要发达国家的准政府主体①

国家	准政府主体	说明
美国	独立机构	约 60 个,如社会保障管理局
美国	独立管理委员会	14 个,如州际贸易委员会
美国	政府性公司	数量很多,如美国邮政公司
美国	准政府实体	一种混合组织,如国家公园基金会
英国	执行机构	没有自己的法律身份,在其主管部委的授权下运行
英国	非政府部门公共实体	分为执行性非政府部门公共实体和顾问性非政府部门公共实体
瑞典	代理机构	代理机构受政府的控制和管制最严
瑞典	公共企业	公共企业的自由度位居代理机构和国有公司之间
瑞典	国有公司	国有公司享有十分自由的地位
荷兰	代理机构	23 个,部委的组成部分,管理规制部门
荷兰	受公法管辖的独立行政实体	55 个,属于政府的一部分 77 个,独立于政府之外
荷兰	受民法管辖的独立行政实体	207 个,有公共职能
德国	联邦代理机构	直接联邦管理
德国	公法实体	间接联邦管理
德国	私法管理机构	
德国	控制管理机构	
法国	公共组织	具有自治性,但是属于另一法律实体
法国	公共利益集团	根据合同并由部委命令批准而建立的法律实体
法国	自治管理机构	不受政府约束地代表国家
日本	独立行政法人	受政府部门委托承担行政事务
日本	国立大学法人	国立大学
日本	特殊法人	是一种政府关系特殊法人,作为国家及地方公共团体与私人自治社会中的团体的中间组织而存在
日本	认可法人	民间人士发起成立,主务大臣认可
日本	指定法人	基于特别的法律进行特定业务的法人
日本	公共组合	水害预防组合、健康保险组合
日本	地方公社	地方住宅供给公社、地方道路公社、土地开发公社
日本	地方独立法人	由地方公共团体设立

① 美国、英国、瑞典、荷兰、法国、德国的信息根据经济合作与发展组织编纂的《分散化的公共治理:代理机构、权力主体和其他政府实体》整理而成,日本的信息根据盐野宏《行政组织法》的相关章节整理而成。

日本的准政府主体统称为特别行政法人。特别行政法人包括很多类别，其中和中央政府关系最密切的是独立行政法人，独立行政法人受政府委托承担行政事务，又可以分为其干部、职员具有国家公务员身份的独立行政法人和其干部、职员不具有国家公务员身份的独立行政法人。国立大学法人是国立大学法人化改革的结果。特殊法人是根据专门法律成立的法人，例如日本中央赛马会。认可法人和设定法人是政府把民间组织法人化的两种方式。另外还有公共组合、地方公社和地方独立法人等类别。

我国的事业单位体制还处于改革过程中，政事分离、事业单位的法人化还没有完成，因此很难对我国的准政府主体进行一个准确的描述。从与政府关系的密切程度来看，我国的准政府主体有下面几类：

◆政府直属事业单位，例如社会保障基金；

◆人民团体，例如妇联、共青团；

◆政府主管的社会团体，例如慈善总会、扶贫基金会；

◆政府主管的事业单位，例如公立学校、公立医院；

◆国有企业。

（2）市场主体

企业是市场领域最主要的主体，按照法律形态的不同，企业可以分为个人独资企业、合伙企业、股份制企业。其他的市场主体都由企业衍生而来，包括企业基金、行业协会、企业联盟、社会企业等。

（3）公民社会主体

公民社会主体是指在国家和家庭领域之外活动的社会团体和社会组织，按照我国的法律体系，公民社会主体主要包括：

◆基金会，致力于慈善、扶贫等领域；

◆社会团体，政府主办的、民间成立的；

◆民办非企业单位，不以营利为目的的经营单位；

◆基层自治组织，社区组织；

◆志愿组织，松散的团体。

（4）宗教及传统社会主体

"政府－市场－公民社会"的三分法并没有包括所有的社会治理主体，剩下的部分主要包括宗教组织以及传统的社会组织。在传统社会中，宗教组织曾经是强有力的社会治理机构，很多宗教组织从事医疗、教育、扶贫、慈善等社会活动。现代社会中，宗教的社会治理功能总体上有所减弱，但是在某些领域仍然发挥着很大的作用。传统社会主体的形态依国家和社会的不同而不同。在我国，传统社会主体主要是指宗族组织，同乡会组织等。这些组织虽然带有前现代社会的特征，但是在强调和恢复传统价值的大背景之下又获得了新的生机。

8.2 治理结构——网络化治理

在治理结构上，社会共治主张采取网络化治理。网络化治理最早在企业治理中得以确立。20 世纪 70 年代，以强调纵向管理和绝对服从为特点的福特模式逐渐式微，相反，以注重员工参与和企业间协调为特点的丰田模式得到产业界的推崇。此后，随着社会信息化程度的提高，消费者的偏好日益多样化，企业所处的政策环境和市场环境的不确定性越来越大，企业之间加强联盟，组成某种形式的组织来满足瞬息万变的市场，抵御来自各方面的风险。在这种情况下，产业集群、战略联盟、供应链、虚拟企业、战略网络等网络组织（阮平南，杨小叶，2010）成为企业生存的新形式。

关于网络化治理（Internet Governance），不同的学者给出了很多不同的定义。例如，Candance Jones 等（1997）认为，网络治理是一个有选择的、持久的和结构化的自治企业（包括非营利组织）的集合，这些企业以暗含式的或者开放式的契约为基础从事生产与服务，以适应来自环境的不确定性，从而协同和保护交易，而且这些契约来源于某种社会性的绑定，而不是法律性的绑定。Federico Butera（2000）认为，网络组织是一个可识别的多重联系和多重结构的系统，具有高度自组织能力的网络组织在共享和协调目标以及松散、灵活的组织文化理念的支持下共同处理组织事务，以维持组织的运转。由此可见，网络化治理就是由一群具有自治能力的组织组成的、按照一定的理念和程式运作、以期实现其共同目标的治理方式。

网络化治理是指相关的政府部门、营利性组织、非营利性组织以及公民个人通过程式化的契约关系，利用各自的资源优势相互协作，从而实现特定公共价值的一种治理方式。传统的政府机构通过严格的官僚体系和层级机构对社会进行管理并提供必要的公共服务。但是，随着公民对政府部门的要求趋于多样化，政府不得不承担起提供各种公共物品和准公共物品的责任。从社会治安、环境保护、经济发展、扩大就业和社会保障等涉及大多数人群的公共物品的提供到保护弱势群体、文化遗产保护、特殊疾病防治等针对少数人群的社会问题，政府提供的公共服务的范围空前广泛。另一方面，现代政府都面临苛刻的财政预算和人员规模的限制，因此，如何在有限的人力和物力条件下为社会提供尽量丰富的公共物品是对所有政府的考验。正是在这样的背景下，各国政府都在实际的行政过程中探索和尝试符合自身特点的网络化治理模式。

网络化治理兴起的重要原因之一是治理任务的复杂性上升。地方经济振兴、弱势人群扶助、自然灾害救治、反恐、大型会展项目和运动会等治理任务已经成为政府部门的常规工作。但是，这些治理任务中的每一项都不是传统政府体系中单独一个部门能够独立完成的，它们都需要多个政府部门以及多种社会力量相互之间的深度合作。在传统的政府体系之内，部门之间的深入合作也经常出现，但是这种合作往往是更高一级部门协调下的临时性协作。而在网络化治理中，相同级别的政府部门和不同级别的政府部门之间都可以形成协作关系，而且这种协作关系往往是长期的和经常性的。因此，不同的政府部门和社会组织有必要通过结构化的契约关系形成一种半正式的组织。

网络化治理兴起的第二个主要原因是治理效果的非确定性增加。在复杂性上升的同时，很多新型治理任务伴随着相当的风险。例如，地方政府的发展规划需要得到上级政府部门的批准，这种行政审批就具有很大的不确定性。自然灾害、公共危机事件和政府创新本身就是比较随机的事件，其治理效果不仅取决于事前的准备水平，也取决于许多不可控的外部因素。单纯的企业或者非营利组织很少有足够的动力去承担这类高风险治理任务，甚至单个的政府部门也大多不愿意承担治理失败的风险。而网络性组织由于其责任分担机制比较模糊，特别适合处理这类新型的治理任务。

网络化治理兴起的第三个主要原因是网络化组织自身的发展和成熟。实际上，网络化治理首先出现在企业组织中。企业的网络组织是由原来孤立交易的公司共同贡献资源而形成"企业联合"，从而使企业成为一个动态的互联世界中灵敏快速的竞争者。企业通过组建网络性组织可以实现更迅速的供应链管理，达到减低成本提高效益的目的。而且多个企业组成的网络在获取信息、化解技术革新和市场变化带来的风险方面都有较大的优势。20世纪80年代，以丰田企业集团为代表的日系汽车公司正是依靠复杂的企业间网络战胜了以科层制为主要特征的美国系汽车公司。企业的网络化治理主要有"战略联盟""虚拟企业""企业集团与跨国公司"三种形式。

斯蒂芬·戈德史密斯和威廉·D. 埃格斯（2008）在《网络化治理：公共部门的新形态》一书中明确提出网络化治理的概念，他认为网络化治理的出现象征着世界上改变公共部门形态的四种有影响的发展趋势正在合流，这四种趋势是第三方政府的发展、协同政府、数字化革命和消费者需求的多样化。根据斯蒂芬·戈德史密斯和威廉·D. 埃格斯（2008）的观点，网络化治理并不是新鲜事物，政府很早以前就在很大的范围内与私人公司、各种协会和慈善组织开展合作，以实现其公共目标，但是现在的网络化治理无论其广度还是种类都比以往任何时期更加宽泛，也更加繁杂。

市场通过匿名的、自愿的等价交换和价格机制使商品和资源的配置得到最优化，而科层则基于地位差序的命令与服从来执行统一的、标准化的、精确的任务。网络则居于市场和科层两者之间。与市场相比，网络成员之间不是匿名的，但是在很大程度上保持着自身的独立性，成员之间的交换是比较平等的；与科层相比，网络没有严格的上下级的区分，但是也可以通过协商来执行统一的、标准化的、精确的任务。表8-2从多个方面对这三种治理形式进行了比较。

首先，从治理的目的来看，科层组织主要体现中央执行者的利益，而网络组织则倾向于体现网络成员的共同利益，至于市场，其本身并没有特定的目的可言。科层组织是一种高度垂直一体化的结构，控制权相对集中；网络组织的垂直一体化相对较低，其中静态网络组织的垂直一体化程度往往较高，而动态网络组织的垂直一体化程度比较低，网络组织的控制权相对分散；市场则不存在垂直一体化的问题，其控制权更为分散。在科层组织和市场中，行为组织之间的信任程度都比较低，而在网络组织中，行为主体之间的信任程度往往比较高。

在冲突解决方面，科层组织依赖详尽的合约和行政命令，这些合约包括复杂的法律条款和行政程序；网络组织依靠关系性的、周期性的合约，往往采取协商、让步、互惠的形式获得共识；市场则依赖明确的市场规范和法律。科层组织有明确的边界；网络的边界是柔性的、易变的；而在市场中，行为者之间完全是离散的关系。在科层组织中，成员之间通过垂直的渠道进行不间断的联系，遵循一点到多点或者多点到一点的模式；在网络组织中，成员之间只是在有必要的时候才联系，而且这种联系是直接的，遵循多点到多点的模式；在市场中，行为主体之间也是多点到多点的直接联系，但是这种联系只是短期存在。

表8-2 网络与市场、科层的比较[①]

比较内容	科层组织	网络	市场
目的	中央执行者的利益优先	合作者的利益优先	提供交易场所
垂直一体化	高，生产投入所有权集中化	可变（静态网络中等，动态网络较低），所有权单元分散化	无，生产投入所有权分散
信用	低	中等偏高	低
冲突解决	详尽的合约；行政命令	关系的/周期性的合约，共同协商，互让互惠	市场规范；法庭，法律体系
边界	固定、刚性、内或外；强典型的静态连接或联合	柔性，可渗透，相对，潜在连续；强和弱，常常动态连接或联合	离散的，完全细微的；远距离、近距离、一次性连接或联合
联系	不间断；通过渠道（垂直）；一点到多点或多点到一点	当需要时；直接；多点到多点	短期存在；直接；多点到多点
任务基础	功能导向	项目导向	一致性（一个当事人从开始到结束）
激励	低，预先确定过程步骤和产出，主要取决于固定工资	较高，业绩导向；利益来自多重交易	高度强调销售额或市场
决策轨迹	自上而下，远距离	共同参与或协商，接近行动地点	即时，完全自主

---

① 参见李维安《网络组织：组织发展新趋势》，经济科学出版社，2003，第45~46页。

续表

比较内容	科层组织	网络	市场
信息收集	静态环境中的较低搜索度；通过专业化机构	分布式信息收集；中等搜索度	通过价格传递信息；价格向量极其重要，需要寻找价格
控制/权威/影响模式	地位或规则为基础；命令/服从关系	专业技能或声誉为基础，重说服；通过形成连接影响控制	通过价格机制取得共识

在任务基础方面，科层组织是功能导向，即以实现某种特定功能为行动基础；网络组织往往是项目导向，即以完成某个具体项目为行动基础；市场并没有明确的任务基础。在激励机制方面，科层组织的激励程度比较低，网络组织的激励程度较高，市场通过销售额来进行激励。在决策方式方面，科层组织是一种自上而下的决策方式，决策者往往是远离现场执行者；网络组织通过共同参与和协商的方式进行决策，决策者往往接近行动地点；市场中的行为主体是一种即时的、完全自主的决策。

科层组织的信息收集能力比较低，其使用的信息往往需要通过专业化的机构才能获取；网络组织可以采取分布式的信息收集方式，其信息收集能力居中；市场中的行为主体必须花费大量时间和精力进行信息收集。最后，在控制/权威/影响模式方面，科层组织是以地位和规则为基础，网络组织以声誉为基础，市场则以价格机制为基础。

8.3 治理机制——协同治理

从治理机制来看，社会共治主张协同治理。协同主义（Syndicalism）产生于19世纪末20世纪初的法国，它反对国家对公民社会的任何干预，主张由单个的（Singular）、自愿的（voluntary）、非竞争的（non-competitive）、非阶层制的（not hierarchically ordered）公民来表达他们的利益诉求，并在公民之间权威性地分配价值（Schmitter，1974；Laborde，1996）。初期的协同主义是一种比较极端的无政府主义，它不仅否定国家和政府的作用，甚至否定任何政党和代议制度的必要性。二次世界大战之后，国家和政府的功能越来越明显，传统的协同主义思想显然已经不合时宜。但是协同主义强调公民自愿行为的价值，主张通过工会和行业协会等组织承接政府职能的观点却被保留下来，成为一种广为接受的社会治理理论。

世界银行（2004）在其报告中认为，国家-社会协同是一种能够有效提高政府问责性（Accountability）的治理工具。例如，芝加哥市议会早在1988年就通过《芝加哥学校改革法案》，要求芝加哥所有公立学校设立地方学校理事会。该理事会由6名学生家长、2名社会代表、2名老师、学校教务长等人员组成（世界银行，2004）。在巴西、墨西哥、印度等发展中国家，国家-社会协同在监督地方政府预算和地方选举等方面都有非常成功的运用。国家-社会协同治理改变了由政府或者议会单独做出决策的传统方法，主张公民直接参与到政府决策的过程中，公民也可以通过工会组织、社区组织和自愿组织参与政府的决策。这种治理方式有时候也称为国家-社会伙伴关系。

最近，国家-社会协同治理在提高民生方面也有很多成功的尝试。例如，巴西的阿雷格里港市早在20世纪90年代就开始尝试通过政府和公民团体的合作，解决低收入人群的住房问题（Maya，2002）。低收入人群通过工会组织或者社区组织把自己的资金积累起来，购买成片的土地，然后通过政府的支持政策进行融资，建成面向低收入人群的住宅。阿雷格里港市的方法对其他发展中国家如何解决低收入人群的住房问题提供了很好的借鉴。

8.4 治理关系——新公共管理、新统合主义

在如何看待治理主体之间的相互关系上，社会共治融合了新公共管理、新统合主义等多种治理思想。

8.4.1 新公共管理

传统的官僚主义理论认为，政府应该是一个政治中性的组织，政府就像一台庞大的机器一样执行国家的日常管理事务，只需要严格按照相应的法律法规来行政即可。严格和高效的官僚体制被认为是现代国家得以建立的重要标志之一。但是随着凯恩斯主义的普及，政府对经济的干预措施越来越多。不仅如此，在教育、卫生、环境和社会保险等领域，政府行为对公民日常生活的影响越来越大。在这种情况下，一个仅仅按照法律和法规来行政的政府远远不能满足公民的要求。因此，新公共管理主义首先反对

传统官僚主义的被动行政观，认为政府部门应该在依法行政的前提下不断创新，政府部门也应该像企业一样充分发扬企业家精神，对公民多样化的需求做出及时反应。

利用企业的创新精神和营利能力为地方公共治理提供可持续的动力是社会复合主体运作的主要特点之一。比如成立行业联盟型社会复合主体的主要目的就是提高区域内特定产业的整体实力和社会知名度，其具体的服务对象就是特定行业内的企业，企业通过缴纳会费可以间接的方式（如参加行业协会）也可通过直接的方式参与行业联盟的活动。另外，行业联盟的一部分业务也企业化。在杭州市丝绸与女装行业联盟中，有相关行业协会和政府部门共同出资成立的展览公司负责该联盟的所有会展活动。会展公司自身完全按照企业的模式来运作，其收入的一部分可以返回给行业协会，支持行业协会的进一步发展。西泠印社社会复合主体就包括一个完全按照市场规律运作的企业：西泠印社集团有限公司。该公司每年利润的一部分会用来支持西泠印社的发展。在社会复合主体中引入企业精神可以有效促进公共事业在市场经济中实现自身的价值，既有利于公共事业的可持续发展，又有利于节约政府行政成本。

新公共管理主义产生于20世纪80年代的英国和美国，它本质上是一种多元主义的政治观，主张政府、企业、社团和公民是相互独立的决策主体，良好的治理必须发挥多个决策主体的积极性，必须满足所有决策主体的利益诉求。传统的官僚主义理论认为：上下级政府部门之间是一种严格的命令与服从的关系，政府和公民之间是一种统治和被统治的关系。但是新公共管理认为，上级政府部门应该尊重下级政府部门的利益和主动性，政府部门的决策应该充分考虑相关的公民与企业的利益，在对特定的公共事务进行治理的过程中，处于上下级的政府部门可以进行平等协商，政府部门和公民团体以及企业也可以在平等的基础上对话，这样才能达到最佳的治理效果。

8.4.2 新统合主义

统合主义（Corporatism）是一种和多元自由主义相对立的思想体系，它自身有多方面的含义。从政治制度与社会结构的角度来讲，统合主义可以看成一种利益代表系统，"在这个系统中，选民被组织成数量有限的、单一的、强制性的、非竞争性的、阶层秩序的、功能分化的范畴内的组织，这些组织由国家承认或者批准（如果不是由国家设立的话），并由国家赋予其在各自范畴内享有一种特定的代表垄断，作为交换，这些组织领导人的产生以及关于需求和支持倾向的表达必须接受政府监管。"（Schmitter, 1974: 93～94）

在国家、市场经济、资本、劳动以及中介组织等诸多方面，统合主义和主流的多元自由主义有很大的区别。根据 Williamson（1985）的研究，多元自由主义倾向于把政府看作经济的"守夜人"，而统合主义则倾向于把政府看作经济的"护航者"；多元自由主义认为资本的使用由其所有者完全决定，而统合主义认为资本的使用不仅要对其所有者负责，而且要对公众的利益负责；多元自由主义反对国家有机体论，强调具体的个人的意志，否认抽象的国家意志，因此符合选民的意志是一切政治合法性的基础，而统合主义则赞成国家有机体论，认为国家有其自身的意志，因此符合这种抽象的国家意志才是一切政治合法性的基础；多元自由主义认为社会中人和人的利益在根本上是相互冲突的，而统合主义则认为社会中人和人的利益在本质上是统一的，社会是一个追求和谐的统一体。由此可见，我国的政治制度和社会主流意识形态虽然不是统合主义，但是在很多具体的价值理念（比如强调国家的整体利益，资本的社会属性，政府对经济的积极促进作用，和谐社会等）上和统合主义有诸多相似之处。

从历史上看，统合主义主要出现在经济结构以农业为主，并且从农业社会向工业社会迅速转变的国家。比较典型的例子有1922～1945年的意大利，1932～1968年的葡萄牙。此外，20世纪前期的希腊、巴西、阿根廷和美国的罗斯福新政都可以归为统合主义的范畴。由于历史的原因，在现代国家中，明确宣称自己是统合主义的国家几乎没有，但是统合主义的传统比较浓厚，采取统合主义原则进行社会治理的国家和地区仍然比较多。比较典型的例子有北部欧洲的挪威、瑞典和荷兰，南美的巴西和阿根廷，亚洲地区的新加坡和我国的澳门地区。

统合主义通过工会、雇主联合会、行业协会等国家认定的中介组织之间的政治谈判来制定社会政策。国家认定的中介组织是公民和国家之间的桥梁，公民通过这些中介组织向政府表达自己的需求，作为交换，政府可以通过中介组织实现对公民的控制和动员。例如，我国澳门特别行政区的社会协调常设委员会就是一个由政府、雇主和劳工的代表组成的政策咨询机构。另外，像妇女事务咨询委员会、消费者委员会、青年事务委员会、长者事务委员会、渔业咨询委员会等半官方的机构在澳门特别行政区的社会治理中发挥着重要的作用（高炳坤，2009）。在我国的社会结构中，工会、妇女联合会、消费者协会、学生联合会等组织也发挥着连接公民个人和国家的桥梁和纽带作用，如果这一类中介组织能够在社会治理和政治决策中扮演更加积极的角色，它们将会大大推进统合主义治理在我国的发展。

8.5 治理过程——协商治理、动态治理

协商治理的思想来源于协商民主。何包钢（2012）认为，协商民主是一种治权意义上的民主，它不是通过对政治权力进行委托授权，而是一种公共事务治理模式的民主化，协商民主的主体是权力的执掌者、利益相关方和公民，民主形式是通过一个平台让多方协商讨论，改变个人偏好而达成基本共识。协商治理是协商民主的原则在公共事务治理中的具体运用。张敏（2012）认为，协商治理是指在公共事务的管理中，公民经特定的协商程序，通过自由平等的对话/讨论/辩论，以及听取相关的背景知识等话语交往方式进而使更具理性的公民参与在公共决策中发挥重要作用的治理方式。

动态治理是梁文松和曾玉凤（2010）在总结新加坡政府的治理经验的时候重点推出的理念。根据他们的归纳，所谓制度的动态性，其特征是新思想、新观念、持续更新、快速反应、灵活适应和创造性创新；动态性隐含持续学习、快速有效的执行和不断变革；动态性通过不断改善人、企业和政府互动的社会经济环境，推动一个国家的繁荣与发展。[1] 动态治理即指政府能够持续调整它的公共政策和项目以及改变政策的制定和实施方式，以实现国家的长远利益。[2]

---

[1] 参见梁文松、曾玉凤《动态治理：新加坡政府的经验》，中信出版社，2010，第1页。
[2] 参见梁文松、曾玉凤《动态治理：新加坡政府的经验》，中信出版社，2010，第5页。

8.6 发达国家社会共治的案例

8.6.1 美国的社会共治案例

美国尽管坚持以私有制为主体的市场经济，但是在组织大规模项目方面也有很多成功的经验，例如有名的曼哈顿项目由 10 多个大专院校、24 个公司伙伴和成千上万个受雇于联邦洛杉矶实验室的科学家共同组成（斯蒂芬·戈德史密斯，威廉·D. 埃格斯，2008：35）。其原因在于美国的行政体系很注重组织和利用社会各方面的力量，通过社会共治来完成复杂和艰巨的任务。甚至在反恐战略方面，美国政府也主张用反恐的网络组织对付恐怖分子的网络组织。

美国的社会共治不仅在重大工程、国防合同等联邦政府层面广泛运用，在地方政府负责的社会福利和保障方面也有许多有益的尝试和创新。美国的社会共治不仅有以政府部门作为核心集成者的案例，也有以私营企业或者社会团体作为核心集成者的案例。斯蒂芬·戈德史密斯和威廉·D. 埃格斯在《网络化治理：公共部门的新形态》一书中，介绍了威斯康星州"从福利到工作（W-2）项目"的案例。（见图 8-1）W-2 项目抛弃以

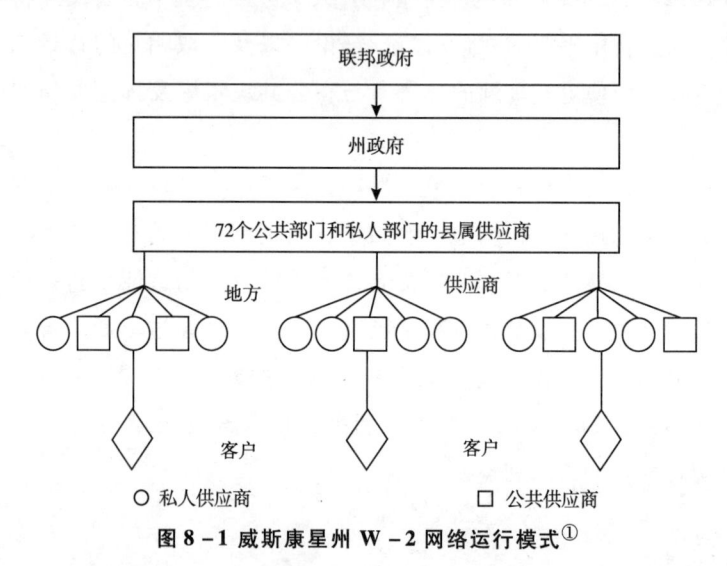

图 8-1 威斯康星州 W-2 网络运行模式[①]

[①] 参见斯蒂芬·戈德史密斯、威廉·D. 埃格斯《网络化治理：公共部门的新形态》，北京大学出版社，2008，第 24 页。

前对贫困家庭直接采用资金资助的方法，转而致力于让贫困家庭的成员能够通过提高自身的能力，获得全职或者兼职的工作机会，提高其收入和生活水平。

W-2项目1997年9月开始在威斯康星州全州范围内实施。为了实现这种新的扶贫模式，州政府必须建立新的机构来对项目参与者的资格进行审查、对参与者进行就业培训、支持参与者进行尝试性就业等。这些机构称为县属供应商。根据威斯康星州劳动力发展厅（Department of Workforce Development，2001）对W-2项目的评估报告，在项目实施的第一期（1977~1999），州政府共和75家县属供应商签订合同，由它们具体负责W-2项目在本地区的实施。要成为W-2的县属供应商，必须通过威斯康星州劳动力发展厅对其硬件设施、人员素质、管理规程等诸多方面的严格评估。在这75家县属供应商中，有58家是县社会服务局（政府机构），有13家是私营机构（其中有4家是营利性组织），有3家是原住民部落，还有1家是县社会服务局的联合体（Department of Workforce Development，2001：17）。合同是否继续取决于劳动力发展厅对供应商的绩效评估。

在项目的第二期（2000~2001），县属供应商的数量减少到72家，其中包括56家县社会服务局（政府机构），13家私营机构（其中3家是营利性组织），2个原住民组织和1个县社会服务局的联合体（Department of Workforce Development，2001：17）。在W-2的框架里面，县社会服务局和其他多种社会组织进行竞争，提高工作绩效才能获得继续合同的机会。在有的县，甚至所有的供应商都是私营机构（包括营利性组织和非营利性组织）。县属供应商可以完全凭自己的力量完成合同，也可以联合地方的公共部门和营利性机构共同完成合同。

美国的社会共治强调契约的重要性。参与共治的各类主体之间主要依靠复杂的契约来规范彼此之间的关系。另外，在社会共治的结构内部，政府部门、营利性组织和非营利性组织可以通过平等的竞争实现优胜劣汰，促使政府部门提高公共服务的效率。这一点在其他国家的网络化治理中比较少见。不过，依靠契约规范的网络化治理在其发展过程中势必越来越复杂，合同条款越来越繁杂，这样会造成网络化治理的效率下降以及内部职责不清等问题。

8.6.2 欧盟国家的社会共治案例

欧盟是一个包括27个主权国家、一体化程度非常高的国家联合体。欧盟自身是一种扁平式的政治结构，在诸如能源、环保等领域都采用社会共治的范式。欧盟的铭言就是"多元一体"，可以说是其公共治理的核心理念。最近，在社会管理领域，地方层面的政府机构也开始探索进行社会共治的方法。例如在"2009年欧洲公共部门奖"的获奖项目中有27%的项目属于"伙伴关系运作新模式"。[①]

在一个多元化的社会，为了实现良好的治理效果，一般来说不可能是一种一对一的伙伴关系，而是一种涉及多种类型的、多个层次的、多对多的、复杂的伙伴关系，这种复合的伙伴关系就形成了社会共治。例如，为了促进监狱的服刑人员更好地回归社会，比利时联邦弗兰德地方政府制订了一项名为"为服刑人员提供帮助和服务"的战略计划。（见图8-2）该战略计划由比利时联邦政府与弗兰德社区的诸多利益相关方共同起草和认可。在战略管理层面，有一位负责协调的部长监督来自弗兰德社区的所有利益相关方。各参与方会组成一个"操纵团队（Steering Group）"来协调地方层面之间的活动。在联邦政府层面，地区监狱主管会把战略计划的目标转化成操作性指令，下达给各地方监狱主管。[②]

从图8-2可以看出，同样是为社会弱势群体（社会特殊人群）提供援助和服务，比利时版本的网络化治理要比美国威斯康星州的网络化治理复杂得多。在这种复杂的网络化治理中，除了契约和规则之外，协商和权威将发挥很大的作用。

8.6.3 日本的社会共治案例

日本是企业网络化治理的发源地，但是在公共领域，其社会共治的发展却相对较慢。其原因在于日本自民党长期执政，官僚和政治家的联合过

[①] 根据《"2009年欧洲公共部门奖"项目目录》（European Public Sector Award 2009 Project Catalogue），2009年的获奖项目有300项，其中属于"主题Ⅰ：公共服务提供方面的绩效提高"的有128项，属于"主题Ⅱ：市民参与"的有48项，属于"主题Ⅲ：伙伴关系运作新模式"的有81项，属于"主题Ⅳ：领导和管理革新"的有43项。

[②] 根据《"2009年欧洲公共部门奖"项目目录》（European Public Sector Award 2009 Project Catalogue），"为服刑人员提供帮助和服务"战略计划项目介绍整理，第206页。

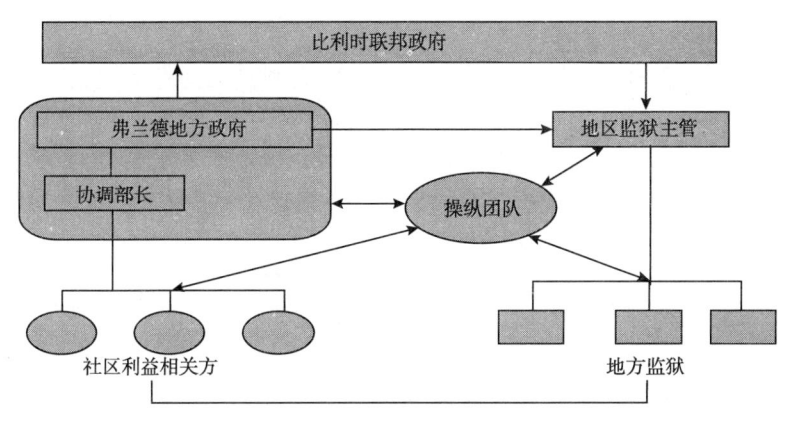

图 8-2　"为服刑人员提供帮助和服务"战略计划结构

于紧密,这样的政治生态不利于社会力量直接参与公共领域的治理。20 世纪 90 年代以后,日本自民党逐渐势弱,社会力量和新兴政治势力结合起来,日本的公共治理模式也正处于一个迅速变化的阶段,许多社会共治的案例涌现出来。根据日本网络化治理研究会(ネットワークガバナンス研究会,2006)的报告,比较有名的社会共治案例有:三鹰市育儿家庭支援网络,尾道市的医疗网络,大分县的海岸沿岸管理网络,佐贺县的凤雏班(培养创新型企业家的机构)等。实际上,日本是一个传统上比较讲究不同利益主体相互协调的国家,因此,在其政治实践中不自觉地运用社会共治的例子很多,只不过在传统的社会共治框架中公民主动参与的机会很少。

旨在改善东京地区劳动条件的东京"工作与生活调和节"就是一个典型的社会共治的案例。(见图 8-3)东京"工作与生活调和节"每年举办一次,主要内容是"东京工作与生活调和认定企业"的认定书授予仪式,"工作与生活调和"的专家演讲,以及企业"工作与生活调和"经验交流等。东京"工作与生活调和节"的议程虽然只有 1 天,但是其背后却是一个强大的政策推进网络。东京"工作与生活调和节"由东京市政府和育儿支援东京会议共同主办。育儿支援东京会议是一个由相关领域的学者、专家、企业、社团、财团、独立法人、政府部门的代表组成的任意团体。在日本的社会团体分类体系中,任意团体是层次最低的一种,但是东京"工作与生活调和节"动用了政府多方面的力量,包括东京市劳动局等职能部门、东京市中小企业振兴公社等具有准政府性质的财团组织、东京市所辖各区的区政府、东京周边八县市的政府部门。政府部门参与这个网络是因为政策推进的需要，大量的方案与服务供应商则是因为业务的需要。企业参与这个网络是因为要获得"东京工作与生活调和认定企业"的称号。

在发达国家，企业和劳动者的关系是一个很敏感的政治问题，政治家出于自身利益的考虑很少涉及。这也是民主选举的体制下"政治失灵"的一个原因。但是，东京"工作与生活调和节"却可以以一种相对温和、巧妙的方式进行政策推进，可以说是一种克服"政治失灵"的新途径。日本在传统上不是一个契约社会，也缺乏公开协商的传统。在这个案例中，社会共治依靠的是协调和氛围。协调是指各种社会部门根据其他部门的动向不断调整自己的行为方式，氛围是指通过特殊的场景设置和动作，使具有不同利益取向和看法的主体获得大致相同的思维方向暗示。

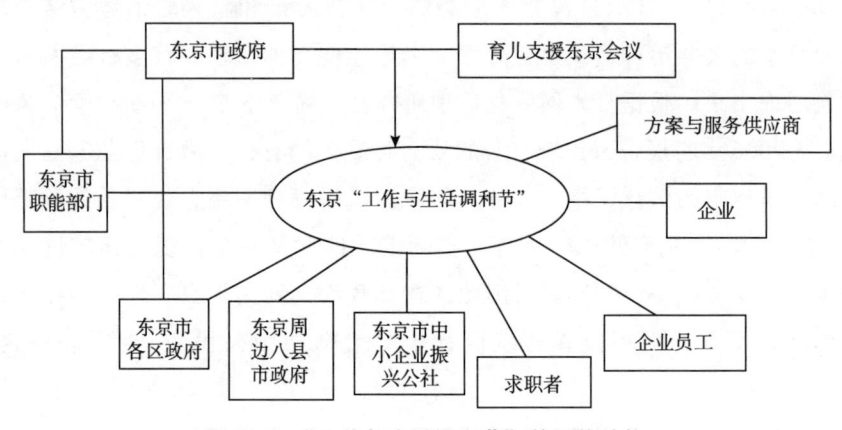

图 8-3 "工作与生活调和节"的网络结构

由此可以看出，在不同的政治制度和社会背景之下，社会共治的具体表现方式非常不同。在我国现阶段的政治体制和经济社会发展背景之下，如何利用社会共治的范式为社会提供更好的公共服务、促进生活品质的改善、提高社会建设的档次是我们必须面临的问题。

| 第九章 |

增量共治的实践和理论思考

【本章摘要】

通过增量变革的途径实现社会共治是杭州在社会共治创新实践中的突出特点。增量共治的核心路径是，努力在社会管理领域寻找增量，在增量的部分实施社会共治，通过增量的积累实现存量的变化，最后达到实现社会共治的目的。增量变革对存量的影响可以通过示范作用、熔炉效应、倒逼机制三种途径得以实现。杭州之所以选择增量共治的路径并能够获得成功有市场经济、社会资本和历史文化传统等方面的原因。可以预见，随着社会体制全面深化改革的推进，增量共治的路径也将适用于众多经济发达、社会活跃、民众对政府信任程度较高的地区。

9.1 社会共治是一场社会变革

20世纪90年代，杭州市的西湖综合治理以及西泠印社在改制过程中探索运用"四界联动"等社会共治的原理来解决当时面临的棘手问题，获得了较好的效果。这个阶段的改革可以说是在特定的文化传统和社会惯例影响之下主政者无意识的选择。2003年，杭州市正式提出社会创业的概念，鼓励政府部门和其他社会主体紧密联系，以创新的思路解决社会管理中的难点问题。在这个过程中出现了西博会、动漫节、丝绸与女装产业联盟等大量社会共治案例，这个阶段的改革主要由政府部门推动。2008年，杭州市把这类社会共治的机构称为社会复合主体。2008年之后，社会共治的思路开始向传统的经济管理和社会管理领域推进，在稳定农产品价格、促进大学生就业、培育社区社会组织等方面出现了一些成功的社会共治案例。2013年之后，民间组织的力量迅速发展，很多民间组织开始意识到社会共治是一个重要的工作思路，开始在自身的组织结构和活动过程中引入社会共治的理念和方法，使自己也成为社会共治中的主导力量。

现在，杭州的社会共治项目几乎遍布城市建设和市民生活的方方面面。概括而言，主要集中在 5 个方面。第一，杭州创造性地采用机构关联的方式，解决了文化遗产保护与经济发展、生态环境建设与居民切身利益之间的矛盾，为西泠印社、运河综合保护、西湖综合保护、西溪湿地综合保护找到了制度化的发展模式。第二，杭州巧妙地整合多方面力量，建立了丝绸与女装产业联盟、婴童产业联盟、西博会、休博会、动漫节等产业促进类组织和平台，提升了本地产业的市场地位和形象。第三，杭州市开拓了多种公民参与的途径，在社区层面有"民间庭改办""民间食安办""民情合议庭""湖滨晴雨"等项目，在互联网层面，有"杭网议事厅"和"网上律师团"，在电视媒体方面有"我们圆桌会"，通过这些途径的公民参与不仅有效疏解民意，而且能够实实在在改善民生，增加了居民对政府部门的信任。第四，杭州出现了一批有影响力的草根民间组织，如绿色浙江、滴水公益、第九世界、社区和事佬协会等，这些草根民间组织专注于各自的服务领域，建立了可持续发展的模式，成为新兴社会力量的重要代表。第五，杭州出现了一些颇具特色的民生服务项目，例如"生活品质体验日""绿色公共自行车""公交礼让行人"等，这些服务项目既为市民生活带来便利，又提升了杭州整体的城市形象。

新中国成立以来，我们国家的职能定位经历了从"统治"、"整治"到"管治"，进而到"共治"的演变过程。"统治"的理念基于明确的阶级划分，国家的作用在于实现统治阶级的意志。但是，随着"敌对阶级"的消失，政府的工作重点转移到经济发展上来，通过整理、整顿来实现或者维护某些既定的规范和秩序成为国家治理的主要任务。从 20 世纪 90 年代开始，由于市场在资源配置中的作用越来越大，政府的"整理、整顿"逐渐失去依据，对社会进行有效的管理则成为化解冲突、解决矛盾的主要手段。

进入 21 世纪以来，伴随着经济领域的高速增长，我们的社会也在发生剧烈的变化。首先，由于城镇化水平快速提高、互联网和通信技术的进步，人们的主体意识大为增强。主体意识体现为人们进行决策时的自主性，进行价值判断时的自由度，以及实施集体行动时的便利性。在现代社会中，人们不仅希望在衣、食、住、行等基本方面得到满足，而且对于健康、尊严、参与、环境以及子女的未来发展有着强烈的要求。其次，由于社会分工越来越细，人、财、物的流动越来越快，人们面临社会问题的复杂程度前所未有。生态环境、食品安全、扶贫救灾、城市管理等当前引起广泛关注的问题无不跨越多个领域，涉及众多的部门、群体和机构，传统的条块分割、层级明确的官僚制管理模式在处理复杂性社会问题上捉襟见肘。最后，社会组织的密度和能力有了较大提高，民间草根组织和居民基层自治组织发展迅速，"社会"要素的出现对治理的模式和手段都提出了更高的要求。因应社会的发展和变化，政府的治理理念、工具和形态也一直在创新和变革。从早期的"多中心治理""参与式治理"，到后来的"网络化治理""政府－社会协同治理""合作治理"，再到现在的"多元主体社会共治"，这个过程不仅体现了政府治理思路和范式的转变，而且体现了我们社会变革的过程。

和其他的治理范式不同，社会共治首先承认社会的自治能力。"统治"的概念需要有明确的施动方，"治理"则不然，治理本身就包含了"自治"的含义。在经济领域，市场经济很大程度上就是一个自治的场域，它只需要少许的干预和维护。在公共池塘资源的使用和分配上，正如埃莉诺·奥斯特罗姆（2012）所指出的那样，在市场制度和国家制度失灵的地方，文化、传统和地方习俗仍然可以给出高效的自治规则。在公民社会领域，人们通过协商、志愿行动、非营利组织等方式发起集体行动，可以形成一定范围内的自治。Rhodes（1997）就把治理定义为一种独立于政府之外，具有显著自治能力、相互依赖的能够进行自组织的跨部门网络。

社会共治强调激发多元社会主体的活力。社会共治中没有一个全能的管理者和支配方，只有每一个相关方都积极参与，社会共治才能取得预期的效果。不同的社会主体具有迥异的价值观、运作逻辑和资源依赖方式。有效的社会共治要求在法律和社会规范允许的情况下尊重其他社会主体的价值观和利益。社会主体之间大体依据自愿的原则形成链接，它们可能是明确的合同契约，也可能是开放的平台，半封闭的联盟和社团，也可能是模糊的场域和氛围。

社会共治允许社会主体之间在地位上的差别。社会共治在结构上包含多元主体的相互协作和竞争，但是为了实现共同的目标，往往有一些社会主体需要承担主要的责任，他们在社会共治的过程中发挥着主导性或者引导性的作用。尤其是在社会力量发育不太成熟的地区，社会共治经常表现为政府部门主导下的社会共治。但是在一些专业性和技术性比较强的领域，行业协会和非营利组织也可能成为社会共治的主导力量。

综上所述，社会共治具有这样的特点：一方面，它综合了当前多种新兴治理范式的优点，注重提高社会自治能力，激发社会活力，倡导社会多元治理主体之间的平等合作，能够针对性地解决当前社会面临的主要问题；另一方面，它又有很强的适应性，特别是强调在共治过程中提高政府的治理能力和管理效率，允许政府部门在某些领域发挥主导作用，主张根据治理问题的不同性质来确定治理的结构和程序。张康之（2014）认为，在多元治理主体并存的条件下，共同开展社会治理的行动必然是合作的。可以说，社会共治是治理理论适应我国国情的一个重要发展，正如李慧凤（2014）所言："我们正致力于探讨的社会管理创新可以归结为对政府与市场、社会共治形态的追寻，我们所要建立的是多元治理主体合作治理的体制。"

9.2 增量变革

根据多元主体之间合作的程度不同，社会共治可以分为三个不同的水平。在最低的水平，一种社会主体吸纳另一种社会主体参与到自身的功能实现过程中，被吸纳的主体没有太多的积极性，可以称为吸纳型的社会共治。在当前的社会管理创新实践中，这种社会共治常常表现为政府部门吸纳社会组织、专家或者利益相关的公民个人参与政府的决策过程，而参与者对政府部门的决策没有实质性的影响。在第二个层次，多元主体之间可能地位不平等，但是他们能够通过某种协商程序达成共识，可以称为协商型社会共治。在第三个层次，多元主体之间的实力相差不大，他们之间不仅能够协商，而且能够相互制约和监督，可以称为权力共享型社会共治。权力共享是社会共治的理想目标。

但是，目标的合理性并不意味着路径的便捷性，尤其在当前社会组织还不够发达、公民参与的规范化程度还较低的情况下，如何实现真正的社会共治是一个在理论上和实践中都没有被很好解决的问题。

社会是一个诸多不同的主体相互联系和竞争的场域，在一个相对稳定的社会中，每一个主体都有自己能够掌握的资源和权利，这些已有的（或者预期获得的）资源和权利是一个主体的资源存量。社会共治是一种新的治理方式，而治理方式的变革必然带来主体之间利益关系的调整。社会管理创新遇到的主要风险恰恰来自现有治理主体的反对或者消极应对。因此，如何化解变革的阻力，正确处理新的治理机制和既有的管理体制之间的冲突是社会共治获得成功的关键。

从问题领域来看，杭州市的社会共治主要集中在传统的社会管理领域（例如扶贫救助、慈善、教育、人口、医疗卫生等）的边缘地带，文化遗产保护、生态环境、产业升级改造、社区公民参与、城市品牌提升等都是传统的社会管理不太重视或者不太愿意涉足的领域。从依靠的主体来看，杭州市的社会共治主要依靠社会复合主体、企业、草根民间组织等，传统体制内的社会组织也只能以新的方式参与到这些项目中来。杭州市社会共治的重要经验是"四界联动"，这里的"四界"是指"党政界、企业界、媒体界、知识界"，而一般认为能够代表社会力量、执行社会管理职能的社会组织在"四界联动"的框架中并没有特别突出的位置。由此可见，"四界联动"实际上蕴含了增量创新的战略，它先在传统社会管理体制的边缘领域按照全新的社会共治理念发展，通过倒逼机制和示范效应等来影响既有体制内部的机构和组织，待条件成熟之后再寻求新旧社会管理体制的接轨。

社会总是在动态发展之中，尤其在一个快速变革的时代，每个主体能够掌握的资源和权利都会因为特定的事情而增加或者减少，甚至发生性质上的变化，这种资源和权利的变动是一个主体的资源变化。最容易实施的变革是那种各个主体的资源存量保持不变，而且每个主体都能获得正的资源增量的变革，通过这种变革而实现社会共治的路径称为增量共治。增量改革遇到的阻力比存量改革遇到的阻力小，在现实中容易成功。20世纪80年代我国的经济体制从计划经济向市场经济的变革就是一个典型的增量改革，即先在计划经济之外发展民营、外资、合资企业，待市场经济初步成熟之后再对国有企业进行改革，使之成为真正的市场经济主体。从形式上看，增量改革是一个帕累托改进的过程，容易获得多方支持。另外，增量改革往往会有意开拓新的领域，采用新的理念和模式，能够有效摆脱传统体制带来的路径依赖。

在社会迅速发展、社会管理体制形成初期，增量变革具有较大的实施空间。从经济发展的角度来看，我国已进入后改革开放时期，在这个阶段，市场经济已经初具规模，市场制度也较为完善，能够进行增量变革的余地已经非常小。但是从社会发展的角度来看，我国还处于改革开放初期，传统的社会管理体制没有涉及的内容还很多，可以实施增量变革的空间还比较大。增量共治的核心路径是，努力在社会管理领域寻找增量，在增量的部分实施社会共治，通过增量的积累实现存量的变化，最后达到实现社会共治的目的。增量变革对存量的影响可以通过示范作用、熔炉效应、倒逼机制三种途径得以实现。

（1）示范作用

成功的社会管理创新很容易被模仿、移植和再创新。在新的社会管理领域进行的共治实践如果能够获得成功，将对传统社会管理领域的治理主体产生强烈的示范作用。社会共治的理念、组织形式和运行机制可以被治理主体模仿和吸收，从而对现有的社会管理存量格局产生直接影响。

以杭州的城市品牌建设为例。品牌是一个城市的无形资产，它不仅可以提高本地产业链的经济附加值，而且能够提升市民的生活品质。杭州市以城市品牌网群这个复合型的社会组织为依托，采取社会共治的思路和方法，先后成立了美食文化品牌促进会、文娱品牌促进会、成长型企业品牌促进会、中国茶都品牌促进会、传媒品牌促进会等组织。这些促进会普遍采取多界联动、创新创业的运作模式，把本地区的产业发展、社会活动和宣传优势结合在一起，取得了良好的经济和社会效益。2014年，杭州市民间组织管理局开始启动社会组织品牌评估活动，在已有的社会组织等级评价（行业评价标准）的基础之上，建立了一个包括公众评价、专家评价、媒体评价在内的更为广泛的品牌评价标准，其目的在于促进杭州市的社会组织提高自身能力和社会美誉度。

（2）熔炉效应

社会管理是相互关联的，增量创新不可能完全避开传统的管理体制。社会共治把现有社会管理体制中的政府主管部门、行业协会、事业单位、企业等吸纳进来，形成一个平等协商、高效互动的治理结构。通过社会共治的运作，传统管理体制中的治理主体可能接受多元共治的思维，成为共治结构中的积极力量，这种现象可以称为熔炉效应。

以"我们圆桌会"为例。"我们圆桌会"是杭州电视台主办的一个围绕社会民生热点问题的对话类节目。"我们圆桌会"由杭州市委办公厅、市政府办公厅、市委宣传部、市发展研究中心、市文广集团等单位主办，杭州电视台综合频道创办，体现了党政、市民、媒体"三位一体"的共治思路。节目的基本形式是主持人加上4~6位包括党政干部、专家学者、普通市民围坐在圆桌前，就物价、环保、交通、城市规划等市民关心的热点问题进行交流讨论，体现了党政、院校、企业、媒体"四界联动"的共治理念。节目每次都会邀请和焦点问题密切相关的党政部门的负责人参加。"我们圆桌会"通过对话和讨论，不仅使市民和管理部门之间增加了相互了解和信任，而且让职能部门的工作人员切实体会到市民的诉求和压力，使他们在将来的工作中能够更多地尊重多元主体的需求。

(3) 倒逼机制

社会共治在一个领域的成功实践会对传统的社会治理主体产生倒逼机制，使他们不得不改变自己的工作方式和服务态度。倒逼机制的产生有赖于共治经验的可移植性和传统社会治理主体自我变革的主动性。

以浙江省2013年年底开始的"五水共治"项目为例。"五水共治"是浙江省委第十三届四次全会做出的决策，具体内容包括"治污水、防洪水、排涝水、保供水、抓节水"。"五水共治"不仅是政府部门和企事业单位的职责，同时也是一次全民参与的治水工程。在"五水共治"中，政府是主导，群众是主体，充分体现了多元共治理念在水环境治理问题上的运用。治水能够上升到省委决策的高度，实际上和最近几年环保领域的多元共治创新密切相关。浙江省提出"五水共治"的直接原因是2013年初省内多地环保局长被"邀请"下河游泳事件，其中就包括绿色浙江和浙江卫视共同组织的"横渡钱塘江，畅游母亲河"的活动。实际上，绿色浙江早在2010年就开始开展"同一条钱塘江"的护水治水环保宣传教育活动，从2013年4月又发起了"寻找可游泳的河"的系列活动，绿色浙江还联合浙江省人大、浙江卫视共同推出电视问政"治水面对面"，向浙江五地领导面对面地进行治水问政。

9.3 柔性变革[①]

社会共治是一种社会管理创新。如何实现这种社会管理创新，每个国

---

① 本节部分内容采用了刘国翰在《杭州》杂志2011年第9期上发表的文章《社会管理创新的路径选择》中的论述。

家由于其社会结构、政治制度和发展观念的差异，进行社会管理创新的路径也大不相同。总体来看，从20世纪60年代以来，发达国家采取相对比较温和的方式实现了社会管理创新，而发展中国家的社会管理创新往往伴随比较剧烈的冲突。杭州市以"多层架构、网状连接、功能融合、优势互补"为核心特征的社会复合主体建设体现了一种相对温和的社会管理创新路径。从某种意义上来讲，在一个以发展和稳定为目标的社会里面，这种相对温和的路径代表了社会管理创新的"正道"。

社会管理创新是一个复杂的社会过程，按照动力来源（精英－大众）和实现方式（冲突－调和）两个维度来划分，社会管理创新的实现路径大致可以分为四大类。如图9－1所示，我们可以把第一种类型称为精英－冲突型路径。在这种类型中，精英阶层分裂为多个互相竞争的群体，每个群体为了实现对社会资源的控制而相互激烈争夺，社会管理创新是这种激烈争夺的结果之一。20世纪以来像菲律宾、泰国等国频繁的军事政变表明这种社会管理创新的路径不仅代价高昂，而且也不利于一个国家和社会的长远发展。

第二种类型可以称为大众－冲突型。大众以一种激烈的方式表达其对某种社会现象或制度的不满，以此来推动社会管理创新。大众的冲突性事件几乎在每个国家的社会发展转折时期都会发生，即使是发达国家（如法国）也会发生一些大众冲突性事件。21世纪以来，我国已进入一个群体性事件的多发时期，典型有贵州"瓮安事件"。尽管人民群众是历史发展的最终推动力量，但是多发的群体性事件显然不利于社会的稳定发展。而且群体性事件的发生也直接表明当政者的失职和地方治理的失败，因此大众－冲突型的路径不是一个人们所期望的路径。

第三种类型是大众－调和型。公民通过一定的组织方式和制度程序表达自己的需求，以此推动社会管理内容和形式的创新。社会比较稳定的发达国家（例如北欧国家）的社会管理创新一般采用这种方式。在这些国家里面，公民表达自身社会需求的空间比较大，公民社会的发展相对成熟，政府和民间组织的合作也很紧密，"大众－调和型"的路径能够获得比较理想的效果。但是，对于发展中国家而言，由于不具备相应的社会基础和制度条件，大众－调和型的社会管理创新很难实现。

第四种类型是精英－调和型。精英阶层具有比较一致的目标、利益和理念，以相对调和的方式进行社会管理创新。从发达国家早期的社会发展过程来看，精英－调和型的社会管理创新是一条普遍的成功之道。其一般采取相对温和的方式进行，具有较好的前瞻性，有利于一个国家的长远和平稳发展。2004年党的十六届四中全会提出"加强社会建设和管理，推进社会管理体制创新"的目标以来，各地方政府在社会管理创新方面进行了大量的尝试。这种由政府自上而下推动的社会管理创新都可以归为精英－调和型。这从一个侧面也反映了我国的社会发展已经走上了一条相对稳健的道路。

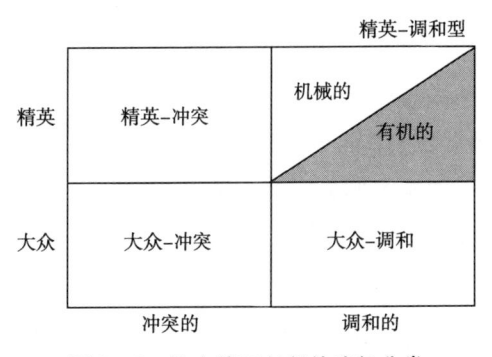

图 9－1　社会管理创新的路径分类

然而，精英阶层是一个社会的优势群体，社会管理创新的方向是要为普通公民争取更多的利益，体现大众的共同需求，这和精英阶层自身的利益是相互冲突的，甚至是反精英主义的。从社会动力学的角度来讲，精英－调和型的社会管理创新路径的关键点在于怎样使地方的精英阶层放弃"小我"，服务于社会公众利益这个"大我"。

在实行精英－调和型的社会管理创新的国家中，有两种方法可以解决这个问题。第一种方法是采取命令式的、强制性的手段使地方精英阶层直接采用某种新的社会管理方式。在这种方式中，精英阶层之间是一种机械式的连带关系，因此这个亚类型也可以称为机械的精英－调和型。第二种方法是在精英阶层中形成一个公共空间，通过在这个公共空间中的相互竞争与合作，精英阶层可以获得进行社会管理创新的动力和资源。在这种方式中，精英阶层之间是一种有机的连带关系，因此这个亚类型可以称为有机的精英－调和型。

公共空间好比一个没有主持人的舞台，政界、经济界、学术界、舆论界等各个领域的知名人物好比这个舞台上的演员。在这个舞台上，演员既要做好自己的本职工作，同时其也要尽力为公众的利益做出贡献，这样才能赢得更多的喝彩，因为公众就是这个舞台的观众。当然，演员和观众之间的区别也不是绝对的，某些观众也可能因为特定的事件而成为演员，长期没有作为的演员也可能变成观众。

公共空间可以通过评价机制和声誉机制实现个人利益和公众利益的统一。个人在公共空间中的良好表现和声誉可以促进其本职工作的发展。公共空间可以通过平衡机制对精英人物的行为进行监督，使社会的公权力受到一定范围的约束。公共空间还可以实现公共资源的有效配置，让公共资源快速配置到急需发展的公共事业上。因此，形成一个良好的公共空间是实现地方善治的前提条件之一。

杭州市以社会复合主体为核心概念，陆续出现的"杭州市城市品牌网群""网络律师团""湖滨晴雨"等社会管理创新正是这种有机的精英－调和型路径的体现。以网络型结构为特征的"杭州市城市品牌网群"既是一个社会管理创新的促进组织，同时也起到了构建地方公共空间的作用。有志于推进本地区公共利益的各界人士可以通过这个平台获得支持，同时，其进行社会管理创新的成绩也会影响他（她）在该网络中的声誉。

相对于主要依靠行政命令进行社会管理创新的方式，杭州市通过构建地区性的公共空间来促进社会管理创新是一种更加实质性的发展模式，而且其创新具有更好的可持续性。如果说精英－调和型的路径是实现社会管理创新的"正道"，那么，这种有机的精英－调和型的路径可以称之为"正道中的正道"。

9.4　杭州社会共治的成功因素

从传统的社会管理体制向社会共治的变革需要创新的智慧和勇气。杭州市的社会共治采取增量变革的路径，通过培育发展新型社会治理主体（增主体），在传统社会管理领域的边缘地带开拓新的治理领域（增领域），把现有的社会治理主体聚合成新的治理结构（增结构）等方法，杭州的社会管理创新已经在传统的社会管理体制之外构建了一个社会治理的"新区"。社会共治不仅需要把利益相关的多元主体纳入治理的框架中来，更重要的是需要在各个主体之间建立有效的互动机制。杭州的社会共治首先强调社会治理主体之间形成共同的价值理念（共价值），然后通过政府部门主动减权赋能，形成了更多的公共治理空间（共空间），并努力探索打破部门壁垒，初步建立共通的跨域评价机制（共评价）。社会共治追求的是和谐、公平和正义的治理结果，这些共治机制能够保证新培育的社会治理主体不会各自为政，新开拓的治理领域不会变成治理真空，保证新搭建的治理结构能够顺畅运作。

增量共治的之所以能够在杭州的社会管理创新中"静悄悄"地取得成功，和本地市场经济的成熟程度、社会资本的发达程度以及传统文化中官民和谐的思维模式有莫大的关系。第一，杭州的市场经济比较发达，市场在资源配置过程中起决定性的作用。杭州的企业以本地人经营的中小企业居多，外资和大型国有企业的比例比较小，居民的市场经济意识非常强。增量共治和杭州在走向市场经济的过程中采取的路径有相似之处。20世纪80年代，在从计划经济向市场经济变革的过程中，杭州乃至整个浙江省的典型做法就是先放手处于计划经济体制之外的民营企业和集体企业的发展，然后利用产业聚集的方式获取比较优势，最后是国企改革和已经成型的市场经济体制对接。所不同的是，经济体制的变革不需要政府过多的"推动"和"主导"，而社会管理体制变革的初期离不开政府的大力推进。

第二，杭州的民间力量活跃，社会资本发育程度较高。相对其他经济比较发达的地区，杭州市民的休闲时间比较多，而且倾向于把休闲时间花在社交、集体活动和文化体育等方面。杭州人愿意参与和自己没有直接经济利益的公共活动。较高的社会资本意味着社会各部门之间的联系比较频繁和密切，对于经济领域的企业家和政策领域的企业家而言，他们可以通过公开的、较为松散的人际关系网实现自身经济和政策方面的创新。

第三，杭州地域文化中官民和谐、合作互动的文化暗示比较多。推动什么样的社会管理创新，如何推动社会管理创新，回答这些问题的不是抽象的政府和市民，而是一个个具体的机构、部门、组织的决策者，而他们的决策终究会受到地域文化的影响。官员应为百姓谋福利，百姓中的有力者则应该配合政府，共同改善民生，这几乎成为杭州诸多历史故事中的思维定式。

但是，这三大因素并非杭州所独有，随着我国全面深化改革的推进，市场必定会在资源配置中起到决定性的作用，社会交往和社会组织的发达也必然会增加整个社会的社会资本,而"官民和谐,合作互动"也是我国治理文化中的重要遗产。另一方面,相对于存量变革而言,增量变革遇到的阻力比较小,在现实中也比较容易持续,能够产生长远的社会效果。因此,增量共治的路径不仅仅适用于杭州,也适用于众多经济发达、社会活跃、民众对政府信任程度较高的地区。

社会共治的前提条件是各利益相关主体的自愿参与,不能够用行政命令强迫其他部门和组织参加,也不能采取运动式的变革手段。因此,增量共治的一个局限性可能就是其达成共治的效果比较慢。但是在一个注重改革的时效和可持续性的政府看来,慢而实质性的变革可能更有意义。增量共治虽然回避了对传统社会管理部门的直接变革,但是增量变革的成功与否仍然取决于传统社会管理部门向社会共治体制改革的程度。从杭州的实践来看,边缘地带的增量变革对于传统社会管理部门的示范作用、熔炉效应和倒逼机制非常明显。经济管理、环境治理、社会组织管理等领域也开始了向社会共治的转变。增量共治的路径所遇到的最大困难可能在于新旧社会管理体制的不兼容和摩擦,新型社会治理主体的从业人员无法在不同部门和组织之间合理流动,聚合成新型治理结构的主体无法获得持续的资金来源和社会支持。因此,政府管理部门应该从社会治理方式变革的高度出发,承认综合性社会组织的主体性,制定相应的评价和管理规范,促进政府、企业、事业单位、社会组织以及新型社会治理主体之间的人员合理流动。

9.5 变革社会管理体制,促进社会多元共治

《中共中央关于全面深化改革若干重大问题的决定》在谈到改进社会治理方式的时候指出,要"坚持系统治理,加强党委领导,发挥政府主导作用,鼓励和支持社会各方面参与,实现政府治理和社会自我调节、居民自治良性互动"。杭州的社会共治实践持续时间长、作用范围大、体系性强、效果明显,很好地诠释了《决定》中对于变革当前社会管理体制,促进国家治理体系现代化和治理能力现代化的期待和要求。但是,要真正实现社会共治,让社会共治在我们的国家治理现代化过程中发挥更大的作用,当前的社会管理体制必须进行有针对性的调整和变革。

第一,社会共治的前提是"政社分开"。社会共治倡导治理主体之间

形成结构化的互动机制，并不是要模糊治理主体之间的权责界限。恰恰相反，唯有"政社分开、权责明确"，才能为社会共治创造更好的基础。党的十八大报告指出，要"深入推进政企分开、政资分开、政事分开、政社分开"。因此，为了更好地实现社会共治，仍然要进一步推动政事分开、政社分开，让事业单位和社会组织获得更多的自主性，让它们在社会治理中发挥更大的作用，承担更多的责任。

第二，社会共治的基础是"多元共存"。社会治理主体的多样化是经济发展和社会分化的自然产物，草根非营利组织、联盟型组织、网络型组织、复合型（综合性）社会组织、虚拟空间中的社会组织、社会企业等新型社会组织都有自己存在的理由。我们的社会管理体制应该以更加开放的姿态接纳这些新型社会组织的存在，采取适当的政策对这些组织的发展进行引导、培育和规范，使它们能够在社会治理中发挥更加积极的作用。

第三，社会共治的条件是"跨域流动"。社会共治需要政府、事业单位、企业、社会组织之间工作人员的相互兼职和职业流动。社会共治鼓励公务员在社会组织中兼职不兼薪，鼓励不同领域的人才跨界流动。当前，政府、事业单位、企业、社会组织在人事制度和社会保障方面的互不兼容严重阻碍了人力资源在全社会范围内的合理流动与高效配置，也不利于社会共治模式的深化和推广。因此，多轨并行的社会保障制度应该逐步向多元统一的方向发展，而各自为政的人事制度之间应该建立相互承认的规则和机制，只有这样，我们才能为实现社会共治创造更好的条件。

第四，社会共治的核心是"党政领导"。社会共治强调多元主体之间的协商和互动，并不意味着弱化党和政府在解决公共问题中的领导作用。事实上，几乎所有的社会共治的案例中都有政府部门在其中发挥关键的作用。政府是社会公共问题的直接责任方，是社会共治的总体设计师，是参与共治的各方主体的协调者。在不同的治理问题中，政府的角色和定位可能有所不同，它可能积极奔走，也可能退居幕后，它可能无处不在，也可能隐身遁形，但是在所有的社会共治中，政府从不缺位。即使在社会组织发挥主导作用的情况下，政府仍然需要负责监督、标准化、宏观政策制定等重要任务。因此，改进党和政府的领导是开展社会共治的核心。

第五，社会共治的生命在于"创新创业"。社会共治在很多领域都有非常成功的案例，但是社会共治并没有统一的操作规程，因为每一个社会共治的实践都是一次社会管理的创新，它需要具体的人、具体的情景、具体的机遇三者的耦合。社会共治的生命力在于创新创业，在于一批具有创新热情、创新理念和创新能力的人。这些人可能是公务员、企业家、公益活动组织者、基层管理人员，也可能就是一个普普通通的公民。社会共治应该吸纳这部分具有创新创业精神的人群，为他们的成长和脱颖而出创造良好的制度条件，使他们能够在社会共治的舞台上施展才能，为我们国家治理的现代化做出贡献。

案例篇

| 案例一 |

西泠印社

一 百年名社——西泠印社

"俯仰陈迹，倏忽百年；感念良辰，光景日新。"2013年10月22日，西泠印社建社110年庆祝大会在浙江省人民大会堂国际厅拉开了序幕。来自海内外的400多名西泠印社社员、文化艺术界嘉宾、艺术社团代表欢聚一堂，共同庆祝西泠印社110年华诞。2009年9月以西泠印社为主要申报单位和传承代表组织的"中国篆刻艺术"成功入选2009年《人类非物质文化遗产代表作名录》。这是西泠印社继国家级社团、国家级博物馆、国家级文保单位、国家级非物质文化遗产代表作、国家级文化产业示范基地、中国驰名商标之后取得的又一重大称号，标志着西泠印社作为国际印学中心的地位得到了世界范围的权威认可。

西泠印社于清光绪三十年（1904）创建于杭州孤山，是我国现存历史最悠久的文人社团，也是海内外成立最早的金石篆刻专业学术团体。以"保存金石，研究印学，兼及书画"为宗旨。成立以来，西泠印社俊采星驰，名家迭出，社员遍及海内外，有着"天下第一名社"的美誉，是海内外研究金石篆刻历史最悠久、成就最高、影响最广泛的艺术团体，是一面杭州文化象征与标志的金字招牌。

历经百年演进，今天的西泠印社涉足的领域已不止金石篆刻，已形成包括图书出版、各类艺术品创作与拍卖、教育培训、展览广告、文房四宝等多元发展的经济实体。并在这些领域取得了斐然的成绩。作为一个曾经历经沧桑的百年老店如今依旧焕发生机活力，这背后的改革历程、运作机制和成功因素值得深入探究。

二 困境与危机

百年名社能生存到今天并且生机盎然也并非一帆风顺。特别是20世纪90年代以后，西泠印社发展陷入困境甚至是绝境。西泠印社出版编辑部因其经营管理不规范，被新闻出版主管部门责令停业整顿，西泠印社顷刻间失去了重要的经济支柱。社团的所有活动几乎停顿。2002年春节，西泠印社的书画社、出版社等部门职工连工资都发不出来，屋漏偏逢连夜雨，到了2003年，西泠印社位于湖滨黄金地段的经营场地——杭州书画社，又面临拆迁。

西泠印社孤山社址被康有为称为"湖山最胜处"，早在20世纪就被列为全国文物重点保护单位，但由于体制不顺、机制不畅、保护资金短缺，社址建筑年久失修，2003年西泠印社即将迎来百年华诞，在社址修缮中发现位于半山腰凉堂里的一根大梁竟然被白蚁几乎蛀空，随时面临垮塌的危险。在西泠印社即将迎来百年华诞的前夕，却遭遇"掌门人缺位"、社团法人登记受阻、印泥商标官司、高级人才流失、出版社停业整顿、主要经营场地拆迁、产业严重亏损、列入全国重点文保单位的孤山社址常年失修等一系列严峻生存危机，单一、僵化的管理运行模式越来越成为发展的桎梏，各种资源要素陷于内耗无法形成合力，凄风苦雨中的百年老字号面临往何处去的关键抉择。

三 治理与改革

从2002年起，为重振昔日雄风，杭州市将其列为首批文化体制改革试点单位之一，西泠印社开始了艰难的治理改革。同年7月，成立归属市委宣传部管理的西泠印社社务委员会，拉开了机制改革的序幕。社委会主要承担西泠印社社团日常事务管理、服务和协调，履行市政府授权的经营性国有资产管理者和出资人角色。2004年，西泠印社成功在国家民政部完成社团登记，身份问题解决后，社团通过繁荣活动、活跃创作、普及艺术、扩大交流和人才培养，不断提升西泠印社的学术影响力、艺术创作力、社团凝聚力和品牌辐射力。印社恢复了中断多年的社员春季、秋季雅集等传统文人集会活动；2004年底，西泠印社参股组建的西泠印社拍卖公司成立，成为国内艺术品拍卖领域的一支重要力量；2008年2月1日，西泠印社集团有限公司正式挂牌成立，西泠印社集团的组建，有效整合了所属各个产业主体，为事业产业共生互动、创新发展提供了崭新的平台，为杭州发展文化创意产业打造全国文化创意产业中心打下了坚实基础，西泠印社的发展也进入了快速上升的通道，百年名社终于重展芳华。

四 机制与运作

历经百年风雨沧桑的西泠印社能够重新恢复生机与活力，和印社"三位一体"的社会治理机制的成功运作有密切关系。西泠印社构建了社团法人（西泠印社社团）、国有事业法人（西泠印社社务委员会）和企业法人（西泠印社集团及其下属公司）和谐创业的"三位一体"复合主体架构，三个主体共享"西泠印社"品牌而又各具独立法人资格，互为分工、互为支撑和相互促进。知识界、艺术界、媒体界人员通过社团法人参与印社活动，党政界人员通过国有事业法人为印社发展提供相应的服务并组织印社文物保护、文化宣传等公益性文化事业建设，企业界人员通过企业法人运作经营性事业，为印社发展提供可持续的物质和品牌保证。

西泠印社的主要活动有社员春季、秋季雅集，西泠印社国际艺术节，"百年西泠·西湖风"国际篆刻创作活动，孤山社址，中国印学博物馆的艺术精品展览，艺术品拍卖会，艺术品交易集市以及论坛、沙龙等各类艺术文化交流活动。在这些活动中，社员春季、秋季雅集等传统文人集会是社团操作的活动，活动单纯以学术交流、会员沟通为目的。而艺术品拍卖会、艺术品交易集市等则是企业法人主体组织的经营性活动，活动除了社会效益外，也有明确的营利目标，在操作中以较为纯粹的市场化手段进行运作。目前西泠印社所有的组织包括西泠印社社团、西泠印社社务委员会、西泠印社集团有限公司、中国印学博物馆、杭州西泠印社有限公司、西泠印社出版社有限公司、西泠印社文化艺术发展有限公司、西泠印社拍卖有限公司、西泠印社（杭州）数字传媒有限公司、西泠印社艺术品评估鉴定中心和西泠印社印学图书馆（杭州图书馆印学分馆）。

五 名社重生的启示

西泠印社之所以能够重新焕发生机与活力，除了西泠印社百年历史造就的金字招牌以及现代社会人们对精神文化产品的需求增长外，一个非常重要的原因是西泠印社"三位一体"的组织架构十分符合社会治理主体多元的要求，它集合了党政界、知识界、企业界等多界的资源，同时运作活动的目的也具有明显的公共性和社会效益，可以说是社会治理现代化运作的典范。社团法人由负责任的、有学术社团管理经验的高级人才管理，主要负责社团的工作，致力于吸引世界知名篆刻大师入社，提高社团学术水平，加强社员交流。

国有事业法人则负责参与社会事务管理，履行管理和服务职能，宗旨是为社会服务，承担文物保护等一系列的公益事业，承担起社团的社会责任。国有事业法人同时也是社团和企业的调和器，当双方利益有冲突的时候，事业主体本着一切从维护品牌的原则出发，权衡利弊，做出正确的选择，从而起到资源调节和资金分配的作用。

企业法人则由专业的经营性人才组成，担起为整个组织创造效益，提供资金支持的重任，目前西泠印社已经辐射出多个产业主体，走着品牌化经营、市场化运作、产业化发展、国际化合作的发展道路。企业法人能够支撑社团进行更多的社团活动和学术研究，从而提高整个西泠印社的知名度和美誉度。

三个主体按各自的规律运作，以达成各自制定的目标为目的，互不影响，且资源共享，协调发展，使三方的资源达到了最优化的配置。同时在企业主体的分工中，我们还可以看到更细致的专业分工，如西泠拍卖、西泠出版社都由各自的专业人员负责，大家各用所长、尽己所能。正是因为建立了现代社会治理体系，理顺了社团、事业与产业关系，才能够化解了生存危机，也必将迎来更加光辉灿烂的明天。

| 案例二 |

运河综合保护

一 "京杭大运河"的成功申遗

2014年6月21日，在卡塔尔举行的联合国教科文组织第38届世界遗产大会上，中国"大运河"申遗通过现场审议，被正式列入《世界遗产名录》，为这场历时8年的申遗持久战画下了圆满的句号。世界遗产委员会这样评价大运河：大运河是世界上最长的、最古老的人工水道，也是工业革命前规模最大、范围最广的土木工程项目，它促进了中国南北物资的交流和领土的统一管辖，反映中国人民高超的智慧、决心和勇气，以及东方文明在水利技术和管理能力方面的杰出成就。更值得一提的是，大运河还是到目前为止，中国唯一在发挥原本功能的世界文化遗产项目。

大运河，是一个大范围跨域文化遗产项目，其包括京杭大运河、浙东大运河和隋唐大运河三条河流，涉及沿线8个省市31个遗产区的27段河道和58个遗产点，河道总长1011公里。其中杭州又是最重要的关键结点之一。这次运河申遗，杭州段的首批申遗点段有11个，河道总长度110公里，申遗点段的数量在全国各个城市中位于前列。

大运河项目的申遗成功不仅使得大运河成为中国第46个世界遗产项目，也成为继杭州西湖后杭州第二处世界文化遗产。作为运河沿线最重要的城市之一，京杭大运河（杭州段）保护与申遗的过程对我们国家环境的社会治理现代化是一个非常值得探讨的典型案例。

二 曾经哭泣的杭州"母亲河"何去何从

杭州是京杭大运河的最南端以及浙东大运河的起点。杭州之名，因河而生。古老的大运河见证着杭州的成长与变迁，奠定了城市格局，拓展了城市地域，繁荣了城市经济，丰富了城市文化。随着现代化交通工具的崛起及其逐渐高速化和网络化，运河交通运输功能的衰落无可避免。

随着运河交通运输功能的衰落，导致沿岸经济社会的整体性衰败，昔日的辉煌逐渐黯淡，两岸生活带逐渐沦为一个低收入的生活区，富有水乡韵味的众多运河历史人文景观逐渐被散乱拥挤和设施不全的厂房、危旧房屋、棚户区所包围和淹没。现代化工业的蓬勃发展和城市人口的激增使得大量的工业废水和生活污水肆意排入运河。如运河两侧是传统工业区，有"杭丝联""杭一棉"这样的万人大厂以及华丰造纸厂这样的百年老厂，老百姓的生活污水直接倒入运河，运河水质极差、臭不可闻。原先的京杭大运河（杭州段）实际上成了一个"天然排污场"，杭州的"龙须沟"已经成为市区污染最严重、水质最差的河道之一。杭州的"母亲河"日渐憔悴，日夜哭泣。作为中国唯一至今还活着、流动着的文化遗产，曾经的杭州"生命河"已是奄奄一息。如何通过运河治理，实现运河经济、环境、社会效益的同步提升，增强城市综合竞争力，已是摆在杭州市委、市政府和全体市民面前的"难解之题"，也是"必解之题"。运河亟待综合整治，杭州政府和人民有责任合理保护开发好古人留给杭州人民的宝贵财富，焕发千年古运河在新时代的生机与活力。

三 政府主导、市场运作、社会合力的运河综保治理新机制

如何在运河功能衰颓的前提下解决两岸经济社会的发展问题，是运河综合治理与保护开发的一个重要前提。杭州市委市政府确立的运河综保工程的总体思路是"还河于民、申报世遗、打造世界级旅游产品"，全面提升运河生态、文化、旅游、休闲、商贸、居住6项功能，力争使运河成为具有时代特征、杭州特点、运河特色的"景观之河""文化之河""生态之河"。要完成这样一个具有城市新地标意义的重大社会项目，如果只采取"政府包办"的方式，显然政府在资金运作、项目管理等方面会承担极大压力，但该工程对杭州所具有的重大社会和文化效益，又不能完全由企业或市场运作、以营利为导向。在这样的大背景下，运河综保项目更新观念，创新机制，实现了运河综保工程的成功运作。

杭州市委市政府认为要走出运河治理中的"集体行动困境"，必须改变多龙治水的格局。出于这方面的考虑，杭州成立了一个市政府直属的事

业机构——杭州市运河综合保护委员会,并赋予综保委对运河治理实行统一规划、统一协调、统筹资金和统筹推进的职能。综保委的作用并不在于凭借其行政权力,以公共权威强制的方式避免"集体行动困境",而是以公共资源(比如由综保委统筹规划和使用的运河两岸各 500 米、局部 1000 米范围内的土地资源,市政府的财政注资,获得授权的政策资源等)为杠杆,对涉及运河治理的相关社会主体进行协调。同时成立的市运河集团与综保委实行"两块牌子,一套班子",各有分工。作为国有独资企业,市运河集团是运河综合保护的投融资主体,主要职责是通过市场化运作,搞好招商引资,吸引社会资金,为运河综合保护提供资金保障。大运河杭州段相关的下城、拱墅、江干、余杭 4 个城区和市交通局分设指挥部,承担征地拆迁和部分基础设施或开发项目的实施。

此外包括运河沿岸各城区和市有关部门,专家学者、新闻媒体、市民群众,以及中国京杭大运河博物馆,依托杭州师范大学成立的杭州运河研究院、运河研究会等,属于运河综合保护的支持系统。在运河综合整治的每个阶段都积极向社会开放论证,公开讨论,求计问策。从召开京杭大运河保护与"申遗"研讨会,编制《京杭大运河(杭州段)旅游规划》,到小河直街历史文化街区保护工程的实施,市委市政府都多方征求广大市民和专家学者的意见,注重以民主促民生,真正使运河综合保护工程成为一项民主促民生的民心工程。

四 运河综保申遗治理的借鉴意义

在运河综保社会治理机制的推动下,杭州市先后实施了以"一馆二带二场三园六埠十五桥"为重点的运河综保一期工程,以"一廊二带三居四园五河六址七路八桥"为重点的运河综保二期工程,使一大批历史文化遗存得以保护和修缮,自然和文化生态得以修复,旅游景观得以重现,沿岸居民生活条件得以改善。千年古运河再一次成为了杭州的一张名片,一个品牌。

运河综保申遗治理架构的最大特点,在于形成了"政府主导、市场运作、科学规划、综合整治"的运作机制,实现了政府主导力、企业主体力和社会参与力的"三力合一",调动了市、区、部门多个积极性,搭建了专家市民参与的开放平台。

综保工程创新治理机制，首先打破了行政命令的"层级架构"，联合党政、企业、专家、媒体四界力量，在综保与申遗这一大平台上精诚合作，优先体现社会效益与社会公平，同时注重经济效益，有效弥补了政府或市场单方运作的缺陷。以项目为依托，使一大批历史文化遗存得以保护和修缮，自然和文化生态得以修复，旅游景观得以重现，沿岸居民生活品质得以改善。许多专家学者通过社会复合主体平台参与运河综合保护工程，从局外人变成当事人，从评判者变成策划者，保证了市委、市政府重大决策的民主化、科学化。例如2001年市委、市政府采纳了时任全国人大常委毛昭晰教授的建议，把运河两边残存的民居、仓库、码头等极其宝贵的历史文化遗产"应保尽保"，实现了保护与发展"双赢"，找到了生态、社会、经济效益三者的最佳平衡点和最大"公约数"。

这一新型组织架构模式，用实践证明了它在城市管理与建设中民主、公平、高效的优势，是杭州市以全球性及历史性的视角在社会转型、政府转变职能过程中治理变革的积极实践。在运河综保社会治理新模式、新机制、新举措的带动下，千年古运河必将以一种更加年轻的姿态、更加靓丽的容颜展现在世人面前。

| 案例三 |

杭州城市品牌网群

一 杭州的城市品牌——生活品质之城

巴黎的"时尚之都"、香港的"亚洲国际都会"、维也纳的"音乐之都"、斯德哥尔摩的"梦幻之都",一个个响亮的城市品牌,代表的就是这些城市独特的魅力。当今社会,城市的竞争力不再仅仅指向城市的硬实力,还包括城市形象、城市品牌内的城市软实力,"像经营品牌一样经营一座城市"已经得到人们的共识。

2007年1月8日,杭州向世界亮出了自己的城市品牌——"生活品质之城",杭州曾经有很多的城市形象或城市品牌,如"人间天堂""美食天堂""东方休闲之都""天堂硅谷""中国茶都""丝绸之府""女装之都""动漫之都"等。它们都体现了杭州的局部特点和一些产业上追求的理想和目标,但却不能用一句话来概括出城市的整体特色。而"生活品质之城"的城市品牌浓缩了包括经济生活品质、文化生活品质、政治生活品质、社会生活品质、环境生活品质"五大品质",无疑是对上述这些称谓的浓缩概括。也是对杭州城市品牌过去的总结,当下的认同和未来的引领。明确了城市品牌,仅仅是布局了一个好的开篇,更重要的是如何进一步丰富城市品牌内涵,推广应用好城市品牌,做好这篇文章的下文。而杭州城市品牌网群,这个由党政界、知识界、媒体界、行业界"四界联动"构建的"多层复合"的新型社会主体,围绕城市品牌与行业品牌、企业品牌的交流互动,集城市品牌的研讨、宣传、推广为一体,搭建了一个整合多方资源的大平台,为城市品牌建设增光添彩。

二 城市品牌网群的发展历程

城市品牌网群的前身是城市发展特色研讨组群。20世纪90年代后期,在西湖边的某个茶社，经常有来自杭州党政部门、高校、研究机构，来自杭州日报、钱江晚报、杭州电视台等媒体，以及来自美食、茶、丝绸、旅游、文化娱乐等行业企业的各界人士，在闲适和谐的气氛中，谈论着人和城市发展面临的深层次问题，也探讨着有关杭州城市品牌建设的话题。在价值共识心态的推动下，在相关政府部门的引导和推动下，经过近十年的发展，逐渐形成了一个复合型的社会组织架构——城市品牌网群。这个群体以"让我们生活得更好"为价值共识，围绕"生活品质"城市发展理念和城市品牌的研究、宣传与推广，形成了一种新型的社会主体架构，它包括扁平型的网络组织形态，圈层型的复合工作结构。这里的"群"指四界（党政界、知识界、行业界、媒体界）联动的相关复合型社会组织、公共服务平台、社会发展项目的集群。

依托于这种复合架构，杭州城市品牌网群先后参与了城市发展理念的研究：2002年的"精致和谐、大气开放"的城市人文精神，2005年的"和谐创业"发展模式，2006年的"生活品质之城"城市品牌，2007年的杭州城市标志，2008年的"社会复合主体"，2009年的"民主促民生"，2010年的"政府服务创新"，2011年的"我们的价值"；依托于这种复合架构，网群每年都组织市民体验日、生活品质行业点评、生活品质城市联展、生活品质总点评、国际日、城市生活总点评、生活与发展论坛、生活品质行业调查发布等十余个大型项目活动，并取得了良好的社会影响；依托于这种复合架构，网群联动构建了越来越多的复合主体："我们圆桌会"、丝绸女装战略联盟、茶行业联盟、美食研究促进会、学习研究促进会、文娱品牌促进会、律师进社区复合体、网络律师团、生活品质全国研讨组群等等。这些复合体虽然组成的成分不同，发挥作用的领域不同，但都以党政界为重要参与方，社会各界参与方为平行主体，已经在行业发展和公共服务中发挥着越来越重要的建设性作用。

三　四界联动、"点线面块"结合的组织架构运作

城市品牌网群这个由党政界、知识界、行业界、媒体界"四界联动"构建的多层复合主体，围绕城市品牌、行业品牌、企业品牌的互动，集研讨、宣传、推广为一体，搭建了一个整合多方资源的大平台。城市品牌网群的架构，呈现出"点线面块"的复合型网络状架构。点是来自院校、机

关、媒体、行业的专家学者、公务员、企事业单位工作人员、社会组织人员、媒体人员等，其成员的社会身份、工作岗位、专业背景、学历经历等方面各不相同，个人目标多元、复杂、多变。但是大家有共同的社会担当、价值认同。

"面"是为网群项目提供体制性、集成性、规范化的基础承载。其中城市品牌工作指导委员会办公室主要把握生活品质研究与推广的导向，协调各方关系；杭州发展研究中心和生活品质研究与评价中心具体承担品牌办的工作职能，推进各项工作有序运转；杭州城市品牌促进会以及活动部、生活品质展示展览中心、生活品质纪念品中心等是推进杭州城市品牌建设的社团组织，侧重于城市品牌、城市标志的宣传推广、活动组织、展览展示、设计制作；杭州发展研究会以及杭州生活品质调查中心是研究杭州城市发展的社团组织，侧重于生活品质发展理念的研讨，城市和行业生活品质的调查、研究、发布等；杭州创业研究与交流中心、杭商研究会承担行业、企业日常联系与协调工作；《杭州》杂志社则承担城市品牌的媒体宣传运作。

"块"是网群日常工作和项目工作实施、运行、具体操作的部门和单位。主要有综合办、运行中心、研究室、活动部、策划部、外联部、生活品质网站、生活品质视厅、生活品质期刊、调查中心、纪念品服务中心、传媒公司等十几个部门或单位，它们在功能上属于"块"，并形成一个彼此支撑的操作主体，但在属性上却隶属于各个"面"，人员身份也是不同的。"线"在网群工作和项目中发挥牵头组织作用，提供专业化服务，并参与各个领域的特定工作，人员组成以专家为主。主要有评议线、目标线、研究线、策划线、活动线、联络线、传播线、经营线、财务线等，各线根据网群专业工作和协调工作的需要，牵头组织工作组进行协调性服务。在网群运行中，任何块都可以把涉及面上的工作协同、资源整合以及专业服务的问题提请到线上解决。例如，新项目需求可以提请策划线组织专家进行策划，项目合作可以提请联络线与有关方面进行沟通协调。网群线面块的多层复合、彼此渗透、互为支撑，既发挥了参与各方的积极性、主动性和创造性，又有利于形成整体合力，整合资源，形成网群集研究咨询、策划创意、评价发布、宣传推广、展览展示、运行协调等功能于一体的项目运作链条，搭建起具有系统性、开放性和生命力的事业发展平台。

四 网群特色与存在问题

"杭州城市品牌网群"作为创新型社会治理主体的典型案例,以"让我们生活得更好"为导向,发挥复合创新的特有优势,组织架构多层,功能互补融合。它的特点一是以项目整合各方资源,集聚起相关研究、宣传、推动等机构,最终带动事业发展;二是能分擅合,运作灵活集中力量办大事;三是开放合作,整合资源实现效益最大化。成为社会多方面、多类型群体互相嵌入,彼此支撑,复合创新的共同体。这种社会治理主体的兼容嵌入特性,增强了优良文化传统和价值理念的传承力量,增进了人的交往、理解、信任和互助,展现了和谐社会新生活的前景。

在网群的功能与作用凸显之时,也面临很多的困惑:如何形成复合主体成员的主动关联,主动关联的合理边界在哪里?怎样增强网群成员之间、群与群之间的关联度?比如这个关联度应该逐步增强而不是降低,否则网群的功能和价值将逐步丧失。如何处理专业性和复合性的关系?网群的工作人员定位是以专业性发展为主,还是以协调联动社会为主?这个定位关系到工作人员的发展空间和路径。网群执行层面是以层级制为主,还是以平等主体为主?党政界如何既发挥作用又保持权力不介入,这一点关系到网群的执行力问题。网群也正在组织更多的讨论和研究,应对这些问题和挑战。

网群的发展生机勃勃,网群的工作新鲜而富有挑战,网群的专兼职人员激情洋溢,网群的事业蒸蒸日上,网群正在关联起更多的社会各界优秀分子,为了"我们",为了"生活",为了"更好"。弘扬城市精神,彰显城市价值,形塑城市个性,参与城市治理的具体事务。十余年人文精神的探寻,化为城市文化复兴的强大动力,推动着网群,推动着更多的创新创业者为了"让我们生活得更好"而共同坚守、不断前行。

案例四

"湖滨晴雨"工作室

一 "湖滨晴雨"工作室的概况

"湖滨晴雨"工作室是国内第一个街道（社区）层面的综合性民主民生互动平台，其名称源自西湖新十景"湖滨晴雨"，蕴含着"民情晴雨表"之意。该工作室成立于2009年12月，同时建立了"湖滨晴雨"网络平台。工作室通过整合社会信息、推进社会管理、统筹社会服务，切实探索民主促民生、合作协商促共治之路，寻求具有本地社区治理特色的创新模式，受到社会广泛关注。

"湖滨晴雨"工作室在上城区湖滨街道直接指导下开展运行，"湖滨晴雨"工作室其实是个虚拟的概念，它整合了街道（社区）现有的"社情民意信息直报点""社会舆情信息直报点""草根质监站""和事佬"等平台，采取网上互动与网下恳谈的形式，收集民意、反映民情、解决问题、沟通党委政府和普通群众。通过"问计于民、问需于民、问情于民、问难于民"，让街道、社区志愿者骨干、社区居民、辖区企业积极参与到社会管理和社会服务中，并形成有效推进民主民生工作新发展的社会复合治理机制。

二 "湖滨晴雨"工作室的运行架构

在基本组织构架和工作方面，工作室逐步建立健全并不断完善了"16243晴雨工作法"，即"一室""六站""两员""四报""三机制"。

1. "一室"：湖滨晴雨工作室

选聘有群众工作经验的社区工作者具体负责，开辟专门场地建立"湖滨晴雨"工作室，同时建立"湖滨晴雨"网络平台，形成一条上情下达、下情上报的"绿色通道"。工作室负责做好信息收集、分析、报送及问题协调等工作，通过加强与民情预报员、民情观察员和社会各方人员互动，使民主促民生机制不断完善。

2. "六站"：社区民情气象站

街道下辖 6 个社区均设立"民情气象站"，气象站站长由社区书记或主任兼任，根据工作室要求开展各种民情收集、政策传递、解答等活动。

3. "两员"：民情预报员和民情观察员

民情预报员由 12 名市、区职能部门负责人和专家学者担纲；民情观察员由 67 名湖滨地区党代表、人大代表、政协委员、单位职工、新杭州人、社区居民等不同层面的人员组成。民情预报员宣传政策、听取民情。民情观察员在社区建立民情联系网络，围绕社会热点、难点、群众关注点收集民情民意。

4. "四报"："民情气象一天一报"、"民生焦点一周一报"、"民生时政一月一报"和"民生品质一年一报"

定期通报社区的民情气象，关注民生焦点，收集民情热点，掌握辖区舆情，及时上传下达，为党委、政府和相关部门决策提供及时、全面、准确的信息，成为辖区居民群众和企事业职工畅通表达民意的渠道。

5. "三机制"："信息报送机制""处理反馈机制""效果评估机制"

报送群众反映强烈的问题，通过相关部门汇报、基层调研和召开民情恳谈会等方式，促进问题得到处理，使社情民意得到反馈，对相关热点难点问题的处置情况进行评估，听取广大群众意见。

三 "湖滨晴雨"成效斐然

据该工作室 2013 年底统计，成立 3 年多来，收到社会民意和社会舆情信息 4584 条，其中近 1/3 事关居民的具体问题，工作室通过人大、政协、信访等各种渠道协调解决。其他 2/3 的舆情信息，提供给各级党政部门协调解决。"民情观察员"活跃在大街小巷，积极代言社情民意。近年来，湖滨街道根据观察员采集的意见建议，相继推出"垃圾分类实名制""湖滨老年人百味食堂""帮一把"社区便民服务等 30 余项民生项目。群众满意度有效提升，地区和谐程度进一步提高。

"湖滨晴雨"通过整合社会资源为公共事务的民主参与、民主协商提供了沟通平台，又为畅通民意、改善民生提供了有效支撑。在社区治理过程中培育了社会组织，汇聚了民智民力，收集了社会信息，也改善了政府的执政方式，加强了政府与民众的沟通，协调了政府与社会的关系，引导了社会心态，促进了社会建设，成为让民主进入百姓日常生活的成功典范。

四　独具特色的基层社区协商治理机制创新

1. 整合资源，打造公共平台

湖滨街道整合了"社情民意信息直报点""社会舆情信息直报点""草根质监站""和事佬"等单项平台资源，在市委办公厅、市建委、市民政局、杭报集团及杭州网等单位的大力支持下建立党政、专家、市民、媒体四界联动、共同参与交流和沟通的民主民生社区综合性互动平台。

2. 多元参与，推动治理转型

在这样一个互动平台，社区居民和民情观察员（预报员）积极参与，工作室（站）主动作为，积极承担政府职责；媒体与工作室联动，宣传、报道和监督社区事务的协商与处理；企业和社会组织也有序参与，发挥各自的积极作用。

3. 多方合力，探索治理机制

经过各方的积极探索与实践，湖滨晴雨形成了两种有效的协商治理机制，一种是政府自上而下的主动例行协商，"问计于民"和"收集民意"，"上情下达"和"下情上达"。另外一种就是具体事务的共同协商，包括各种形式的民情沟通会、恳谈会，各界面对面交流、沟通和协商以寻求最佳解决方案。

五　湖滨晴雨的治理创新思考

对于基层政府来说，湖滨晴雨工作机制是由政府主导构建的由点到面、多元主体参与的网络型协商治理体系，推动了基层治理从理念到行为的转变，使基层的社区治理从单一治理向多元治理转变，从层级制向扁平化治理结构转变，从刚性管理向柔性服务转变，搭建了公民开放参与的新平台，创设了公民参与的新制度，为社区成员行使知情权、参与权、表达权和监督权提供了新途径。

"东边日出西边雨，道是无晴却有晴"。"晴雨"两字的含义，既是对湖滨独特地理位置和深厚文化底蕴的反映，也蕴含着只有把老百姓的"晴""雨"都放在心头，才能让群众每个平凡的日子都绽放出彩虹的寓意。

| 案例五 |

我们圆桌会

一 《我们圆桌会》的出现

为了搭建汇聚民智、交流沟通、推动发展、促进和谐的媒体互动平台，杭州市委办公厅、市政府办公厅、市委宣传部、杭报集团、杭州文广集团、杭州发展研究会联合，于2010年12月20日在杭州电视台综合频道开办了交流谈话类电视栏目《我们圆桌会》。栏目时长30分钟，每周一至周五晚8时在杭州电视台一套播出。开播以来，已播出近500期节目，涉及245个城市公共话题的讨论，先后有近4000人次嘉宾走进演播室。

在《我们圆桌会》，您可以就衣食住行等民生问题提出建议；在《我们圆桌会》，您可以直接对话职能部门领导；在《我们圆桌会》，您可以与行业企业领袖和专家一起交流心得，在《我们圆桌会》，您可以对杭州城市发展的方方面面提出看法，在《我们圆桌会》，您可以了解到新闻热点的最权威解读。这是一张属于我们的圆桌：平等、对话、交流、协商。

2012年中国电视界最值得关注、最具有引领意义的节目是什么？在北京大学电视研究中心主办的有关评比活动中，来自北京大学、清华大学、中国传媒大学、中国青年报、中央电视台等国内传媒业界、学界的顶级专家们，把"年度掌声"荣誉颁给了央视的《新闻1+1》与杭州的《我们圆桌会》等节目。活动评委会为《我们圆桌会》给出的"致掌词"：创新执政，务实传播，公民参与，只要有心，大有可为。《我们圆桌会》搭建政府、媒体与公民平等沟通的平台，省会城市电视台成为理性传播的领跑者，接地气、有胆识、有诚意。媒体一小步，民主一大步。

二 《我们圆桌会》的内容

在节目样式上，栏目大胆创新，每周连续5天对1~2个话题进行谈论，通过层层剥茧的方式，把话题谈深谈透。每期节目以主持人加上 4~5 位具有不同背景的嘉宾在演播室进行交流讨论为基本模式，采取节目过程中穿插外场采访、背景资料回顾、电话热线、网络观察员、信息小灵通播报、调查发布等多种开放式的互动参与形态，增加节目的信息量，增强节目的艺术感。在谈话话题上，充分体现开放性和普遍意义，更加注重"老百姓关心"与"党政界关注"相结合，注重城市居民生活与经济社会发展相结合，注重新闻事件切入与社会现象分析相结合，注重把舆论热点中的社会心理分析、情绪疏导与专家学者所关注的深层次思考和背景相结合。

三 《我们圆桌会》的特点

这是一档通过发挥"四界联动"优势，由网群关联相关部门、单位和群体来共同构建的民主民生电视栏目。栏目以"我们、交流、理解"为主题词，以"提出问题——讨论问题——提出建议"为线索，坚持以知识与价值引领社会发展。这个栏目有三个显著的特点。

一是主体复合，四界联动。四界联动机制是《我们圆桌会》栏目最大特色。专家学者（研究机构）、职能部门、省市媒体、行业企业全面参与，四界关联各方坐在一起，以主人翁的姿态，通过电视中的公开交谈，理性交流，不仅在沟通理解上达成共识，而且纳民意聚智慧，寻求最佳和谐的管理路径。

二是党政重视，合作协调。2010 年杭州市委办公厅发文成立了"杭州市民主民生媒体互动平台建设工作领导小组"，市委副书记任组长。为推动政府部门积极参与，栏目设置了政府参与的联动机制：将参与每期节目作为话题相关部门的工作职责，通过市委办公厅发函的形式，要求其参与。通过主动关联，栏目组建立了市民主体、专家支撑、党政引导、媒体传播、行业企业参与的栏目联动机制。栏目与市有关职能部门和区、县（市）有效联动，使其拥有一个反映工作的渠道和应对突发事件的通道，形成有效的发布解释和征集建议机制。

三是平等交流，民主对话。栏目注重声音的表达，在这里，沟通交谈的目的不只是解决问题，更是沟通本身。不管是市长还是部门领导，不管是老百姓还是专家，大家都围坐在圆桌前，公开交流，理性交谈。人格是平等的，话语权是一样的。通过"圆桌会"，传播了一种平等、协商、理性讨论社会问题的价值观，有利于社会各界寻求共识、化解分歧、疏导情绪、增进理解、促进和谐，"小圆桌"真正变成了一张"城市的大圆桌"。

四 《我们圆桌会》带给社会的启示

《我们圆桌会》的实践，其理念支撑来源于对"让我们生活得更好""我们的城市，我们共同治理"的不懈追求。在这一共同治理理念的引领下，一个关照各方情绪、注重氛围营造、体现包容性发展的社会治理模式开始显露。从过去单一的信息报道、事后监督到社会治理的全面参与的社会治理过程，到一个多方互动、汇聚民智、加强沟通的平台成为人们生活和社会治理的必需。毕竟，让生活更好的期待，激励着每一个人。

《我们圆桌会》栏目充分发挥党政引导、专家支撑、媒体传播、行业参与、市民主体的社会联动作用，推动社会各界以"圆桌"的公共精神和建设性态度进行理性对话，为在政府与社会、政府与公民之间，构建一种平等沟通协商、良性互动合作的新型治理关系提供了重要平台。在创新社会治理的背景下，《我们圆桌会》栏目的实践早已超越新闻传播意义的范畴，这档以公共意识培养为前提的节目的顺利运行，也以实际效果证明了这句话：沟通改变生活，对话推动进步。

| 案例六 |

杭州的市民体验日

一 在体验中创造更美好的生活——杭州市民体验日

杭州市民体验日由杭州市品牌办联合市委宣传部、市有关部门、各区县（市）、有关行业协会等联合举办，参与单位涉及城市历史、公共服务、科技生态、休闲运动、健康美食、文化娱乐等领域的品牌单位、机构和企业，参与市民累计达774.6万人次，已成为长三角地区最具影响力的城市生活文化体验活动。

2008年杭州市民体验日活动首次举办。活动推出了全市关于历史、文化科技、休闲、运动等领域的40个体验点免费向市民开放，约50万人次市民参与活动，在社会上引起强烈反响，开创了全国首个全民参与的大型城市生活文化体验活动。活动至今已举办了六届，6年间，体验日深入挖掘优质体验点资源，深度推广城市品牌文化内涵，联动全市、杭州都市圈有关节点县（市）和长三角有关城市，共推出了440个最具品质体验点和33个金城标体验点，多角度、多途径、多领域、全方位地展示了杭州在经济、政治、文化、社会、生态文明建设等方面取得的成就。2014年4月，来自生态、文化、服务、趣学、创意、活力、时尚7大板块，涵盖绿色环保、美丽乡村、历史探寻、社区井巷、城市治理、养生休闲等领域的80个市民体验点从3000余个候选点中脱颖而出，成为第七季杭州"最具品质体验点"。

二 杭州市民体验日的活动机制

杭州市民体验日活动主要由"评选"和"体验"两大部分组成。通过"征集""海选""投票""评定"等环节每年产生80个"年度最具品质体验点"，并在此基础上评选出十大年度"金城标体验点"，组成金城标联盟成员。市民体验日的集中体验历时两天，在每年4月的第2个或第3个周末进行，由各体验点策划、设计开展体验互动活动，市民通过统一的报名系统，参与体验活动。常态化体验历时全年，统筹各体验点资源推出各个专题体验。

每年4月由网群组织的市民体验日和在此基础上形成的常态化生活体验，已形成一种独特的城市品质生活形态。经过社会各界推荐、投票、评审等环节，每年在全市范围内产生一批集"休闲文化创业"于一体的具有杭州特色的生活文化体验点，并将体验点"串珠成链"形成艺术文化、健康生活、社区文化、历史文化等体验线路，邀请广大市民参与体验和交流。通过组织市民参与生动活泼的体验式学习、参与式学习，在学习中倡导健康文明的生活方式，让社会公德、行业道德通过直观的生活感受进入心灵深处，让市民在潜移默化中受到熏陶和影响。体验日关联到数百个体验点，遍及社会各层面的体验人群，人们打破各自生活界限、行业划分，聚集在一起，在相互关联协作中，对话历史、对话自然、对话生活，形成了一个价值交流、文化体验、品牌传播的庞大而特殊的"我们"群体。

杭州市民体验日活动充分依托大网群社会复合主体资源，结合网群相关调研、培训、品牌评选等活动，凝聚一批特色行业生活领域的专家、学者、作家、艺术家、企业家资源和体验点资源，以主流人群的体验点评来提升体验活动的档次品味，从而带动大众的参与；同时，又使体验点水准在被体验的过程中不断提升，使体验活动走向常态化，并构建起一个良性互动的交流机制。使体验日活动逐渐成为方便杭州旅游休闲的导游图，引导杭州特色产业的示范点，传播杭州城市文化的新载体和展示杭州生活文化的金橱窗。

三 杭州市民体验日的活动特色

发起杭州市民体验日的初衷就是使"让我们生活得更好"的理念更贴近百姓、融入生活、深入人心。市民体验日组织方式的独特性，就是"四界联动"的组织架构形式和"现象+人物+区块+活动"的点评模式。

"四界联动"的组织架构形式。市民体验日生活品质体验点评交流活动的组织机构，包括杭州生活现象研讨组群、生活品质研究与评价（杭州）中心、市城市品牌促进会、浙江大学、中国美术学院、浙江工商大学、杭州师范大学、杭州日报、都市快报、新浪网等党政界、知识界、行业界和媒体界代表。其中，杭州生活现象研讨组群成员就是由党政界、知识界、行业界、媒体界的代表组成。生活品质体验点评交流活动由市品牌办牵头，广泛邀请杭州市党政界、学术界、行业企业界、媒体界的相关部门、单位参与各项活动，在活动的点评专家组构成、体验点征集、推荐与评选、线路设计、嘉宾邀请、项目展示、传播报道等各个环节上，都倡导"四界"联动，在互动交流中不断加深了解，达成共识，并且在互动合作的基础上构建起多个社会复合主体，共推事业发展，也进一步增强了生活品质体验点评交流活动的公信力、引领性、权威性。

"现象＋人物＋区块＋活动"的点评模式。生活品质体验点评交流活动坚持社会参与和专家主导相结合。生活品质体验点评交流活动立足开放，通过报纸、网络、电视、广播等媒体宣传，发动广大市民、部委办局、行业企业、主流媒体等社会各个方面的广泛参与，推荐产生具有生活气息、杭州特色的候选现象、人物、区块、活动；又坚持专家标准和"四界联动"，以专家为评价主体，通过专家的眼光和实地体验，点评、挖掘现象、人物、区块、活动背后的休闲氛围、文化内涵、创业元素，再综合市民票选情况推荐产生最终的年度现象、人物、区块、活动。活动以点评为核心，以体验为手段，广泛开展交流、互动、体验、学习，使城市各行各业的文化内涵和精神价值进一步融入生活，逐渐探索和形成具有杭州特色的城市发展理念和价值标准。

四 杭州市民体验日存在的问题

市民体验日已经走过6个年头，相关活动在不断的探索、创新和提升中，也显露出这样或者那样的问题。

杭州市民体验日活动如何提炼好体验主题，体验主体如何能更紧密地结合市民生活，打造实用又好玩的"市民生活体验"指南；如何处理好主流人群点评引领与大众参与的关系，市民体验日公众的信息获取途径、参与的方式和形式单一，参与热情未得到充分激发，一定程度上影响了体验日活动的开展。

　　如何处理好活动继承和创新相结合的问题,市民体验日的一些活动逐渐显露出疲态,活动样式、媒体宣传热点等变化不大,难以持续性地吸引大众眼球,难以引发其参与热潮,运行机制和活动样式的创新和提升成为体验日活动迫在眉睫的任务。

案例七

杭州丝绸女装产业联盟

一 丝绸女装产业联盟助力"丝绸之府、女装之都"

杭州自古就是"丝绸之府"。21世纪以来，杭派女装也悄然崛起。经过多年的迅猛发展，杭州的丝绸女装产业已经在国内外初步打响"丝绸之府、女装之都"的金名片，进入了一个发展的高地和平台期。但是受到20世纪90年代末国际金融危机的严重影响，杭州丝绸女装产业陷入了发展的困境。一方面需要继续稳固国际市场，同时抱团合力拓展国内市场；另一方面，世界纺织服装产业发展模式已经进入"创意+生产+推广"相结合的大产业发展格局。在金融危机下谋求产业发展新突破，必须创新杭州丝绸女装产业发展新的机制和模式。

为了发展杭派女装，2001年杭州市开始成立女装发展领导小组，这一小组当时全部由相关政府职能部门组成，没有行业协会、企业和研究机构参与，可以看作丝绸女装行业联盟的前身。到了2005年，为最大限度地整合丝绸与女装方面政、产、研、学、商等各类资源，推动丝绸与女装产业、文化、旅游的发展，杭州市委市政府正式建立了"弘扬丝绸之府、打造女装之都"战略合作促进委员会。这一委员会由政府倡导，相关职能部门密切配合，相关行业企业以及知识、媒体等社会其他层面积极参与。至此，一个体现党政界、知识界、行业界、媒体界的"四界联动"理念，整合从中央到地方相关资源，共推共享、多元统一、功能融合、有机关联的社会复合体——丝绸女装行业联盟正式形成。丝绸女装行业联盟内多元主体资源整合、有机关联、条块互渗的联动模式，既促成了政府相关职能向社会复合主体的延伸与转移，又有效振兴了杭派女装的发展，为丝绸女装的繁荣发展带来了无穷的活力和效力。

二　多元互动，助推行业联盟增活力

21世纪以来，杭州丝绸女装行业得到复兴，一方面得益于深厚的地域文化、丰富的科教资源、雄厚的产业基础、强劲的市场辐射、响亮的会展品牌、发达的女装产业六大资源；另一方面更因为有了丝绸与女装行业联盟为框架的社会合作平台。

丝绸与女装行业联盟以丝绸女装行业协会为主导，整合了党政界、知识界、行业界、媒体界"四界"资源与力量，党政界包括有国家层面的商务部相关部门、杭州市委市政府相关领导和有关部门负责人等，知识界有中国美术学院、浙江理工大学、中国丝绸博物馆等成员代表，行业企业界有杭州丝绸行业协会、杭州丝绸文化与品牌研究中心、杭派女装商会、杭州市服装设计师协会以及达利、汉帛等行业领军企业的代表，还有《丝绸与女装》杂志、《丝绸》杂志、中国女装网等媒体界的代表。在联盟框架中，党政界、知识界、行业界、媒体界的参与主体围绕活动和项目合作，加强交流、协商，把外部协调变为内部协调，把结果协调变为过程协调，通过信息和情感的交流，相互理解，增强信任，营造了良好的创业氛围。联盟运行体制降低了各类主体的协调和运作成本，提高了各方参与的积极性和创造性，实现了产业与文化的有机融合、政府与企业的协同互动、市内与市外的优势互补。

三　多力融合帮助行业联盟提效力

在战略合作框架下，联盟通过发挥政府主导力、企业主体力、市场配置力、协会推动力"四力合一"，形成了院校、研究机构、协会、研发中心、生产基地、销售基地、展示中心、特色街区等多元主体纵横交错、条块互渗、主动关联、优势互补的网络状结构，整合了产业、文化、旅游、会展、科研、信息、教育等资源，全力振兴"丝绸之府"、打造"女装之都"。各力之间协调配合、默契一致更是极大增强了行业联盟的效力，发挥了深厚的潜力。

比如丝绸女装战略联盟在市场拓展方面，由行业协会、特色街区管委会和行业龙头企业共同出资组建杭州市丝绸女装展览有限公司。形成市场化运作的利益共同体，并由展览公司承担市场拓展工作。同时发挥杭派女装商会等协会和中国丝绸城等特色街区各自优势，充分整合资源，组织开展丝绸女装万里行等多层次、多形式的市场拓展工作。在人才发现方面，主要由杭州市服装设计师协会、服装行业协会、中国美术学院、浙江理工大学等承担，通过中国国际女装设计师大奖赛，选送获奖者赴国际知名服装院校开展长期培训。再比如，在杭州文娱品牌促进会中，由行业协会牵头定期召开理事大会，商讨文化娱乐品牌发展大计，邀请成员单位聚会、座谈，举办沙龙活动，促进业内人士沟通感情、互通信息、互相帮助。邀请国内外文娱相关行业的资深机构人士及政府部门人员，围绕相关文化、政策、品牌等问题讨论交流。以项目为纽带，有关成员单位组建紧密型项目小组，进行项目调研、分析、策划、论证和操作。通过项目组运作，增强成员单位对促进会的认同感、归属感，提高促进会的凝聚力和竞争力。

通过丝绸与女装行业联盟的运作，政府、商会、企业、媒体同唱一台戏，杭州丝绸与女装行业得以重振雄风：2007年中国商业联合会授予杭州"中国女装中心"称号、中国丝绸协会确定杭州为"中国丝绸日"活动举办地。中国国际丝绸博览会、杭州丝绸女装万里行、中国国际女装设计大奖赛、中国杰出女装设计师发现计划、国际丝绸论坛等系列活动已成为杭州丝绸女装行业发展的标志性活动，"中国女装看杭州"已经成为不争的事实。丝绸女装行业联盟让古老的丝绸文化得以传承并焕发活力，绽放青春，杭州人的生活也变得更加美丽。

| 案例八 |

绿色浙江

一 绿色浙江的概况

全国百优志愿服务集体"绿色浙江"团队组建于2000年6月,是浙江省最早建立、规模最大,也是目前在全国规模最大、管理最为规范、最具影响力的环保社团之一。2001年,注册为浙江省青年志愿者协会绿色环保志愿者分会,并在全国首创志愿者协会环保专业分会;2010年,正式注册成为具有独立法人资格的杭州市生态文化协会,是杭州享有免税待遇的社会团体之一。2012年12月,杭州市生态文化协会成为中国首家5A级民间环保组织。协会倡导绿色、低碳生活方式,弘扬生态文化,树立生态道德,促进人与生态环境的友好相处与发展,共建生态文明。

近几年绿色浙江获得的荣誉有:联合国环境规划署生态和平领导项目"生态城市最佳项目奖"(2012),中国水环保年度公益人物奖(2011、2013),公益中国奖(2012),浙江省十大杰出志愿服务集体(2012),中国企业绿色发展论坛年度清馨最佳环保公益案例奖(2013),杭州年度生活现象总点评最佳活动奖(2013),浙江省优秀志愿服务项目(2013),第二届中国公益慈善项目大赛创意类金奖(2013),中央财政支持社会组织发展项目(2013、2014),全国优秀环保公益项目(2014),浙江环保民间力量先锋榜(2014)等。

二 专注环境治理,构建多界协作互动的环境监督模式

绿色浙江确定协会在新时期的使命是"让更多人环保起来",理想愿景是"人与自然,和谐发展",协会以环境的治理、环境的改善作为核心价值。协会理事会包括各界代表,对环境都有着共同的信念和一致的追

求。理事来源多元，来自党政机关、科研院所、媒体机构、企业、公众等方面，大家坚守着一个共同的目标来持续推进政府、企业、社会组织、公众、社区多极社会生态结构的建立。例如绿色浙江以钱塘江护水者项目为核心，与利益关联各界积极协作，打造"同一条钱塘江""寻找可游泳的河""五水共治"等专项活动。浙江大学协会依托钱塘江水地图平台，积极探索与相关政府部门、专家合作建立了公众协作互动型水环境监督模式。其中钱塘江水地图平台通过公众实时的网络和移动通信维护数据，全面推动了钱塘江流域水环境信息公开，丰富了市民举报污染的途径，帮助了执法机构举证和便捷、准确地找寻污染源并查处。通过钱塘江水地图平台的污染源预警功能，一方面形成志愿者监督团队，另一方面项目通过与浙江省环境执法稽查总队的合作，对公众所举报的污染源进行查处。这种合作方式的建立，促使该项目不仅仅是在环境信息公开的层面，更是一种以解决问题为导向的项目。从2011年至今，协会组织巡护8万余公里，利用公众协作互动型环境监督模式高效地协助政府查处污染事件17起。

从2013年4月起，绿色浙江联合浙江卫视共同策划推出大型新闻行动"寻找可游泳的河"，总共报道136期系列节目，引起了广泛关注和强烈反响。期间，省委书记、省人大常委会主任夏宝龙亲自给各市县委书记写信，要求各地高度重视曝光的和群众反映强烈的环境保护问题，必须举一反三，立即整改，务求实效。直接推动省委省政府头号工程"五水共治"的出台。作为此次新闻行动的高潮，8月3日，绿色浙江还联合浙江卫视共同组织"横渡钱塘江，畅游母亲河"活动，并组成"钱塘江护水者队"，包括13名环保官员在内的党政干部、企业家、民间组织从业人员、大中学生等。2013年12月，作为"寻找可游泳的河"活动的年度收尾，绿色浙江联合浙江省人大、浙江卫视共同推出电视问政"治水面对面"，向浙江五地领导面对面地进行治水问政。

三 健全完善制度，加强治理能力建设

协会以机构治理为核心，加强治理能力建设，明确提出财务信息披露和机构治理改革，要做中国"最透明"的环保组织。在价值观的引领下，全面推进组织内部治理现代化。先从理事会治理开始，将原有的58名理事缩减为20名，大大改变了"理事不理事"的中国社会组织存在的通病。

特别是在一届三次理事会上，理事们在公益导师的辅导中，共同讨论确定了协会在新时期的使命"让更多人环保起来"，愿景"人与自然，和谐发展"和价值观"责任、务实、感恩、坚持"八个字，从而让每位理事都充分了解自己的组织。2012年12月，协会正式通过社会团体评估，成为中国首家5A级民间环保组织。

为进一步推动民间组织可持续发展，协会于2012年初提出成为中国最具自我造血能力的环保组织的目标，并于下半年设立社会发展部，建立社会企业项目。协会全面拓展社会资源，在实践中初步搭建协会可持续发展项目框架并提高自我造血能力，为协会建立社会企业提供物质保障，推进社团可持续发展。协会总结2011年产品义卖经验，在2012年试点以"心动市场"为品牌的自我造血公益支持平台。该平台旨在通过线上网络平台，以商超、社区、楼宇、学校等场所为主体的线下义卖，依托实体的店面专柜，以及特殊订单几种方式，销售绿色低碳制造企业捐赠或成本价提供的绿色低碳产品、公益组织自行生产的公益产品、公众提供的旧物或闲置物品，以获得资金支持公益项目的可持续开展。

四 关注民生，多元互动推广建立生态社区

协会在万通公益基金会的支持下，在杭州市上城区西牌楼社区尝试推广建立生态社区的示范样板。协会建立社区志愿者团队并进行能力建设培训，建立社区居民、社区居委会、专家、企业、社会组织等各利益相关方的合作机制来推动生态社区的建设。硬件上已经实现了太阳能利用、社区雨水收集、餐厨垃圾变肥料、落叶堆肥等设施，同时社区在协会的指导下建立了环保服务队，开展了涵盖废物利用、旧物置换、旧衣回收、家庭种植等环保内容的环保活动。协会坚持多年的"废油变肥皂"活动，全年在开心厨娘饭店和彩霞岭社区、河坊街社区、浙江工商大学、高银巷小学等社区、学校开展活动，处理回收餐厅废油，并受邀参加浙江生态省建设现场会、杭州市西湖区公益嘉年华等现场展示。在西牌楼社区的经验基础上，形成生态知识传播、生态技术植入、参与式社区治理的"三横"和能源、水资源、绿化和种植、废弃物、社区和谐建设的"五纵"，共同构成"三横五纵"生态社区模式。

13年前，一群勇往直前、敢为天下先的"无脚鸟"从中国东南起飞，

秉持责任、务实、感恩、坚持，风雨无阻、没有停歇；在"人与自然，和谐发展"的愿景下，努力加强自身对内对外治理能力建设，拓展各类资源，提升协会治理水平。从钱江岸启程的这群"无脚鸟"，始终怀揣梦想、不言放弃，必将搏击长空、劲舞苍穹！

| 案例九 |

西湖国际博览会

一 西博会的重生

穿越回1929年，西湖博览会，这个以"西湖"命名的博览盛会，创下了当时中国博览会之先河，轰动全国，誉满中外。与历史上著名的差不多同期的"芝加哥博览会""巴黎博览会""费城博览会"并称为国际性庆典，在秀丽的西湖山水间留下了永恒的记忆。让杭州这座人间天堂向当时的世界展示了开放的胸怀。时光荏苒，在时隔71个春秋之后，2000年，杭州重新擦亮了70年前"西湖博览会"这一张金名片。经过十余年的打造，"西湖博览会"今天重放异彩，再创辉煌。14年来，杭州市通过恢复举办西博会，成功地走出了一条具有杭州特色的会展业发展之路，提升了杭州的硬实力和软实力，提高了城市知名度和美誉度，推动了杭州经济社会又好又快发展。

文化创意产业博览会、网商大会暨网货交易会、国际休闲产业博览会、电子信息博览会、国际工业博览会、横渡钱塘江、玫瑰婚典、南宋文化周，一幕幕会展和节庆活动让每年金秋十月的杭州精彩纷呈。中外嘉宾云集、四海精品汇聚。西博会是一个大舞台，而这一光芒璀璨舞台的幕后，是一个以"西博办"为核心，组织多层、人员多元、功能多样为特征，运转顺畅、机制完善的西博会社会复合主体。这些活动推动了社会复合主体"共识、联动、契约"三位一体的构建，形成了"共识指导联动、契约维护联动"的机制，成功实践了"政府搭台、企业唱戏、多方参与"的复合联动运作模式。

二 西博会复合主体的组织模式和运作机制特色

1. 多层复合"平台"

西博会的复合型组织架构特点是统分结合、开放融合，最高层面是西博会组委会，核心层面是西博会"一办十部"，行业层面是市会展协会，企业层面是杭州西湖国际博览有限公司及各类会议展览企业，从而形成"西博会组委会＋西博办＋行业协会＋各类展览公司"的复合架构，做到了上下联运、无缝对接、整体运筹、高效运作。西博会组委会通过主办单位整合国家部委、省级部门的政府资源，为办好西博会提供领导支撑。西博会设立"一办十部"，即西博会组委会办公室和西博会组委会所属的展览工作部、会议工作部、文体活动部、观光活动部、宣传推介部、资金筹集部、礼宾服务部、安全保卫部、公共卫生部和公共保障部，负责各块工作。通过"一办十部"的组织架构，有效整合了市级层面的政府资源，形成了条块结合、齐抓共管的局面。

2. **分层式的项目管理**

西博会组委会主要负责品牌经营，进行总体策划、总体协调，加强对各项目的指导、管理工作，为项目提供宣传、安全保障等服务，但不直接运作项目，除开闭幕式和烟花大会之外，所有项目都由各举办单位根据市场需求自行运作。从这个意义上说，西博会的组织架构实行的是一种二级分层管理的办法。这样的架构对于城市会展业的全面发展而言，具有较好的宏观维度和产业延伸度。

3. **多层面的参与人员**

西博会组委会的"十部"组成人员，分别来自政府各个职能部门，各部主要负责人就是这些职能部门的主要负责人。而西博办是一个事业单位，由专职会展管理人员组成，既承担着西博会综合协调、组织策划的宏观管理职能，又承担了西博会展览、会议、活动三大板块项目的策划、评估和市场运作职能。围绕办好西博会这一共同目标，西博会还集聚了众多的兼职专家、行业人士、志愿者参与其中，使西博会成为一个集聚不同身份、不同力量、不同资源的大平台。

4. **多职能的常设机构**

西博办是举办西博会的常设机构，同时也是世界休闲博览会办公室和杭州会展业发展协调办公室，形成了"三办合一"的架构。这一架构既承担着西博会这一杭州最大会展品牌的组织协调功能，也承担着世界休闲博览会的实施承办功能，又承担着杭州会展业发展的行业协调功能。这一职能多元复合的组织架构，形成了西博会与休博会、西博会与会展业良性互动格局，促进了西博办从单一西博会的办会功能，向发展休闲业、发展会展业、发展旅游业、发展文化创意产业等多功能拓展。

5. 坚持政府主导力、企业主体力、市场配置力"三力合一"的办会模式

西博会之所以能做到越办越好，越办越轻松，就是因为西博会坚持政府主导力，坚持"政府搭台"；发挥企业主体力，坚持"企业唱戏"；发挥市场配置力，充分发挥市场"无形之手"的作用，努力实现各类资源利用效益的最大化。找准"三力合一"的结合点，实现"三力合一"的最大化，使党政、市场、企业之间实现功能互补、资源共享、信息互通，最大限度地调动各方的积极性，最大限度地集聚各方的力量，保障西博会有效、高效运作。

三　以"西博效应"带动城市发展的大舞台

西博会是城市旅游的"催化剂"，推进了杭州会展旅游的发展。在西博会的推动下，杭州旅游业得到转型升级，目前杭州会展游、休闲游已占旅游业的"半壁江山"，与观光游平分秋色，实现了杭州旅游从观光游"一枝独秀"向观光、休闲、会展游"三位一体"的转变。西博会是城市产业的"推进器"，带动了杭州城市经济发展。在西博会的推动下，杭州第三产业得到快速发展，推进了与会展相关的零售、餐饮、交通、电信、娱乐、宾馆、广告、印刷、物流等行业的发展。每届西博会拉动杭州GDP增长0.5个百分点以上。西博会是城市文化的"提升机"，促进了杭州社会文化繁荣。西博会不但向世人展示了杭州茶叶、丝绸、官窑、中药和印学等传统特产文化和民俗文化的活力与魅力，也展示了"精致和谐、大气开放"的杭州人文精神和杭州人的素质。西博会是城市环境的"美容师"，提升了杭州城市整体品位。西博会恢复以来，西博会每年都推出一批新西湖、新西溪、新运河以及新城建设成果，实施了一批道路交通工程，打造出一批特色街区，做到了年年开西博会、年年环境有变化、年年有重量级旅游产品推出，促进了杭州城市环境和形象的全面提升。

西博会的成功有赖于各种社会力量重新组合所焕发出来的能量和活力，党政界的引导协调优势、企业界的经营运作优势、知识界的理论知识优势、新闻界的信息传播优势，在这里充分发酵、厚积薄发。这种"党政部门+专家学者+新闻媒体+会展企业+社会组织"多元多层的社会创业主体，在西博会的实践中得到了淋漓尽致的发挥，不但推进了杭州会展业的发展，而且推动了城市旅游业、现代服务业、文化创意产业发展，甚至带动了整个城市经济生活品质、环境生活品质、文化生活品质和社会生活品质的大提升。

| 附录 1 |
杭州市志愿组织基本情况调查问卷

尊敬的志愿组织负责人：

您好！为了解杭州市志愿组织的发展情况，我们受共青团杭州市委委托组织了本次问卷调查，希望能够得到您的支持和协助。您只需在所选答案前打勾或按要求填写即可，该调查的结果仅用于学术研究和政策建议的目的，我们承诺对调查问卷的内容保密。

衷心感谢您的参与和协助！

1. 贵志愿组织的全称：_____。
2. 贵志愿组织的成立时间（具体年份）：_____年。
3. 贵组织是否有上级主管部门？ ①有 ②没有
4. 贵组织有没有在相关机构正式登记或注册？ ①有 ②无
5. 如果办有登记或注册，请问是何时在何机构登记注册？
①_____年在民政部门登记； ②_____年在工商部门注册； ③_____年在_____部门登记。
6. 如果贵组织有上级主管部门，请注明它属于哪个系统？
①共青团 ②民政部门 ③工会 ④妇联 ⑤残联 ⑥国际组织 ⑦其他____。
7. 贵组织提供志愿服务的主要领域：（可多选）
①帮助低收入阶层、贫困阶层生活的服务 ②帮助外来务工人员的服务 ③大型会展、大型活动服务 ④社会突发事件的服务 ⑤青少年教育与心理咨询服务 ⑥妇女、儿童权益保护服务 ⑦艾滋病、吸毒等特定人员的服务 ⑧环境保护与美化服务 ⑨社区治安、纠纷调解等社会安全服务 ⑩帮助孤、寡、残疾人的服务 ⑪其他____。
8. 关于贵组织的办公场所，请在以下选项中选择：

①自有产权　　②租赁使用　　③政府提供　　④上级单位提供　⑤组织领导或成员家中　　⑥临时借用　　⑦没有办公场所　　⑧其他（请注明）_____

9. 贵组织现有志愿者队伍_____支，其中专业志愿者队伍_____支。

10. 贵组织共有管理人员_____人，其中专职_____人，兼职_____人。

11. 贵组织现有志愿者人数：_____人。

12. 贵组织提供志愿服务的资金来源主要有哪些？（可多选）
①提供有偿服务；　　②会员费；　　③商业赞助；　　④社会捐助；　　⑤政府采购；　　⑥政府拨款；　　⑦项目收入　　⑧其他（请注明）：_____。

13. 成立至今，贵组织开展的志愿服务项目有_____个，其中2012年有_____个；
成立以来，贵组织为开展项目共使用志愿服务人员_____人次，其中2012年达到_____人次。

14. 贵组织日常运作中的最重要负责人来自哪里？
①专职工作人员　　②志愿者　　③其他社会组织　　④事业单位　⑤党政机关　　⑥其他（请说明）_____。

15. 贵组织曾接受过政府部门什么样的支持？
①财政拨款　　②项目资金　　③税收优惠　　④财政补贴　　⑤免费或优惠提供办公场所　　⑥精神鼓励（表彰）　　⑦解决工作人员编制　　⑧提供政策支持　　⑨从没有得到政府资助　　⑩其他（请注明）_____。

16. 在志愿服务项目开展过程中，曾出现过哪些问题？（可多选）
①经费紧张；　　②志愿者与服务对象发生纠纷；　　③志愿人员出现人身伤害；　　④志愿者自行中断服务；　　⑤被当地政府部门中止项目；　　⑥志愿者与志愿组织间发生纠纷；　　⑦服务对象拒绝接受服务；　　⑧其他：_____。

17. 贵组织的志愿者主要是采取何种方式得到的？（可多选）
①政府动员　　②社会招募　　③学校招募　　④志愿者相互介绍　　⑤网

上招募　⑥其他：_____。

18. 贵组织对未来发展前景的预测：

①发展空间很大，前景看好；

②发展空间有限，前景一般；

③发展空间不大，前景难说。

19. 您最希望政府为志愿服务提供的支持：（可多选）

①制定相关政策　　②对志愿者进行培训　　③给志愿服务提供资金援助和其他方面的支持　　④建立一套监督及奖励机制　　⑤定期召开交流会研讨　　⑥其他_____。

20. 您认为志愿组织应当是什么性质的组织？（单选）

①应该是政府的一个部门　　②应该是独立于政府之外的非营利组织

③应该是半民间半政府的组织　　④说不清

21. 您认为志愿服务所需的资金应该来自于哪里？（多选）

①政府补助　　②社会捐助　　③基金会资助　　④企业赞助　　⑤资源组织自筹　　⑥志愿者自行承担　　⑦接受志愿服务的人承担　　⑧其他_____。

22. 您认为政府部门在志愿服务中应该承担何种责任？（多选）

①加大资金支持　　②培育多种类型、多种功能的志愿组织　　③立法对志愿服务进行规范和保障　　④减少行政上的直接干预　　⑤建立对志愿者的激励制度　　⑥建立志愿者信息管理系统　　⑦其他_____。

23. 您认为杭州志愿服务急需改进和提高的方面有哪些？（多选）

①统一志愿者的标志和形象　　②提高志愿者的专业水平　　③提高志愿服务的及时性　　④提高志愿服务的针对性　　⑤提高志愿服务的可持续性　　⑥加强对志愿服务的规范和监管　　⑦建立志愿服务供需对接机制　　⑧让更多的人有机会参与志愿活动　　⑨其他_____。

24. 您对杭州市志愿者、志愿组织、志愿服务的意见和建议有哪些？

_____

_____

_____

| 附录 2 |

杭州市志愿者志愿行为特征调查问卷

尊敬的志愿者：

您好！为了解志愿者向社会提供志愿服务的基本情况，我们受共青团杭州市委委托组织了本次问卷调查，希望能够得到您的支持和协助。这是一次无记名的问卷调查，您只需在所选答案前打勾或按要求填写即可，该调查的结果仅用于学术研究和政策建议的目的，我们承诺对调查问卷的内容保密。

衷心感谢您的参与和协助！

1. 您的性别： ①男 ②女
2. 您的年龄：_____周岁。
3. 婚姻状况： ①未婚 ②已婚 ③离异 ④其他_____。
4. 受教育程度：①初中及以下 ②高中、技校、中专 ③大专及大学 ④硕士及以上
5. 政治面貌：①中共党员 ②共青团员 ③民主党派 ④无党派人士
6. 宗教信仰：①佛教 ②基督教 ③伊斯兰教 ④其他宗教 ⑤无宗教信仰
7. 您的就业状况：①在职、在学 ②下岗、失业 ③待业 ④离退休 ⑤其他_____。
8. 您的职业（失业、离退休人员填写失业、离退休之前的职业）：
①公务员 ②事业单位正式职工 ③企业中高级管理人员 ④私营企业主 ⑤企业专业技术人员 ⑥自雇佣者（指不受雇于人的自由职业者） ⑦办事员（包括党政部门中不具有公务员身份的职工、事业单位临时聘用的办事人员、企业一般管理人员和办事员） ⑧个体

工商户　　⑨服务行业普通员工　　⑩工人（包括技术工人、体力工人）　⑪农民　　⑫学生　　⑬其他_____。

9. 您的月收入（包括工资性、经营性、财产性及转移性收入等）：①1000元及以下　　②1001～3000元　　③3001～5000元　　④5001～10000元　　⑤10001～20000元　　⑥20001元及以上

10. 您第一次参加志愿服务的时间是（具体年份）：_____年。

11. 您是怎样参加第一次志愿服务的：
①亲戚/朋友介绍　　②熟人/同事介绍　　③单位领导要求　　④单位统一安排　　⑤社区组织劝说　　⑥街头有人劝说　　⑦看见媒体上的广告　　⑧自己主动寻找　　⑨其他_____。

12. 您在过去一年间做过多少小时的志愿服务工作：_____小时。

13. 您为什么参加志愿服务活动？（可多选）
①帮助有需要的人　　②多学习一点东西　　③增加社会阅历和经验　　④多认识一些朋友　　⑤参加志愿活动让自己有成就感　　⑥消磨空闲时间　　⑦单位组织的志愿活动，必须参加　　⑧其他原因_____。

14. 您主要参加了哪些方面的志愿活动？（可多选）
①帮助低收入阶层、贫困阶层生活的服务　　②帮助外来务工人员的服务　　③大型会展、大型活动服务　　④社会突发事件的服务　　⑤青少年教育与心理咨询服务　　⑥妇女、儿童权益保护服务　　⑦艾滋病、吸毒等特定人员的服务　　⑧环境保护与美化服务　　⑨社区治安、纠纷调解等社会安全服务　　⑩帮助孤、寡、残疾人的服务　　⑪其他_____。

15. 对于下列观点和社会现象，您的看法属于哪种情况？（请在相应的格子里面打"√"）

观点/社会现象	非常赞成	赞成	不确定	不赞成	非常不赞成
社会上大部分人都值得信任					
法律的效力应该大于红头文件					
人和人之间的矛盾绝大部分都可以通过沟通和协商来解决					
未婚同居是可耻的事情					

续表

观点/社会现象	非常赞成	赞成	不确定	不赞成	非常不赞成
对于反对自己观点的人应该斗争到底					
每个人都有选择自己生活方式的自由					
法律能够维护我的权利					
政府的决策是官员和精英人物的事情，和我关系不大					
富人比穷人理应享受更多的权利					

16. 您认为参加志愿工作，对您个人最明显的作用是什么？（可多选）

①结交新朋友、摆脱烦恼的一个不错的方式　②使我感觉到自己被社会、他人所需要，自我价值提升　③能发掘自己的优势，锻炼能力，学到更多知识和技能　④学会了关爱他人，能宽容和理解，心态变得更好、更年轻　⑤其他_____。

17. 下列对于您生活状况的描述，最符合实际的是哪种情况？（请在相应的格子里面打"√"）

生活状况	非常符合	符合	不确定	不符合	非常不符合
我的经济收入足够支付自己和家人的开支					
我和家人、亲友关系融洽					
我和同事、邻居能够友好相处					
我经常健身或者旅游					
我经常看书、看电影、去博物馆等文化设施					
我对自己现在生活的地方的周边环境很满意					
我能够并且愿意帮助他人					
遇到纠纷时我能够从政府那里寻求帮助					
我参加过单位/社区/学校的竞选活动					

18. 您主要通过那种组织形式提供志愿服务？（可多选）

①政府系统、工青妇系统、志愿者协会等组织的志愿服务活动

②非政府组织、非营利组织等民间团体组织的志愿服务活动　　③自发的志愿者团体组织的志愿服务活动　　④个人进行的志愿服务活动　　⑤所在单位、学校组织的志愿服务活动　　⑥所在社区组织的志愿服务活动　　⑦其他_____。

19. 下列对于杭州市人文传统的描述，您认为哪些比较妥当？（限选四项）

①宽容　　②勤劳　　③机智　　④和谐　　⑤崇文　　⑥创新　　⑦开放　　⑧守规则　　⑨重承诺　　⑩务实　　⑪求真　　⑫向善

20. 您认为在人的一生中以下什么东西最重要？（限选四项）

①金钱　　②社会地位　　③名誉　　④友谊　　⑤爱情　　⑥家庭　　⑦健康　　⑧权力　　⑨事业　　⑩理想信念　　⑪知识能力　　⑫机遇

| 附录 3 |

杭州市志愿服务认知与需求调查问卷

尊敬的市民：

您好！为了解社会各界对杭州市志愿服务的看法，我们受共青团杭州市委委托组织了本次问卷调查，希望能够得到您的支持和协助。这是一次无记名的问卷调查，您只需在所选答案前打勾或按要求填写即可，该调查的结果仅用于学术研究和政策建议的目的，我们承诺对调查问卷的内容保密。

衷心感谢您的参与和协助！

1. 您的性别：①男　　②女
2. 您的年龄：①18 岁以下　　②18～29 岁　　③30～39 岁　　④40～49 岁　　⑤50～60 岁　　⑥60 岁以上
3. 婚姻状况：①未婚　　②已婚　　③离异　　④其他_____。
4. 受教育程度：①初中及以下　　②高中、技校、中专　　③大专及大学　　④硕士及以上
5. 政治面貌：①中共党员　　②共青团员　　③民主党派　　④无党派人士
6. 宗教信仰：①佛教　　②基督教　　③伊斯兰教　　④其他宗教　　⑤无宗教信仰
7. 您的就业状况：①在职、在学　　②下岗、失业　　③待业　　④离退休　　⑤其他_____。
8. 您的职业（失业、离退休人员填写失业、离退休之前的职业）：①公务员　　②事业单位正式职工　　③企业中高级管理人员　　④私营企业主　　⑤企业专业技术人员　　⑥自雇佣者（指不受雇于人的自由职业者）⑦办事员（包括党政部门中不具有公务员身份的职工、事业单位临时聘用的办事人员、企业一般管理人员和办事员）　　⑧个体工商

户　　⑨服务行业普通员工　　⑩工人（包括技术工人、体力工人）　　⑪农民　　⑫学生　　⑬其他_____

9. 您的月收入（包括工资性、经营性、财产性及转移性收入等）：①1000元及以下　　②1001~3000元　　③3001~5000元　　④5001~10000元　　⑤10001~20000元　　⑥20001元及以上

10. 您的户籍所在地：①杭州市　　②浙江省内杭州市以外　　③其他省市　　④港澳台　　⑤其他国籍

11. 在本次调查之前，您是否听说过杭州志愿者？（单选）　　①听说过　　②没有听说过

12. 您参加过志愿服务活动吗？①参加过　　②从未参加

13. 您在杭州的生活中接受志愿服务的情况：①经常接受　　②偶尔接受　　③从未接受

14. 您对杭州志愿服务的总体评价：①非常满意　　②满意　　③不好说　　④不满意　　⑤非常不满意

15. 您希望在哪些方面获得志愿服务？（可多选）
①扶老助残　　②维持交通秩序　　③医疗引导、救助　　④旅游引导、咨询　　⑤政策宣传　　⑥家教服务　　⑦环境保护　　⑧应急抢救　　⑨大型活动协助　　⑩心理咨询　　⑪法律援助　　⑫扶贫发展　　⑬其他_____。

16. 如果您希望获得志愿服务，您会选择与哪些组织和个人进行联系？（可多选）
①共青团组织　　②民政部门　　③社区工作人员　　④市民中心　　⑤学校　　⑥网上搜索志愿组织和志愿者信息　　⑦其他_____。

17. 您认为志愿组织应当是什么性质的组织？（单选）
①应该是政府的一个部门　　②应该是独立于政府之外的非营利组织　　③应该是半民间半政府的组织　　④说不清

18. 下列关于志愿服务的看法，您的意见属于哪一种？（请在相应的格子里面打"√"）

选项	非常同意	同意	不确定	不同意	非常不同意
做志愿者是公民的义务和社会责任					

续表

选项	非常同意	同意	不确定	不同意	非常不同意
做志愿者是一种生活方式					
做志愿者就是学雷锋					
做志愿者完全出于个人利益					
做志愿者既是一种利他行为，也是个人自我价值的实现					
志愿服务是促进社会进步的公益活动					
志愿服务纯粹是做宣传的形式主义					
志愿服务是劳民伤财的多余之举					

19. 对于下列观点和社会现象，您的看法属于哪种情况？（请在相应的格子里面打"√"）

观点/社会现象	非常赞成	赞成	不确定	不赞成	非常不赞成
社会上大部分人都值得信任					
法律的效力应该大于红头文件					
人和人之间的矛盾绝大部分都可以通过沟通和协商来解决					
未婚同居是可耻的事情					
对于反对自己观点的人应该斗争到底					
每个人都有选择自己生活方式的自由					
法律能够维护我的权利					
政府的决策是官员和精英人物的事情，和我关系不大					
富人比穷人理应享受更多的权利					

20. 下列对于您的生活状况的描述，最符合实际的是哪种情况？（请在相应的格子里面打"√"）

生活状况	非常符合	符合	不确定	不符合	非常不符合
我的经济收入足够支付自己和家人的开支					
我和家人、亲友关系融洽					
我和同事、邻居能够友好相处					
我经常健身或者旅游					
我经常看书、看电影、去博物馆等文化设施					
我对自己现在生活的地方的周边环境很满意					
我能够并且愿意帮助他人					
遇到纠纷时我能够从政府那里寻求帮助					
我参加过单位/社区/学校的竞选活动					

21. 下列对于杭州市人文传统的描述，您认为哪些比较妥当？

①宽容　　②勤劳　　③机智　　④和谐　　⑤崇文　　⑥创新　　⑦开放　　⑧守规则　　⑨重承诺　　⑩务实　　⑪求真　　⑫向善

22. 您认为在人的一生中以下什么东西最重要？（限选四项）

①金钱　　②社会地位　　③名誉　　④友谊　　⑤爱情　　⑥家庭　　⑦健康　　⑧权力　　⑨事业　　⑩理想信念　　⑪知识能力　　⑫机遇

参考文献

英文文献

[1] Adam Smith, *The Wealth of Nations*, Random House, 2003.

[2] Ali Farazmand, Sound Governance: Engaging Citizens through Collaborative Organizations, *Public Organizations Review*, 2012 (12): 223 – 241.

[3] ANDREA LARSON, Network dyads in entrepreneurial settings: a study of the governance of exchange relationships, *Administrative Science Quarterly*, 1992 (37).

[4] Archon Fung, Varieties of Participation in Complex Governance, *Public Administration Review*, 2006 (12): 66 – 75.

[5] Barzel Yoram, *Economic analysis of property rights*, Cambridge University Press, 1989.

[6] Bowen, H. R, *Social Responsibilities of the Businessman*, New York: Harper, 1953.

[7] C. Hood, *Tools of Government*, London: Macmillan, 1983: 55 – 56.

[8] Deil S. Wright, *Managing the intergovernmental scene: the changing dramas of federalism, intergovernmental relations and intergovernmental management*, W. B. Eddy editor, *Handbook of Organization Management*. Berlin, de Gruyter, 1983.

[9] Department of Workforce Development, *Wisconsin Works (W – 2) Program: An Evaluation*, 2001.

[10] Federico Butera, Adapting the Pattern of University Organization to the Needs of the Knowledge Economy. *European Journal of Education*, 2000, 35 (4): 403 – 419.

[11] Gerry Stoker, Governance as Theory: five positions, *International Social*

Science Journal, 1998 (155).

[12] Hyden Goran, Governance and the Reconstitution of Policy Order, in Richard Joseph (ed.), State, Conflict, and Democracy in Africa, Boulder, CO: Lynne Rienner, 1999.

[13] Ingo Bode, Oscar Firbank, Barriers to Co-Governance: Examining the "Chemistry" of Home-Care Networks in Germany, England and Quebec. *The Policy Studies Journal*, 2009, vol. 37, No. 2: 325-351.

[14] Jan Kooiman, *Governing as Governance*. SAGE Publications Ltd., 2003.

[15] Jan Kooiman, *Modern Governance: New Government-Society Interactions*, SAGE Publications Ltd., 1993.

[16] Jan Kooiman, *Social-Political Governance. Public Management: An International Journal of Research and Theory*, 1999, 1: 1, 67-92

[17] John D. Donahue, Richard J. Zeckhauser, *Collaborative Governance: Private roles for public goals in turbulent times*, Princeton University Press, 2011.

[18] Jones Candance, William S. Hesterly, Stephen P. Borgatti, A General Theory of Network Governance: Exchange Conditions and Social Mechanisms. *Academy of Management Review*, 1997, Vol. 22, No. 4, p. 911-945.

[19] Kerlin Janelle A, Social Enterprise in the United States and Europe: Understanding and Learning from the Differences, Voluntas, 2006 (17): 247-263.

[20] Kjær Mette Anne, *Governance*. Polity Press, 2004.

[21] Laborde Cécile. Pluralism, Syndicalism and Corporatism: Léon Guguit and the Crisis of the State (1900—1925), History of European Ideas, 1996 (3).

[22] Lester M. Salamon, and Odus V. Elliot, *Tools of Government: A Guide to the New Governance*, Oxford University Press. 2002, p. 21.

[23] Lukes Steven, *Power: A Radical View*, Macmillan, 1974.

[24] Max Weber, *The Protestant Ethnic and the Spirit of Capitalism*, Rutledge, 1992.

[25] Maya Fruet Genoveva, *Paths to State/Society Synergy? The experience of housing cooperatives in Porto Alegre*, Brazil. Roskilde University, 2002.

[26] Maya Fruet Genoveva, *Paths to State – Society Synergy? The experience of housing cooperatives in Porto Alegre, Brazil.* Roskilde University, 2002.

[27] Oliver E. Williamson, Comparative Economic Organization: The Analysis of Discrete Structural Alternatives. *Administrative Science Quarterly*, 1991 (06), Vol. 36, No. 2, pp. 269 – 296.

[28] Oliver Treib, Holger Bähr, Gerda Falkner, Modes of governance: towards a conceptual clarification. *Journal of European Public Policy*, 2007 (1): 1 – 20.

[29] Patrick Harkness, Co – governance, Welsh Government New Ideas Fund, A discussion paper, 2012.

[30] Pierre Bourdieu, The Forms of Capital, in J. Richardarson (ed.) Handbook of Theory and Research for the Sociology of Education. New York: Greenwood, 1986: 241 – 258.

[31] R. A. W. Rhodes, The New Governance: Governing without Government. *Political Studies*, 1996, XLIV, 652 – 667.

[32] Reinhard Steurer, Disentangling governance: a synoptic view of regulation by government, business and civil society. *Policy Science*, 2013 (46): 387 – 410.

[33] Rhodes, R. A. W, *Understanding Governance: Policy Networks, Governance, Reflexivity and Accountability.* Buckingham: Open University Press, 1997.

[34] Robert Dahl, *Who Governs?* University of Chicago Press, 1957: 290.

[35] Scharpf, Fritz W, *Games Real Actors Play, Actor – Centered Institutionalism in Policy Research.* Westview Press, 1997.

[36] Schieffer Alexander, Lessem Ronnie, Beyond Social and Private Enterprise: Towards the Integrated Enterprise. *Transition Studies Review*, 2009 (4).

[37] Schmitter Philippe C., Still the Century of Corporatism? *Review of Politics.* 1974 (1).

[38] Teece, D. J, Strategies for Capturing the Financial Benefits from Technological Innovation. in N. Rosenberg, R. Sandau, and D. C. Mowrey. eds, Technology and the Wealth of Nations. Stanford University Press,

1992：174-205.

[39] *The Commission on Global Governance*, *Our Global Neighborhood*, Oxford University Press, 1995.

[40] *The World Bank. State-Society Synergy for Accountability*：*Lessons for the World Bank*, World Bank Working Paper, No.30, 2004.

[41] Tneodore Levitt, TheDangers of Social Responsibility, *Harvard Business Review*, 1958（9）.

[42] Williamson Oliver E, Comparative Economic Organization：The Analysis of Discrete Structural Alternatives. *Administrative Science Quarterly*, Vol.36, No.2（Jun., 1991）, p.269-296.

[43] Young R. Dennis, Lecy D. Jesse, *Defining the Universe of Social Enterprise*：*Competing Metaphors*, Voluntas, 2013（10）.

日文文献

[44] ネットワークガバナンス研究会，ネットワークガバナンス研究会报告书，2006。

中文文献

[45] E. S. 萨瓦斯：《民营化与公私部门的伙伴关系》，周志忍等译，中国人民大学出版社，2002。

[46] T. H. 马歇尔、安东尼·吉登斯等：《公民身份与社会阶级》，郭忠华，刘训练编，江苏人民出版社，2008，第127页。

[47] 阿兰·佩雷菲特：《信任社会——论发展之缘起》，商务印书馆，2005。

[48] 埃莉诺·奥斯特罗姆：《公共事物的治理之道：集体行动制度的演进》，余逊达，陈旭东译，上海译文出版社，2012，第82页。

[49] 白锐：《"行政国家"解析》，《云南行政学院学报》2005年第2期。

[50] 白则平：《如何认识我国的社会组织》，《政治学研究》2011年第2期，第3~10页。

[51] 彼得·M. 布劳：《社会生活中的交换与权力》，苏国勋，李国武译，商务印书馆，2008。

[52] 伯特兰·罗素:《权力论:新社会分析》,商务印书馆,1991。

[53] 查尔斯·蒂利:《信任与统治》,胡位钧译,上海世纪出版集团,2010。

[54] 陈鼎:《政治现代化金成中增量民主发展的困境与出路——以温岭市基层治理持续创新为例》,《观察与思考》2013年第3期,第22~26页。

[55] 陈广胜:《走向善治——中国地方政府的模式创新》,浙江大学出版社,2007,第13页。

[56] 陈洪涛:《转型期中国行业协会自律功能探析——以三鹿事件为例》,《中国非营利评论》2009年第4期。

[57] 陈宁:《新时期杭州传统人文精神的反思》,《杭州通讯》2008年第10期,第16~17页。

[58] 陈小洪,马骏,袁东明等:《产业联盟与创新》,经济科学出版社,2007。

[59] 戴维·H.罗森布鲁姆,罗伯特·S.克拉夫丘克:《公共行政学:管理、政治和法律的途径》,中国人民大学出版社,2002,第50页。

[60] 丁煌,孙文:《从行政监管到社会共治:食品安全监管的体制突破——基于网络分析的视角》,《江苏行政学院学报》2014年第1期,第109~115页。

[61] 冯兴元:《论农民权益保护——一种"国家的社会嵌入与互动论"》,《中国经济时报》2003年6月17日。

[62] 弗朗西斯·福山:《信任:社会美德与创造经济繁荣》,彭志华译,海南出版社,2001。

[63] 高炳坤:《论澳门特区合作主义治理的演变与发展方向》,《中国行政管理》2009年第12期。

[64] 高宣扬:《当代社会理论》(上、下),中国人民大学出版社,2010,第676页。

[65] 格里·斯托克:《作为理论的治理:五个论点》,《国际社会科学》1998年第3期。

[66] 郭春甫:《公共部门治理新形态——网络治理理论评介》,《宁夏大学学报》(人文社会科学版)2009年第7期。

[67] 哈斯·曼德,穆罕默德·阿斯夫:《善治:以民众为中心的治理》,国际行动援助中国办公室编译,知识产权出版社,2007,第73页。

[68] 杭州市社会科学院课题组:《杭商企业社会责任与杭州社会运行关系研究》,《杭州研究》2010年第4期,第72~92页。

[69] 杭州市下城区志愿服务事业时间与研究课题组:《城区志愿服务事业发展之路》,中国文化艺术出版社,2005。

[70] 何包钢:《协商民主和协商治理:建构一个理性且成熟的公民社会》,《开放时代》2012年第4期,第23~36页。

[71] 何辉:《社会企业的兴起:理论观点与中国实践》,载黄晓勇主编《中国民间组织报告(2013)》,社会科学文献出版社,2013,第101~146页。

[72] 何显明:《政府转型与现代国家治理体系的建构——60年来政府体制演变的内在逻辑》,《浙江社会科学》2013年第6期,第4~14页。

[73] 侯龙龙:《金融行为与社会结构——嵌入性(Embeddedness)视角》,《北大教育经济研究》(电子季刊)2004年第2期。

[74] 胡鞍钢、魏星:《治理能力与社会机会——基于世界治理指标的实证研究》,《河北学刊》2009年第1期,第118~121页。

[75] 黄君慈,罗杰:《声誉、关联博弈与民间信用私人实施机制》,《江淮论坛》2006年第3期。

[76] 黄晓红、李继刚、崔浩:《嵌套博弈视角下的农村公共产品治理机制研究》,《浙江社会科学》2008年第1期。

[77] 黄中伟、王宇露:《关于经济行为的社会嵌入理论研究述评》,《外国经济与管理》2007年第12期。

[78] 经济合作与发展组织编《分散化的公共治理:代理机构、权力主体和其他政府实体》,国家发展和改革委员会事业单位改革研究课题组译,中信出版社,2004。

[79] 卡尔·波兰尼:《巨变——当代政治与经济的起源》,黄树民译,社会科学文献出版社,2013。

[80] 李怀斌:《经济组织的社会嵌入与社会形塑——企业社会嵌入及其对企业范式形成的自组织机制》,《中国工业经济》2008年第7期。

[81] 李怀斌:《企业社会嵌入的范围界定和对象差序分析——双核导向和

双向嵌入的提出和论证》,《市场营销导刊》2006年第6期。
[82] 李慧凤:《公共治理视阈下的社会管理行为优化》,《中国人民大学学报》2014年第2期,第22~30页。
[83] 李玲:《有为政府,有效市场,有机社会——中国道路与国家治理现代化》,《经济导刊》2014年第4期。
[84] 李路路:《从社会管理到社会治理》,《中国社会科学报》2013年12月2日。
[85] 李维安:《网络组织:组织发展新趋势》,经济科学出版社,2003。
[86] 李献策:《西部地区县级地方政府治理能力研究》,燕山大学.2010.
[87] 理查德·斯科特、杰拉尔德·戴维斯:《组织理论:理性、自然与开放系统的视角》,中国人民大学出版社,2011。
[88] 理查德·桑内特:《公共人的衰落》,李继宏译,上海译文出版社,2008,第22页。
[89] 联合国志愿人员组织:《志愿精神在中国》,联合国开发计划署,1999。
[90] 梁文松,曾玉凤:《动态治理:新加坡政府的经验》,中信出版社,2010。
[91] 刘广磊、任泽伟:《关于政府治理能力的研究述评》,《学习与思考》2011年第5期,第11页。
[92] 刘国翰、金碧华、陈晓芳:《社会资本视角下的社会企业运作模式——以杭州携职为例》,《经营与管理》2014年第6期。
[93] 刘国翰:《社会管理创新的路径选择》,《杭州》2011年第9期,第27~29页。
[94] 卢芳:《中国草根NGO网络化现象初探——基于慧灵网络的实证研究》,清华大学公共管理学院,2009。
[95] 鲁恩·华莱士,艾莉森·沃尔夫:《当代社会学理论(第六版)——对古典理论的扩展》,刘少杰等译,中国人民大学出版社,2008,第50页。
[96] 罗伯特·阿格拉诺夫,迈克尔·麦圭尔:《协作性公共管理:地方政府新战略》,李玲玲等译,北京大学出版社,2007。
[97] 罗伯特·诺奇克:《无政府、国家和乌托邦》,姚大志译,中国社会

科学出版社，2008，第 1 页。

[98] 罗伯特·帕特南：《独自打保龄：美国社区的衰落与复兴》，刘波等译，北京大学出版社，2011。

[99] 罗纳德·H. 科斯：《企业的性质》（1937），奥利弗·E. 威廉姆森，西德尼·G. 温特主编《企业的性质——起源、演变和发展》，商务印书馆，2008。

[100] 马克·A. 缪其克、约翰·威尔逊：《志愿者》，魏娜译，中国人民大学出版社，2013，第 54~61 页。

[101] 马克·格兰诺维特：《经济行为与社会结构：嵌入性问题》，《美国社会学杂志》1985 年第 91（3）：481~510。

[102] 马克斯·韦伯：《经济与社会》，林荣远译，商务印书馆，1998。

[103] 迈克尔·曼：《社会权力的来源（第一卷）》，刘北成等译，上海世纪出版集团，2007，第 28~40 页。

[104] 毛栋英，苏兰花：《社会共治视角下的城市基层管理体制改革——以浦东为例》，《科学·经济·社会》2013 年第 2 期，第 156~159 页。

[105] 毛寿龙，李文钊，张旭霞等：《社会复合主体对城市发展和治道变革的意义》，载《"民主民生"调研组研究报告摘要汇编》，第四届生活品质全国论坛，2009，第 108~120 页。

[106] 尼古拉斯·伯恩鲁斯，内森·加德尔斯：《智慧治理》，朱新伟等译，格致出版社，2013，第 6 页。

[107] 彭正银等：《企业网络组织的异变与治理模式的适应性研究》，经济科学出版社，2009。

[108] 青木昌彦：《比较制度分析》，周黎安译，上海远东出版社，2001。

[109] 阮平南，杨小叶：《网络组织形态及结构探微》，《改革与战略》2010 年第 2 期。

[110] 塞夫里娜·贝利娜：《多种形式的合理性：现实、多元化权以及政权的根基》，法国更新治理研究院编《治理年鉴（2009—2010）》，金俊华译，吉林出版集团，2011。

[111] 邵欢，李艳等：《以价值观为引领，促进志愿者组织成长》，《杭州（我们）》2013 年第 2 期，第 42~46 页。

[112] 沈晓峰，郑元春，钟雯君：《让民间组织长成公益之树》，《杭州（我们）》2012年第4期，第22~24页。

[113] 斯蒂芬·戈德史密斯，威廉·D.埃格斯：《网络化治理：公共部门的新形态》，北京大学出版社，2008。

[114] 孙增武，许尧：《多中心治理：基层公共事务管理的创新——以物业小区业主自治为例》，《公共管理改革》2008年第12期。

[115] 谭英俊：《网络治理：21世纪公共管理发展的新战略》，《理论探讨》2009年第6期。

[116] 唐杰：《北京公众参与志愿服务动机研究》，《北京社会科学》2008年第3期，第57~63页。

[117] 托克维尔：《论美国的民主》，商务印书馆，1988。

[118] 汪海霞，郭维汉：《法制视阈下社会协同治理的制度创新》，《南京师大学报（社会科学版）》2013年第6期，第13~19页。

[119] 汪锦军：《走向合作治理：政府与非营利组织合作的条件、模式和路径》，浙江大学出版社，2012。

[120] 王成磊，杨雅琴：《浅析新型社会组织的现状及发展困境》，《社团管理研究》2011年第6期，第45~47页。

[121] 王国平：《培育社会复合主体研究与实践》，杭州出版社，2009。

[122] 王敬尧：《地方财政与治理能力》，商务印书馆，2010，第12~13页。

[123] 王名：《中国民间组织30年——走向公民社会》，社会科学文献出版社，2008。

[124] 王名，孙春苗：《行业协会论纲》，《中国非营利评论》2009年第4期。

[125] 王水雄：《镶嵌式博弈：对转型社会市场秩序的剖析》，上海人民出版社，2009。

[126] 谢玉梅：《格莱明银行模式：基于关联博弈的分析》，《经济问题》2008年第8期。

[127] 徐慧：《国际环境合作与贸易关联的博弈分析》，《贵州财经学院学报》2009年第4期。

[128] 肖剑忠：《采荷街道文化志愿者队伍：社会主义核心价值体系建设

的生力军》,《杭州（我们）》2012年第8期,第33~35页。

[129] 徐晋:《平台经济学——平台竞争的理论与实践》,上海交通大学出版社,2007。

[130] 许叶枚:《利益相关者、公司治理与企业的社会责任》,《现代经济探讨》2009年第1期,第38页。

[131] 盐野宏:《行政组织法》,杨建顺译,北京大学出版社,2008。

[132] 杨丽:《"枢纽型"社会组织研究——以北京市为例》,《学会》2012年第3期,第14~19页。

[133] 易学志:《善治视野下政府治理能力基本要素探析》,《辽宁行政学院学报》2009年第4期,第11~12页。

[134] 于尔根·哈贝马斯:《公共领域的结构转型》,曹卫东等译,学林出版社,1999,第294页。

[135] 于尔根·哈贝马斯:《交往行动理论（第二卷）——论功能主义理性批判》,重庆出版社,1994。

[136] 于尔根·哈贝马斯:《交往行动理论（第一卷）——行动的合理性和社会合理化》,重庆出版社,1994,第119~123页。

[137] 俞可平:《增量民主:"三轮两票"制镇长选举的政治学意义》,《马克思主义与现实》2000年第3期,第27~28页。

[138] 俞可平:《增量民主的改革思路》,《领导科学》2012年第6期,第28页。

[139] 俞可平:《增量政治改革与社会主义政治文明建设》,《公共管理学报》2004年第1期,第8~14页。

[140] 俞可平:《治理方式和治理结构的重大创新:在第三届生活品质全国论坛上的讲话》,王国平主编《培育社会复合主体研究与实践》,杭州出版社,2009,第22~24页。

[141] 俞可平:《治理与善治》,社会科学文献出版社,2000。

[142] 喻卫斌:《不确定性和网络组织研究》,中国社会科学出版社,2007。

[143] 詹姆斯·汤普森:《行动中的组织——行政理论的社会学基础》,上海人民出版社,2009。

[144] 张康之:《论主体多元化条件下的社会治理》,《中国人民大学学

报》2014 年第 2 期，第 2~13 页。

[145] 张敏：《协商治理及其当前实践：内容/形式与未来展望》，《南京社会科学》2012 年第 2 期，第 72~78 页。

[146] 张网成：《中国公民志愿行为研究（2011）——现状、特点及政策启示》，知识产权出版社，2011。

[147] 张旭昆，秦诗立：《商会的激励机制》，《浙江大学学报（人文社会科学版）》2003 年第 2 期。

[148] 郑崇明，郭子平：《中国行政国家合法性的历史变迁与路径选择》，《湖北社会科学》2010 年第 6 期，第 34~37 页。

[149] 郑杭生：《中国经验的亮丽篇章》，载王国平主编《培育社会复合主体研究与实践》，杭州出版社，2009，第 270~274 页。

[150] 朱迪·弗里曼：《合作治理与新行政法》，商务印书馆，2010，第 318 页。

[151] 朱瑜，王雁飞，蓝海林：《产业网络中社会嵌入影响机制及其效应研究》，《科技管理研究》2008 年第 2 期。

[152] 施雪华：《政府综合治理能力论》，《浙江社会科学》1995 年第 5 期，第 8~13 页。

图书在版编目(CIP)数据

增量共治的杭州实践/刘国翰著.—北京:社会科学文献出版社,2014.11
(清华明德研究丛书)
ISBN 978-7-5097-6660-6

Ⅰ.①增… Ⅱ.①刘… Ⅲ.①社会管理-研究-杭州市 Ⅳ.①D675.51

中国版本图书馆 CIP 数据核字(2014)第 242147 号

・清华明德研究丛书・

增量共治的杭州实践

著　者/刘国翰

出 版 人/谢寿光
项目统筹/刘骁军　芮素平
责任编辑/蒋北娟　关晶焱

出　　版/社会科学文献出版社・社会政法分社(010)59367156
　　　　　地址:北京市北三环中路甲29号院华龙大厦　邮编:100029
　　　　　网址:www.ssap.com.cn
发　　行/市场营销中心(010)59367081　59367090
　　　　　读者服务中心(010)59367028
印　　装/三河市尚艺印装有限公司
规　　格/开本:787mm×1092mm　1/16
　　　　　印张:16　字数:256千字
版　　次/2014年11月第1版　2014年11月第1次印刷
书　　号/ISBN 978-7-5097-6660-6
定　　价/58.00元

本书如有破损、缺页、装订错误,请与本社读者服务中心联系更换

▲ 版权所有 翻印必究